좋은 교회에서 위대한 교회로

톰 레이너 지음 | 최예자 옮김

Breakout Churches

Originally published in the U.S.A. under the title: Breakout Churches
Copyright ⓒ 2005 by Thom S. Rainer
Translation Copyright ⓒ 2013 by Thom S. Rainer
Translated by Choi Yeja
published by permission of Zondervan, Grand Rapids, Michigan
Korean Copyright ⓒ 2013 by Precept Ministries Korea
8-1, Cheongnyongmaeul-gil, Seocho-gu, Seoul, Korea
All rights reserved

BREAKOUT CHURCHES

DISCOVER HOW TO MAKE THE LEAP

좋은 교회에서 위대한 교회로

톰 레이너 지음 | 최예자 옮김

묵상하는사람들
프리셉트

이 책을 나의 훌륭한 아들 된
샘 레이너(Sam Rainer), 아트 레이너(Art Rainer), 제스 레이너(Jess Rainer),
그리고 소중한 나의 아내 넬리 조 레이너(Nellie Jo Rainer)에게
지속적인 사랑을 담아 헌납한다.
이들은 모두 나의 위대한 가족 구성원들이다.

contents

	목차	___ 7
	감사의 말	___ 8
	서문	___ 12
1장	왜 좋은 것만으로는 충분치 않은가: 애벌레 요인	___ 17
2장	사도행전 6-7장의 리더십	___ 51
3장	사도행전 6-7장의 리더십에 대한 8가지 열쇠	___ 79
4장	ABC 모멘트	___ 103
5장	사람-일 동시 추구	___ 137
6장	VIP 요인	___ 167
7장	탁월성을 추구하는 문화	___ 197
8장	개혁 가속 장치	___ 225
9장	성장 탄력, 아니면 드러나지 않는 침체?	___ 255
10장	급성장하는 교회가 되기까지	___ 287
	나의 이야기	___ 312
부록 A.	자주 받는 질문들	___ 316
부록 B.	선별 과정과 연구 단계	___ 327
부록 C.	비교대상 교회의 선택 과정	___ 331
부록 D.	선별 교회에 대한 개요	___ 333
부록 E.	교회 테스트를 위한 설문지	___ 368

감사의 말

나는 가장 축복받은 사람 중 한 사람이다. 오래전, 고등학교 미식축구 코치인 조 헨드릭슨Joe Hendrikson이 내게 예수님에 대해 소개한 적이 있었다. 이 책은 바로 그분의 교회에 관한 것이다. 30년이 넘는 기간 동안 나는 예수 그리스도의 사랑과 소망, 그리고 그분의 임재와 능력에 대해 알아왔다. 이보다 더 큰 축복이 내게 있으랴!

나는 부모님과 형제들의 사랑을 듬뿍 받고 성장했다. 현재 나와 내 형제 샘만이 살아있지만, 사랑이 넘치는 가정에서 느꼈던 말할 수 없는 기쁨을 종종 기억하곤 한다. 그 축복은 헤아릴 수 없다. 나는 매일 아침 하나님께서 부르신 소명에 대한 열정을 안고 눈을 뜬다. 가르칠 때나, 글을 쓸 때, 행정을 담당하거나 설교를 하고 상담을 할 때, 나는 언제든지 넘치는 사랑을 담아서 사역을 수행한다. 또한 그리스도의 교회를 사랑하고, 교회의 사역에 대하여, 교회가 갖는 소망에 대하여, 그리고 교회가 안고 있는 갈등의 문제 등에 대하여 이해심을 갖고 깊이 있게 의사소통하기를 간절히 소망한다.

현재 나의 직책은 학생처장이며, 남침례신학교Southern Baptist Theological Seminary에서 함께 일하는 동료들은 훌륭한 리더이자 둘째가라면 서러워할 만한 사람들이다. 이 학교는 내게 감당 못할 영광이며 지상 최고의 일터이다. 선교와 전도, 교회성장을 연구하기 위해 설립된 빌리 그래함 선교대학원Billy Graham School of Missions에서 섬기는 교수진과 행정요원들, 그리고 비서진들을 내가 얼마나 아끼고 사랑하는지는 말로 다 표현할 수 없을 정도이다. 이들을 만난 것은 내게 특별한 축복이자 하나님께 지속적으로 감사해야 할 이유이다.

내게는 인생의 꿈을 이루도록 해준 책들이 있다. 언제나 그렇듯이 책을 쓰고 연구할 때의 감정을 정확히 표현하기란 매우 어렵다. 먼저, 나의 세 번째 책이 나오도록 이끈 존더반Zondervan 출판팀에게 감사하지 않을 수 없다. 이 책이 나오기까지 직접적인 수고와 편집 작업을 도맡아 해준 폴 엥글Paul Engle과 짐 루아크Jim Ruark와 알리시아 메이Alicia Mey, 그리고 마이크 쿡Mike Cook에게 특별히 감사드린다. 이 외에도 이 책을 출간하기 위해 존더반 출판팀에서 많은 사람들이 수고해주었다. 지면이 허락한다면 이 작업에 참여한 모든 사람의 이름을 열거하고 싶다. 존더반과 같은 기독교 출판사와 함께 동역한다는 것은 축복이다.

연구를 시작하고 이 책을 쓰도록 영감을 준 놀라운 책인 『좋은 기업을 넘어 위대한 기업으로』Good to Great의 저자 짐 콜린스Jim Collins에게 감사의 말을 전한다. 그는 작업 초기에 기꺼이 인터뷰에 응해주었다. 하지만 이 책의 내용들은 전적으로 내 작업의 결과이며, 콜린스나 그의 단체는 어느 단계에서도 이 연구에 개입하지 않았다.

이 책은 나만의 것이 아니며, 연구팀원들이 함께 수고한 작업의 결과물이다. 이 작업은 가장 어렵고 고된 일 중 하나였고, 연구팀은 이 일을 위해 수고를 아끼지 않았다. 그들은 고된 시간을 이겨내고 최선의 작품을 일구었다. 그들은 바로 하나님이 주신 축복이다. 이 책은 13개의 급성장한 교회를 연구한 결과물이다. 여러분은 이 교회들에 관한 이야기를 여러 번 듣게 될 것이다. 이 연구와 책이 완성되도록 도움을 준 13개의 교회에 속한 모든 성도들에게 감사드린다. 그들을 통해 하나님께서 일하시는 것을 바라볼 수 있었고, 그것은 내게 큰 축복이었다.

앞서 헌사에서 내 아내 넬리 조와 아들인 샘, 아트, 제스에게 감사의 말을 전했다. 이미 출판된 내 책을 읽어본 독자라면, 가족이 내게 얼마나 중요한 존재인지 알 것이다. 그러나 그들이 내 사역에 얼마나 기여하고 있는지에 관해서는 다 이해하지 못할 수도 있다. 나는 모든 사역에 대하여 가족들과 함께 이야기를 나눈다. 그럴 때 나의 가족들은 조언과 격려를 해주며 끊임없는 사랑을 보내준다. 가족의 전폭적인 지지가 없었다면, 내가 이 책을 쓰는 것은 불가능했을 것이다. 아들 샘에게: 이 작업과 삶에 대한 너의 열정과 열심에 감사한다. 아들 아트에게: 놀라운 리더가 되어주어서 감사하다. 또한 삶을 향해 나아가는 너의 결단과 불굴의 용기에 감사한다. 아들 제스에게: 너의 깊은 자비로움과 창조적인 생각에 감사하고, 이 책을 위해 그려준 삽화에 대해 감사한다. 아내인 넬리 조에게: 말로는 충분치 않다. 당신을 향한 나의 사랑보다 더 깊은 사랑은 상상할 수 없다. 이 책은 당신의 작품이며, 내게 오는 인정과 찬사 모두 당신이 받아야 한다. 하나님께서는 내가 가족을 얼마나 많이 사랑하는지 아신다. 이 얼마나 측량할 수 없는 축복인가! 나는 가장 축복받은 사람이다.

내가 받은 축복이 영광받기에 합당한 유일한 분이신 하나님께만 영광이 되기를 원한다. 또한 독자들에게도 이 책과 함께 순례의 길을 걸을 때 축복이 있기를 기원한다.

서문

나는 20년 가까이 지역교회를 연구해왔다. 미국에는 대략 40만 개의 교회가 있다고 추정되며, 나는 이번 주만 해도 5만여 개의 교회에 대해 조사했다. 나의 컨설팅 회사인 레이너 그룹Rainer Group은 이 교회 중 수백 개의 교회와 함께 일해왔다.

우리의 연구 과제는 미국 내에서 가장 효과적으로 전도하는 교회의 모델을 살펴보고 연구하는 것이다. 우리는 교회를 다니지 않는 사람들과 소통하기 위해 그들에게 적극적으로 다가가는 교회에 대해 연구해왔다. 또한 교회가 구성원을 유지하고 전도된 사람을 동화시키기 위해 무엇을 하는지 분별하기 위해 수백 개의 교회를 조사했다. 젊은이들에게 효과적으로 접근하는 교회를 만나는 것은 흥분되는 일이었다. 그리고 이전에는 다룬 적이 없었던 교회 내의 여러 문제들에 대해 많은 교회를 연구했지만 급성장한 교회는 별로 없었다. 본래 내게는 연구팀을 모아서 '좋은 교회가 위대한 교회가 되는 시점'이라 불리는 연구 계획을 이끌 생각도 없었다.

2002년 11월, 나는 존더반 출판사의 폴 엥글Paul Engle로부터 한 통의 이메일을 받았다. 폴은 짐 콜린스의 걸작『좋은 기업을 넘어 위대한 기업으로』를 읽고는, 내게 교회에 대해 유사한 작업을 해보는 것도 가치 있는 일이 되리라고 제안했다. 메일을 받은 후, 내 머릿속에서 여러 개의 종이 울리기 시작했다. 폴의 생각은 훌륭했다. 『좋은 기업을 넘어 위대한 기업으로』는 20년 가까운 내 연구에 있어서 '잃어버린 조각'이었다. 나는 이 책을 두 번이나 읽었던 터라 내용을 잘 알고 있었다. 2001년 말에 내가 학생처장으로 있던 신학교의 총장인 앨버트 몰러Albert Mohler는 신학교 운영진들에게 이 책을 읽도록 했다.

짐 콜린스가 저술한 『좋은 기업을 넘어 위대한 기업으로』라는 책은 미국 경영업계에서는 걸작으로 손꼽힌다. 콜린스의 연구팀은 「포춘」Fortune지가 선정한 500대 기업 중에서 수년 만에 평범한 기업에서 우수한 기업으로 성장한 11개의 기업을 추렸다. 이 책은 내게 엄청난 충격을 주었다. 기독교적 관점을 노골적으로 표명하고 있지는 않았지만, 이 책이 제시하고 있는 원리들이 대부분 성경적 기반을 가지고 있다는 사실을 신학교 운영진과 토론하는 중에 확인할 수 있었다.

나는 이 계획을 추진하기 위해 연구팀을 소집하는 데 지체할 이유가 없었다. 연구팀원들은 우리가 '급성장한 교회'라고 부르는, 좋은 교회에서 위대한 교회로 발전한 미국 내의 교회를 찾아내고 연구하는 데 놀랄 만한 작업을 해냈다. 이 연구 계획은 내가 지금까지 관여한 많은 연구 중에서도 가장 어려운 작업이었다.

이 교회들에 대한 자료와 인터뷰, 그리고 현지 답사를 통해 얻은 연구문서들이 내 책상을 뒤덮기 시작하면서 폴의 이메일이 내게 반향을 불러일으킨 이유를 좀 더 분명해졌고, 내가 『좋은 기업을 넘어 위대한 기업으로』라는 책에 매료되었던 이유를 충분히 이해할 수 있었다. 콜린스의 연구는 내가 이전에 진행했던 모든 연구에 '큰 그림'을 제공했다. 이전의 작업들이 각각의 구성요인이라면, 이제는 모든 조각을 하나의 프로젝트로 완성할 수 있는 지침서를 얻게 된 것이다.

나는 미국 내의 급성장한 교회를 모두 찾기 위해 40만여 개의 교회를 살펴볼 수 있는 방법이 있기를 바랐다. 우리는 다행스럽게도 5만 개 이상의 교회에 대한 자료를 확보하여 연구를 시작할 수 있었으며, 조사 과정에서 수천 개의 교회를 더 찾을 수 있었다.

이제 현실에 안주하려는 유혹과 싸워 이겨내고 도약의 과정으로 급성장한 교회의 모델을 살펴보기로 하자. 이들 교회의 지도자와 인터뷰했던 내용에 따르면, 그들은 공통적으로 현실에 안주하지 않고 최선을 향해 도전하고 변화를 시도하였다. 간단히 말해서, '좋은 것'만으로는 충분하지 않았다. 이제 그 실체 속으로 들어가보자.

— 톰 레이너

> The possibility that we may fail in the struggle ought not to deter us from the support of a cause we beileve to be just
>
> *Abraham Lincoln*

1장
왜 좋은 것만으로는 충분치 않은가: 애벌레 요인

> 그 투쟁에서 실패할 수 있다는 가능성 때문에 우리가 옳다고 믿는 대의를 포기해서는 안 된다
>
> **에이브러햄 링컨**

하나님께서 우리로 하여금 위대하게 부르셨다면 단지 '좋은 것'에 머무는 것은 죄다. 마태복음 28:18-20은 기독교인들에게 주어진 좋은 위임 명령 Good Commission이 아닌 대위임 명령 Great Commission으로 알려져있다. 예수님은 마태복음 22:37-39을 좋은 명령 Good Commandments이라 하지 않고, 위대한 명령 Great Commandments이라고 부르셨다. 그리고 사도 바울 또한 사랑은 좋은 것이라고 말하지 않고, "그 중의 제일은 greatest 사랑이라" 고전 13:13라고 했다.

좋은 것 대신 위대한 것을 추구할 때 오는 힘이 무엇인지 짐 콜린스의 저서 『좋은 기업을 넘어 위대한 기업으로』라는 책을 읽으면서 분명히 알게 되었다. 그는 "좋은 것은 위대한 것의 적이다"라는 말로 서두를 시작한다. 나는 출판사의 권유로 그 책을 토대로 하여 교회에 적용시킨 연구 결과를 출간하기로 했다. 이 책은 『좋은 기업을 넘어 위대한 기업으로』가 주는 통찰에 기초했으며, 이 책에 대한 청사진을 제시함에 있어서도 연구 과정과 책의

구조, 뼈대와 아이디어를 세워나가는 방법들을 빌려왔다.

위대한 교회를 찾는 데 있어서의 어려움

위대한 교회인지 아닌지를 판단할 수 있는 기준을 생각해보자. 출석률의 증가, 회심한 성도의 수, 문화에 대한 영향력, 변화된 삶 중에서 하나 이상의 기준을 설정했다면, 그 기준에 적합한 교회 50개를 열거해보라. 아니면 40개를 말할 수 있는가? 아니면 30개는 가능한가? 수년 동안 그저 평범하던 교회에서 '위대한 교회'의 기준에 맞게 변화된 교회가 있는지 생각해보라. 다른 말로 하면, 위대함으로 급성장한 교회를 찾아보라. 문제를 더욱 어렵게 해보자. 담임목사의 교체 없이 그러한 변화를 이끌어낸 교회, 즉 동일한 지도자 밑에서 변화를 이끌어낸 급성장한 교회를 찾는 것이다. 만약 그러한 교회를 언급하는 데 있어서 어려움을 겪었다면, 이 작업을 수행한 연구팀의 어려움을 조금이나마 맛본 것이다. 결과적으로 미국 내에 이렇게 급성장한 교회는 매우 적었다. 수천 개의 교회에 대한 자료를 가지고 시작했지만, 이런 엄격한 기준을 통과한 교회는 13개 교회뿐이었다. 그러나 이 교회들로부터 얻은 교훈은 값으로 따질 수 없다.

표 1-A는 급성장한 교회에서 나타난 놀라운 변화를 한눈에 보여준다. 『좋은 기업을 넘어 위대한 기업으로』에서 짐 콜린스가 사용한 연구 방법론을 따르면서, 우리가 찾은 13개의 급성장한 교회와 급성장에 실패한 권위적인 교회를 비교했다. 집단을 구별 짓는 요인들은 연구팀을 매료시키기에 충분했다.

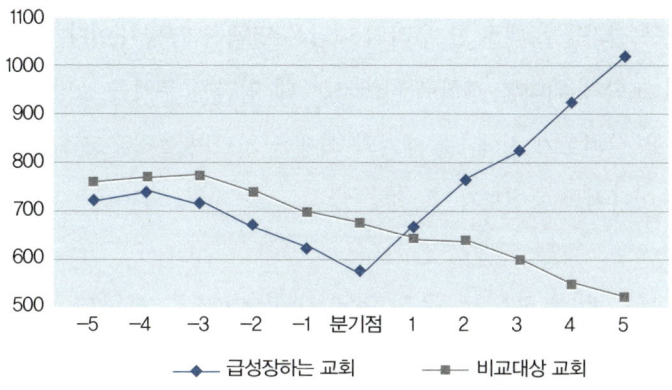

표 1-A 급성장하는 교회와 비교대상 교회의 출석률

이 표는 두 교회 집단 사이의 예배 출석률을 비교한다. 급성장한 교회는 그 교회가 급성장하기 시작한 시점이 분명하게 나타난다. 『좋은 기업을 넘어 위대한 기업으로』에서 사용한 '전환점'이라는 용례를 따라, 이 시점을 '급성장 지점'이라고 부르고, 그 후에 급성장 지점을 기준으로 이전 5년과 이후 5년 동안 비교대상 교회들 사이에 어떤 일이 있었는지 분석했다.

급성장하기 이전 5년 동안에는 모든 교회가 동일한 예배 출석률을 유지하는 데 급급했다. 그런데 그 후에 나타난 두 집단 사이의 차이점은 극적이다. 비교대상 교회의 평균 예배 출석률은 그 후 5년 동안 감소한 반면, 급성장한 교회는 71%나 증가했다.

과거에는 눈에 띄지 않던 교회가 어떻게 위대한 교회로 변화되었는가? 그들 안에는 과연 무슨 일이 일어났는가? 이 교회들은 나머지 90% 이상의 미국 교회가 엄두도 못 낸 성장을 어떻게 이루었는가?

좋은 교회지만 더디게 걸어가던 교회가 위대한 교회로 변화될 수 있는가? 연구 결과를 토대로 한 우리의 대답은 명백히 '그렇다'이다. 이 책이 여러분의 교회가 위대한 교회로 나아가는 데 영감을 주기를 소망한다. 세부 사항들을 살펴보기 전에, 큰 대가와 희생을 치르며 놀라운 전환을 이룬 한 교회의 이야기를 들어보자.

템플교회는 급성장에 대한 대가를 치른다

템플교회Temple Church는 1977년 테네시Tennessee 주 내쉬빌Nashville에 위치한 미국 침례신학교American Baptist Theological Seminary에서 그 문을 열고 첫 예배를 드린 후, 1980년 새 예배당을 건축하기 전까지 학교 내의 두 건물을 임대해 예배를 드렸다. 설립 목회자는 마이클 그레이브스Bishop Michael Lee Graves였다.

연구팀이 제시한 대부분의 기준을 통과한 템플교회는 그 시작부터 성공적이라고 할 수 있었다. 초기 몇 년 동안은 탁월하지 않지만 꾸준한 성장을 이루었고, 기독교 사립학교도 설립하기 시작했다. 부가적으로 빈민구제 사역Samaritan's Ministries도 시작했는데, 지역 내의 굶주린 사람들에게 음식과 의료 지원을 하며, 영적·심리적 상담과 함께 직업교육을 시켰다. 그 지역 사회의 한 지도자는 템플교회가 마약과 폭력을 감소시키는 데 큰 역할을 한다는 것을 인정했다.

템플교회의 사역은 50여 가지가 넘었고 계속해서 성장했다. 1980년대에 주목받는 흑인교회 중 하나가 되었고 수백만 달러를 들여서 예배당도 완공했다. 성도들은 덕의 상징이 된 교회에서 자신의 정체성을 찾기 시작했다. 템플교회는 대부분의 기준에서 변화를 이루었지만 곧 위기가 찾아왔다.

조지 리George P. Lee 연구원이 목격한 바와 같이, 많은 사람들은 붕괴가 시작되었다는 사실을 인식하지 못했다. 예배 참석자의 수가 1984년에 1천 명에서 1985년에는 880명으로 감소했다. 그러나 문제를 인식하고 있는 사람은 그레이브스 목사 한 사람뿐이었다. 그레이브스 목사는 예배 출석률 감소가 핵심 문제들 가운데 드러난 하나의 증상에 불과하다고 생각했다.

그레이브스 목사는 "성도들 사이에 무관심이 팽배해있었다"라고 당시를 회상했다. 템플교회에 중요한 것은, 모든 사회경제적 계층의 사람들을 위해 다인종·다민족 교회가 되는 것이라고 직감했다. 1985년까지만 해도 그 교회는 중산층 흑인들이 대부분이었다. 그레이브스 목사는 "템플교회의 비전은 모든 인종·민족·국적을 아우르는 것이었다. 나는 템플교회가 흑인 중심의 성도들이 모이는 부르주아 공동체가 되는 것을 바라지 않았다. 흑인으로서의 유산을 확인하면서 동시에 그리스도를 위해 세계를 품는 공동체로 나아가기를 원했다"라고 말했다.

그레이브스 목사는 사역에 있어서도 동료들로부터 편안한 느낌을 받지 못했다. 그들 대부분은 그레이브스 목사가 안절부절못하는 이유를 이해할 수 없었다. 한 동료 사역자는 이렇게 질책했다. "목사님, 목사님이 품고 계신 비전을 장차 성취하지 못하신다 해도 목사님은 저희 중 누구보다 더 많은 일을 이루어놓으셨습니다. 감사하십시오."

외부인에게는 출석률이 정체된 이유에 대해서 예배 공간이 부족하기 때문이라고 설명할 수 있었다. 그러나 그레이브스 목사는 문제가 더 깊어지고 있음을 알았다. 그는 더 넓은 예배당 건축을 교회 중직자들에게 제안했지만, 그럴 때마다 강한 저항을 받았다. 그들은 더 큰 시설을 짓는 것이 다른 사람들을 위한 공간이라는 것을 알았기 때문이다.

기존의 교인 중 300명이 그의 마음을 돌려놓을 심산으로 다양한 기회를 만들어서 그레이브스 목사에게 접촉해왔다. 반대파는 자신들의 요구가 받아들여지지 않는다면 사역에 지출되는 교회 재정 지원의 상당 금액을 삭감하겠다고 협박했다. 그레이브스 목사는 깊이 기도한 후, 자신의 입장을 밀고 나가 예배당 신축 공사를 감행하겠다는 결정을 내렸다. 그러자 교회의 중책을 맡은 사람들이 모두 나가버렸고 그레이브스 목사는 쓰러질 것만 같았다. 그는 당시를 분노와 회의의 시간이었다고 고백한다. 떠난 자들을 찾아다니며 권유해보았지만 소용없었다. 줄어든 재정으로 사역에 어려움이 찾아왔고, 20년간 유지해온 템플아카데미조차 문을 닫을 정도였다.

정신적인 충격으로 인한 이상 증세로 병원에 한 번 실려가면 몇 주간 병원 신세를 지곤 했다. 주치의는 목회생활을 청산하고 은퇴할 것을 권했지만 그는 동의하지 않았다. 템플교회를 위해 하나님이 보여주신 비전을 저버릴 수 없었기 때문이다. 시간이 흐르면서 그는 점차 기력을 회복했고 교회는 평신도와 중직자가 다시금 늘어났으며 재정 손실도 어느 정도 만회하게 되었다.

템플교회는 위대한 교회로 성장하기 위한 물꼬를 트기 시작했다. 표 1-B를 보면, 평균 예배 출석률이 엄청나게 치솟고 있음을 알 수 있다. 1991년 교회 위기가 절정에 치달았을 때 출석률은 10년 만에 최하위를 기록하다가 1년이 경과한 1992년에 약간 상승세를 보이며 690명이 되었고, 그 다음에는 급성장하는 교회의 양상이 명백하게 드러났다.

이후 12년간 성도 수는 2천 명이 증가하여 2002년에는 무려 3천 명에 육박했다. 지역사회를 위한 구제 사역도 그 어느 때보다 놀랍게 발전했다. 목회자가 바뀌지 않은 상태에서 좋은 교회가 위대한 교회로 바뀌게 된 실례다.

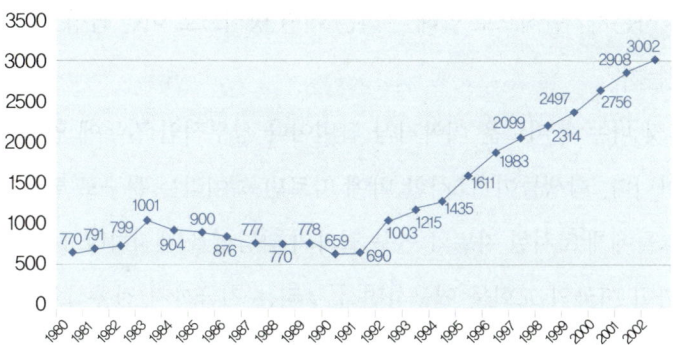

표 1-B 템플교회 평균 예배 출석률

이제 마이클 그레이브스 목사의 꿈이 실체가 되어 현실로 드러났다. 템플교회는 사회경제적 분야에서 종족과 인종을 넘어서서 다중적인 교회의 모습을 보여준다. 그레이브스 목사는 자신이 받은 비전을 가볍게 여기지 않았다. 템플교회를 향한 하나님의 계획에서 물러날 수 없었던 그 시절에 그가 지불한 대가는 결코 만만치 않았다. 연구 결과표가 증명하듯 위대한 교회로 탈바꿈하는 시도는 결코 쉽지 않다. 우리가 만났던 많은 목회자들이 들려준 것처럼 그 과정에는 엄청난 고통이 수반된다.

그렇다면 어떤 과정을 거쳐야 할까?

급성장한 교회로부터 우리가 배운 것은 무엇인가? 또한 위대한 교회로 전환하기 위해서는 어떤 대가를 치러야 하는가? 이런 의문이 꼬리에 꼬리를 물고 일어나자 연구진들의 열정은 한층 더 뜨거워졌다. 그렇다면 어떤 과정을 거쳐야 하는가? 단적으로 말해 우리는 어떤 방식으로 이런 급성장한 교회를 찾아냈는가?

여태껏 나는 흥미로운 이야기식 답변이나 상투적인 말투에 만족했던 사람이 아니다. 학생들이 "조사한 바에 따르면…"이라는 문구로 말문을 열면 나는 그들에게 조사한 자료와 연구 결과의 타당성을 제시하라고 말한다. 20년 가까이 미국의 교회를 연구하면서 우리는 지금까지 전통적으로 받아들여지고 있는 몇 가지 관점이 사실이 아님을 밝혀냈다. 급성장하는 교회를 연구한 결과 그런 사례가 단적으로 드러났다.

이 프로젝트를 진행하는 동안 연구가 순조로운 시간은 잠시였고, 대부분의 연구 과정이 힘들었다는 것을 조사팀이라면 누구나 다 인정할 것이다. 미국에 있는 급성장한 교회를 탐색하는 과정에서 우리는 엄청난 도전에 직면했다.

1단계: 명확한 기준 설정

'돌파구를 찾은 급성장한 교회'는 정확히 어떤 의미인가? 이 질문에 대해 연구팀이 서로 다른 의견을 갖고 있음이 분명하다. 우리는 위대한 교회를 정의하기 위한 완벽한 공식을 발견했다고 떠벌리는 것이 아니다. 하지만 이 기준은 미국에 있는 교회를 가려낼 수 있는 하나의 척도가 될 것이다.

1. 돌파구를 찾아낸 해를 기준으로, 해마다 최소 26명의 비그리스도인을 개종시키고 있는 교회

이 수치는 우리가 이전에 복음에 충실한 유능한 교회에 관한 실태조사에서 정해놓은 최소치다. 간단히 말해서, 건강한 교회라면 2주에 한 번은 한 사람을 만나서 복음을 전해야 한다는 관점이다.

2. 돌파구를 찾아낸 해를 기준으로, 최소한 1년에 평균 20:1의 비율로 비그리스도인을 개종시키고 있는 교회

　　1년에 불신자 1명을 그리스도께로 인도하기 위해 과연 몇 명의 교인을 참여시키고 있는가? 이 비율은 여기에 대한 답이 된다. 20:1이란 수치는 1년에 한 사람을 전도하기 위해 20명의 교인이 동참해야 한다는 말이기 때문이다.

3. 돌파구를 찾아내기 전까지 3-4년간 쇠퇴하거나 침체해있었던 교회

　　통계상으로는 확실히 드러나지 않지만 어떤 식으로든 부진을 면하지 못하고 고전 중인 교회다.

4. 이런 '침체기'에서 헤어나와 수년간 지속적으로 성장을 거듭하는 교회

5. 침체기를 거쳐 급성장에 이르기까지 동일한 목회자가 담임하는 동안 발생한 교회

　　비록 제한된 면이 있기는 하나 이 기준은 반드시 필요하다. 우리는 담임 목사가 교체되지 않은 상황에서 일어난 급성장한 교회를 찾아내야 한다는 절박함을 느꼈다. 침체된 교회를 살리는 전형적인 해결책은 목회자를 바꾸는 것이다. 미국에 있는 교회 중 일명 '급성장을 이룬 교회의 목회자'는 5%도 안 되는 안타까운 실정이다. 우리는 목회자를 교체하기보다는 동일 목회자가 자신의 리더십에서 변화를 보인 교회를 찾았다.

6. 돌파구를 찾아낸 시점부터, 급성장하는 교회는 지역사회에 대해 명확하

고 적극적인 자세로 영향력을 행사했다. 여기에 대한 직접적인 결과로, 삶의 변화를 이루어낸 사례들은 수없이 많다. 마지막 기준점은 주관적인 면이 있다. 하지만 우리가 원한 것은 급성장한 교회에 대한 통계적인 수치만은 아니었다. 곧 알게 되겠지만 우리의 선별 기준에서 합격 점수를 받은 교회는 특색이 있다. 그들은 인생의 질을 바꾸는 동시에 지역사회를 변화시키는 분명한 본보기다.

2단계: 교회를 찾아내는 작업

우리는 대단히 긍정적인 마인드를 가지고 이 프로젝트를 시작한 가운데 대략 5만여 개의 교회에 관한 자료를 받아보았다. 이 중에서 급성장한 교회를 상당수 찾아낼 것으로 기대했지만 결과는 우리의 기대에 훨씬 못 미치는 수준이었다.

많은 이들이 우려를 표하며 기업이나 회사보다 교회 선별 과정이 더욱 어려울 것이라고 했다. 대형 기업체에 대한 정보를 수집하는 경우에는 자료가 풍부할 뿐만 아니라 접근도 용이하다. 기업은 세무 조사를 받기 위해 회계 장부를 보관하고 있다. 뿐만 아니라 잡지와 신문 같은 안팎의 매체를 통해서도 얼마든지 정보의 가치가 있는 기록을 찾아볼 수 있다. 하지만 교회는 달랐다. 결국 우리에게 경고를 던진 이들의 말이 옳았다. 우리가 급성장한 유형의 교회에 관한 정보를 쉽게 입수한 적은 별로 없었.

일에 착수할 때 우리는 먼저 도움이 될 만한 주요 인물들과 접촉을 시도했다. 이들 교회가 미국 전역에 퍼져있었기 때문에 조사 과정이 매우 힘들었다. 우리는 훌륭하다는 평판이 자자한 목회자, 교단의 지도급 목회자, 그리고 선별된 교회 중직자에게 편지를 썼다. 이 외에도 지리적인 위치나 지역에 따라 리더급에 속하는 시민, 그 외 다양한 인물을 접선 대상에 포함시켰다. 우리는 시작부터 계속해서 황당한 일을 겪었다. 선별 대상에 올라있는 교단의 일부 목회자들이 비협조적인 자세를 보여주었는데, 그들은 교단에 속한 교회의 보호 차원에서 정보유출을 꺼렸기 때문이다.

때로는 조사팀이 프로젝트에서 손을 떼버리지는 않을까 하는 의구심도 들었다. 그러던 어느 날, 팀 멤버인 크리스 본츠에게서 이메일이 도착했다.

"이런 유감스런 말을 하게 돼서 대단히 죄송합니다. 급성장한 교회에 관한 연구를 하면서 기준에 적합한 교회를 하나밖에 못 찾았습니다. 그곳은 바로 '기독교선교연맹'Christian and Missionary Alliance Church입니다. 제가 조사한 교회는 1천893개인데, 기준에 맞는 곳이 한 군데밖에 없더군요. 처음에는 몇 교회가 드러난 듯 보였는데, 조금 더 세밀히 조사를 하니 장부상의 기록이나 보고서에서 허점이 드러났습니다. 또한 성장의 추이가 일정하지 않고 들락날락한 곳도 있었습니다. 지금까지 자료를 찾기 위해 허비한 것만도 150시간이 넘습니다. 앞으로는 좋은 결과가 나와서 자격 미달로 해고당하는 일이 없었으면 합니다."

좋은 소식은 우리의 엄격한 기준을 확실히 만족시키는 교회 13개를 찾았다는 사실이다. 일부는 잘 알려져있는 곳인 반면, 사람들이 잘 모르는 교회도 있다. 알파벳 순서로 열거해보겠다.

벧엘템플교회 Bethel Temple Community Church	인디애나 주, 에번즈빌
갈보리기념교회 Calvary Memorial Church	일리노이 주, 오크파크
기독중앙교회 Central Christian Church	위스콘신 주, 벨로이트
페어필드새생명교회 Fairfield New Life Church	캘리포니아 주, 페어필드
겟세마네제일침례교회 First Gethsemane Baptist Church	켄터키 주, 루이스빌
은혜교회(기독교선교연맹) Grace Church, CMA	오하이오 주, 미들버그 하이츠
은혜복음해방교회 Grace Evangelical Free Church	텍사스 주, 앨런
나사렛그로브시티교회 Grove City Church of the Nazarene	오하이오 주, 그로브시티
한인중앙장로교회 Korean Central Presbyterian Church	버지니아 주, 비엔나
레넥사침례교회 Lenexa Baptist Church	캔자스 주, 레넥사
남서침례교회 Southwest Baptist Church	텍사스 주, 아마릴로
템플교회 The Temple Church	테네시 주, 내쉬빌
케노스기독공동체 Xenos Christian Fellowship	오하이오 주, 콜럼버스

3단계: 비교대상 교회 찾기

'위대한' 교회지만 우리가 정한 기준에 맞지 않아 두 교회가 제외되었다. 첫 번째 그룹은 통계 수치로는 적합하지만 어려움을 극복하기 위해 힘쓰고 노력한 기간이 없다. 여기에 해당되는 곳은 릭 워렌Rick Warren 목사가 시무하는 캘리포니아의 새들백교회Saddleback Valley Community Church이다. 또 다른 곳은 밥 러셀Bob Russell 목사가 시무하는 켄터키 주 루이스빌에 위치한 남동기독교회Southeast Christian Church이다. 우리가 추구하는 유형은 이런 식으로 급성장하는 교회가 아니다. 거듭 말하지만, 우리의 관심 대상은 '침체'에서 헤어나온

흔적을 갖고 있는 교회인 것이다. 급성장한 교회 중 일부 교회는 한 번의 실패 경험도 없이 탄탄대로를 달리고 있다.

'위대한' 교회에서 제외된 또 다른 그룹은 신임 목사 청빙請聘하여 급성장하는 계기를 마련한 곳이다. 켄터키 루이스빌에 있는 스데반침례교회St. Stephen Baptist Church가 대표적인 예다. 이곳은 우리가 제시한 통계적인 수치는 모두 들어맞았지만 돌파구를 뚫게 된 시점이 케빈 크로스비Kevin Cosby 목사가 부임하고 난 후였다. 우리가 선정한 기준은 초창기부터 역경을 감수했던 동일한 목회자 밑에서 변화를 일구어낸 교회여야 한다는 것이었다.

연구 대상에서 제외된 대형교회들도 있다. 미국에 있는 대형교회의 96%가 제외되었는데, 이 교회들은 우리가 이전에 연구했던 복음에 충실한 유능한 교회에 관한 기준을 만족시키지 못했다. 이런 교회는 다들 '좋은 편'에 속한다. 이런 유형의 교회는 대부분 훌륭한 목회자를 모시고 있고 성도들 또한 훌륭하다. 하지만 어떤 난관을 극복하거나 돌파구를 찾은 것은 아니었다.

> 교회의 선별 기준과 절차는 자료를 근거로 이루어졌다. 우리의 선택 기준은 지리적인 위치와 인종 및 민족적 배경을 초월하는 결과를 낳았다. 그렇다고 해서 선별 과정에서 다양성을 추구하기 위한 장치를 따로 고안한 것은 아니었으므로 정말 흐뭇한 결과였다.

이런 교회의 내력을 보면 대부분 현상유지에만 만족하고 있음을 엿볼 수 있다. 이런 교회들은 변화를 거부하였으며 사역의 범위가 교회 자체 내에 한정되어 있다는 것이다. 그 교회들은 몇 가지 혹은 그 이상의 많은 프로그램을 사용하고, 예산 규모도 어마어마했다. 하지만 교회가 속한 지역사회에 감동을 줄 만한 사역이 없었다. 그렇다고 해서 성도들의 삶에서 특별한 변화를 목격할 수 있는 것도 아니었다.

이런 유형의 '좋은교회'는 급성장하는 교회와 직접 비교할 수 있는 자료로 활용했다. 고심 끝에 우리는 '좋은 교회' 세 곳을 선정하여 돌파구를 뚫고 성장한 교회와 몇 가지 항목을 비교하기로 했다. 비교대상이 되는 교회는 돌파구를 헤쳐나온 교회들이 급성장하는 시점의 규모와 유사했다. 또한 교리적인 입장과 교파적인 입장에서도 별다른 차이가 없었다. 짝을 지어 비교해 보았을 때 발견한 차이점이 우리가 지향하는 연구의 핵심이 되었다. 이 부분을 파악하게 되면 '위대한 교회'로 옮겨가는 데 미치는 주된 요인이 드러나게 될 것이다. 이제부터 이 부분을 '애벌레 요인'이라 칭하겠다.

4단계: 애벌레 요인 발견

고교시절 내가 만난 첫 생물학 선생님은 메리 칼슨_{Mary Carlson}이었다. 그 여선생님은 과학을 흥미로운 과목으로 요리할 수 있는 멋진 분이셨다. 유충이 나비로 탈바꿈하는 과정을 설명하던 그분의 강의를 지금도 기억한다. 특별히 기억에 남는 부분은 선생님이 자연의 위대한 신비 가운데 하나라고 지칭했던 애벌레의 변이 과정이다.

애벌레는 고치에 싸여있는 나비의 전신인 번데기다. 당장은 벌레처럼 꿈틀거리고 다니는 변태동물의 유생에 불과하다. 하지만 이 유생이 아름다운 모습으로 탈바꿈하는 시간, 자유로이 날아다니는 나비로 변화하는 시점이 우리가 말하려는 바로 그 단계다.

우리는 돌파구를 발견한 교회들 속에서 과도기적인 요인을 힘써 탐구해 보았다. 평범한 상태에서 위대한 교회로 전환할 때 어떤 일이 일어나는가? 침체기에서 벗어난 교회가 갖고 있는 독특한 요인은 도대체 무엇일까?

> 애벌레 요인은 짐 콜린스가 『좋은 기업을 넘어 위대한 기업으로』에서 개념을 정립할 때 사용한 '블랙박스'에 비유할 수 있다. 애벌레 요인이나 블랙박스는 변화를 주도하는 구성요인들을 설명하는 단어라고 보면 된다. 전자는 우리 팀이 교회를 조사할 때 사용한 것이고, 후자는 짐 콜린스의 팀이 기업을 조사할 때 사용한 개념이다.

기존 교회가 위대한 교회로 변화를 일구어낼 때 발생하는 사건, 양상, 계획, 전략 등의 요인을 가능한 한 명백하게 밝혀내는 것이 우리가 탐색하는 연구의 주된 내용이었다.

우리는 조사를 자료에만 한정시키지 않았다. 연구팀은 목회자, 교역자 및 평신도까지 면담하는 방식으로 방대하게 파고들어갔다. 애벌레 요인을 추적하기 위해 외부 정보도 입수했다. 방법은 영역에 따라 범주를 정해 기사나 책을 세밀하게 분류하는 것이었다.

단계별 절차를 밟는 동안 다음과 같은 질문의 끈을 놓지 않았다. "도대체 애벌레 요인은 무엇인가? 교회가 돌파구를 찾아 변화를 모색할 때 일어나는 현상은 무엇인가? 다른 교회에서는 찾아볼 수 없는, 급성장한 교회들 속에서만 발생하고 있는 요인은 무엇인가?" 이런 질문에 대한 해답을 얻기 위해 짐 콜린스의 저서 『좋은 기업을 넘어 위대한 기업으로』의 개요를 살펴보기 시작했고 이 책의 나머지 부분은 그의 아이디어를 직접 차용했다.

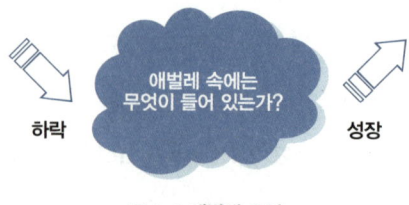

표 1-C 애벌레 요인

짐 콜린스의 선행 연구는 우리 팀에게 지침서의 역할과 함께 통찰력을 제공해주었고, 일이 유리하게 진행될 수 있었다. 콜린스 팀의 연구 과정은 우리 팀의 조사에 엄청난 도움을 주었다.

> 하지만 우리 조사팀과 콜린스 연구팀 사이에는 중요한 차이가 있었다. 우리 측은 신빙성 있고 객관적인 자료를 손에 넣는 일이 무척이나 힘들었다는 사실이다. 그의 팀은 『포춘』지에 실린 500개 기업의 자료를 손쉽게 입수할 수 있었지만, 우리 연구팀은 기존 교회의 10년에 걸친 예배 출석률을 입수한다는 것이 만만치 않았다. 그 외에도 콜린스 팀과 우리는 선택 기준이 달랐고, 우리에게는 '위대한 교회'로 전환해갈 때 목회자가 바뀌지 않아야 한다는 조건까지 추가되어 있었다.

특별히 충격을 받은 부분은 짐 콜린스가 독자들의 관심을 자극하는 방식이었다. 『좋은 기업을 넘어 위대한 기업으로』에서 짐 콜린스는 그의 팀이 발견한 것에만 이목을 집중시키는 것이 아니라, 발견하지 못한 부분에도 초점을 맞추는 통찰력을 갖고 있었다. 그것은 셜록 홈즈에게 감사를 표해야 할 부분으로, 그는 '짖지 않는 개들'에 대해 특별히 신경을 썼다. 셜록 홈즈의 고전 『실버 블레이즈』The Adventure of Silver Blaze에서 홈즈는 '개가 한밤중에 보여준 이상한 행동'을 핵심 단서로 삼는다. 한밤중에 사건이 일어났음에도 개가 아무런 행동도 하지 않았다는 것이 홈즈에게는 이상한 일이었다. 이를 근거로 범인은 틀림없이 그 개를 잘 아는 사람이라는 결론에 도달한다. 이와 마찬가지로 위대하게 발돋움하는 교회에 있지 않았던 게 무엇인지를 우리가 발견한다면 여러분도 흥미를 느끼게 될 것이다. 몇 가지 예를 살펴보자.

- 변화 과정에 함께한 목회자는 단순히 강력한 카리스마를 지닌 성품으로 변화를 이끈 것이 아니었다.
- 돌파구를 찾아낸 교회는 새로운 방법론에 쉽게 다가서지 않았다. 그들은 전국에 있는 교회가 벌떼처럼 몰려드는 신경향이나 불같이 유행하는 신경향 추세에 집착하지 않았다.
- 교회가 멋지게 만들어내고 분명히 명시해놓은 비전 자체는 위대한 교회로 발돋움하는 것과는 거의 관계가 없었다.
- 비교대상으로 선정된 교회들이 제시한 비전은 하나같이 대동소이한 문구였다.
- 교회의 위치가 시골이든, 지역사회의 인구분포도가 어떠하든 이런 문제는 돌파구를 찾아내는 과정에서 어떠한 변수로 작용하지는 않았다.
- 교회의 명칭바꾸기, 그리고 교파를 고수하거나 교회를 떠나는 결정 등은 돌파구를 찾아내는 데 아무런 의미가 없었다.
- 전략이나 계획 수립은 급성장한 교회와 비교대상 교회가 일치할 정도로 엇비슷했다. 그들은 전략을 개발해나가는 것이 유리하다고 여긴다. 하지만 이 과정이 애벌레 요인에 포함된다고 보지는 않는다.
- 급성장하는 교회는 신학적으로 보수적 노선에 있었다. 하지만 비교대

상 교회는 대부분 보수적인 상태만으로 존재했다. 초창기 연구 결과를 통해 복음 전파를 1순위로 두는 교회에서는 명백한 교리가 중요하다는 사실을 확인한 바 있다. 하지만 교리만으로는 위대한 교회로 발돋움할 수 없었다.

5단계: 깨달은 부분을 적용하기

조사팀은 호기심이나 지적 자극 이상의 것으로 인해 마음이 동했다. 우리의 목표는 위대한 교회로 이동하는 지점에서 어떤 일이 일어나는가를 발견해내는 것만이 아니었다. 하나님의 주권을 인정하면서, 하나님 나라의 유익과 타 교회의 유익을 위해 우리가 깨달은 바를 적용하기 원했다.

이제부터 돌파구를 찾아낸 교회가 어떤 식으로 성장하는지 예를 들어 설명하려고 한다. 거의 모든 원리는 짐 콜린스의『좋은 기업을 넘어 위대한 기업으로』에서 다루는 것과 흡사하다. 그의 연구를 모방했기에 우리 또한 유사한 결과가 나올 것이다. 그러나『좋은 기업을 넘어 위대한 기업으로』와는 동떨어진 별개의 결론들도 있다. 교회라는 집단은 비영리단체를 포함한 여타의 다른 조직체와 상당히 다른 부분이 있다. 그런 상이점으로 말미암아 다양한 결론들이 도출되었다.

그러므로 연구의 세부 사항으로 들어가기에 앞서, 급성장 과정의 전체 구조를 살펴보기로 하자. 표 1-D의 다이어그램 순서를 보면 사도행전 6-7장의 리더십이 ABC 모멘트 앞에 온다. 마찬가지로 ABC 모멘트 다음에 오는 것이 사람-일 동시 추구The Who/What Simultrack이다.

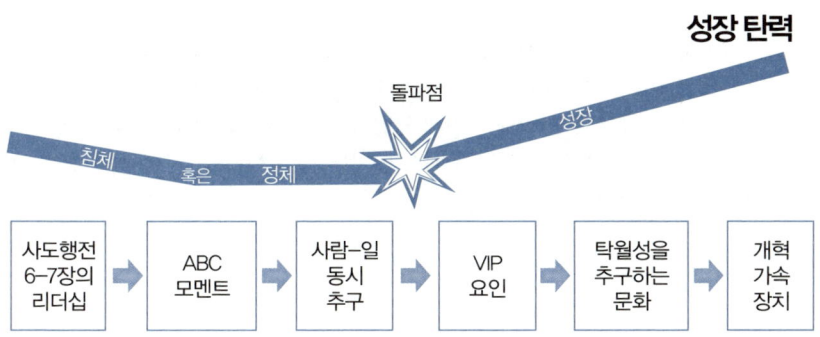

표 1-D 급성장하는 교회의 진보 과정

침체기를 뚫고 나온 교회들의 현실이 실제로 위에서 보여준 간단한 선형 과정과 일치할까? 엄밀한 의미에서 전혀 그렇지 않다. 간혹 교회는 한 번에 한 지점 이상으로 이동하고 있었다. 그 외에도, 그림으로 보여준 경우는 우리가 앞으로 살펴볼 애벌레 요인에서 발생한 가장 근접한 추정치다.

변화 과정에 필요한 6가지 중심 인자

내 의도는 위대한 교회로 이끌어가기 위한 확실한 공식을 발견했다고 말하려는 것이 아니다. 만유를 지배하시는 하나님과 성령님은 인간의 손에 좌우되는 분이 아니시다. 하지만 애벌레 요인의 인자들은, 하나님께서 교회 안에서 어떻게 일하고 계시는지에 대한 통찰력을 제공할 것이다. 우리가 들려주는 이야기, 그리고 깨닫게 된 교훈이 여러분과 여러분의 교회를 위한 긍정적인 변화를 이루어낼 것이다. 그것은 우리의 바람이기도 하다.

> 조사에 착수할 즈음 우리는 중요도나 우선순위에 따라 6가지 인자에 서열을 매길 수 있을 거라 생각했다. 하지만 조사를 마친 후 그런 식으로 중요도를 가늠할 수 있는 것이 아님을 알게 되었다. 이 인자들의 모든 요인이 긴밀하게 연결되어 있어 어느 하나가 빠지면 다른 쪽이 성립할 수 없다는 것이 우리의 마지막 결론이었다.

사도행전 6-7장의 영적 유산을 남기는 리더십(짐 콜린스의 '5단계 리더십'을 모방) 앞으로 두 장을 할애하며 설명하겠지만, 성장의 돌파구를 찾아낸 목회자들은 하나같이 사도행전 6-7장의 리더십을 연출했다. 물론 다른 장에 나타난 단계도 중요하다. 따라서 단계별로 밟아가는 것이 사도행전 6-7장의 단계를 성취하기 위한 선행조건이 된다.

- 사도행전 1장: 부름받은 리더
  초대 교회 리더는 그리스도를 위한 증인이자 사도로 부름받았다[행 1장]. 오늘의 그리스도인도 예외는 아니다. 리더십으로 나아가는 첫 걸음은 하나님의 부르심을 받아들이고 거기에 반응하는 것이다.
- 사도행전 2장: 헌신하는 리더
  오순절에 베드로는 새 교회에서 첫 설교를 했다[행 2장]. 이 행동은 리더의 특별한 기능을 보여준다. 기도와 설교는 교회와 교회의 리더십을 위한 기초석과 같은 것이다.
- 사도행전 3장: 외부지향적 시각을 가진 리더
  베드로와 요한은 앉은뱅이를 만나 그를 일으켜 세웠다. 이것은 새로 형성된 교회 밖에서 그들이 감행한 첫 모험이었다[행 3장]. 일부 목회자만이 이 단계의 리더십에 도달한다. 그러기 위해서는 교회가 감싸주는 울타리를 걷어내고 움직여야만 한다.

- 사도행전 4장: 열정적인 리더

  열정적인 리더는 시야를 밖으로만 향하지 않는다. 교회의 사명에 자신을 내던지기 때문에 이런 열정에 감동을 받아 많은 사람이 따르게 된다. 베드로와 요한이 이런 리더십 유형의 본보기였다. 이런저런 사건이 있은 후 그들은 감옥에 끌려간다. 하지만 그 때문에 낙심하는 것이 아니라 오히려 기세등등해진다. 그리고 결국 거기서 풀려난다[행 4장]. 목회자와 사역자에게 이런 수준의 리더십을 발견하는 경우는 극히 드물다.

- 사도행전 5장: 담대한 리더

  담대한 목회자는 사역의 과정에서 가시밭길이 있다 하더라도 믿음의 발걸음을 중단하지 않는다. 이런 험난한 여정에 발을 내딛는 자는 극히 소수이다. 담대한 목회자는 교회의 사명과 목적을 알고 있다. 이런 목회자는 교회를 본 궤도에 올려놓고 이탈하지 않도록 하기 위해서 어떤 발걸음도 마다하지 않는다. 베드로가 이런 유형의 리더십을 생생하게 연출하고 있다. 아나니아와 삽비라를 대하는 태도를 보라[행 5장]. 아마 이런 수준의 목회자는 1%도 안 될 것이다.

- 사도행전 6-7장: 영적 유산을 남기는 리더

  사도행전 3장의 리더십을 달성하는 교회의 목회자도 극소수지만 사도행전 6-7장의 리더가 되는 경우는 더욱 희박하다. 사도행전 6장에 등장하는 열두 사도를 보라. 저들과 마찬가지로 이들 또한 사역을 위해 다른 이들을 세우는 데 힘을 쏟는다. 물론 자신의 공로를 인정받는 것은 안중에도 없다. 그들은 살아있는 동안에만 교회를 염려하는 것이 아니라 스데반처럼 자신이 세상을 떠난 후에도 교회를 유익하게 할 수 있는 결정을 내린다. 또한 그들은 다른 사람을 칭찬하는 일에 빠르며, 잘못된 일에 대한 책임을 지는 것에도 남보다 앞서 나간다. 돌파구를 찾아낸 교회의 목회자 모두가 사도행전 6-7장의 수준을 성취하고 있었다. 이것이 우리가 탐색하는 과정에서 발견한 결과다.

> 사도행전 1-7장의 내용이 모든 목회자가 거쳐가는 연속선상의 과정이라고는 말하지 않는다. 우리는 서로 다른 유형의 리더십을 실례로 들기 위해 사도행전의 각 장을 사용하고 있는 것이다. 전문 용어로 명칭을 붙이는 것은 규범이나 표준을 세운다기보다는 예를 들어서 보여준다는 의미로 받아들이면 좋을 것이다.

ABC 모멘트(짐 콜린스의 '냉혹한 사실을 직시하라, 그러나 믿음은 잃지 말라'를 모방)

침체기를 헤치고 나온 교회와 목회자 모두가 ABC 모멘트를 경험하는 것은 아니다. 그런 시기가 없는 경우도 있었다. 여기서 A는 '인식'awareness을 뜻하는 것으로, 섬기는 교회 안에 옳지 못한 요인이 있다는 것을 알아차린다는 의미다. B는 '신념'belief의 단계다. 이 단계는 목회자가 교회의 부적절한 부분에 대해 개선의 의지를 보이면서 거기에 수반되는 냉혹한 현실을 직시할 때 나타나는 현상이다. 이쯤 되면 목회자는 현 상태가 하나님이 의도하신 것과 상당한 차이가 있다는 것을 확신하게 된다.

알파벳 C는 '위기'crisis를 뜻한다. 이런 차이로 인해 목회자의 마음속에는 위기의식이 팽배해진다. 이 시점에서 목회자는 교회의 목적을 올바르게 인식하려고 고심한다. 여러 곳에서 자문을 구하고 올바른 사람을 얻고자 노력한다. 물론 이것은 위대한 모습으로 발돋움하기 위한 교회의 구조를 새롭게 모색하는 작업이다.

앞에서 언급한 내쉬빌의 템플교회를 상기해보라. 그레이브스 목사는 사역을 하던 중 자신이 이끄는 교회의 기형적인 모습을 깨닫게 되었다. 그것은 분명 하나님이 자신을 통해 세워 나가기를 원하는 교회의 모습이 아니었다. 그가 간절히 소원하는 바는 사회적인 신분이나 경제적인 색깔을 강하게 드러내지 않는 교회가 되는 것이었다. 그래야 다양한 인종과 서로 다른 민족에게도 복음의 접근이 가능하기 때문이다. 이런 쪽으로 생각이 들자 그는 교회의 현 상태에 대해 조바심이 났다. 그의 교회는 중상류층의 흑인계 미국인만을 전도 대상으로 제한하고 있었기 때문이다.

교회가 본래의 사명을 감당하지 못하도록 막고 있는 냉혹한 현실이 있다면 맞서 싸워야 한다는 것이 그레이브스 목사의 신념이었다. 그는 중직자들을 만나 교회 건물을 더 크게 확장 및 신축할 필요가 있다고 말했다. 그러나 그들은 강력히 반발하거나 냉담한 반응만 보일 뿐이었다. 교회가 '현재의 상태'에서 반드시 갖추어야 할 본연의 모습과는 멀어져가고 있다며 그레이브스 목사가 자신의 '신념'을 피력하자 무거운 침묵이 감돌았다. 드디어 올 것이 오고야 말았다. 이것이 ABC 모멘트의 마지막 단계인 '위기'였다.

신약성경이 말하는 참된 교회의 모습을 되찾고 싶은 꿈을 포기했더라면 그레이브스 목사 또한 위기를 인내로 이겨내지 못했을 것이다. 그는 온유한 심정으로 인내하면서 중직자들에게 권유했지만, 결국 수많은 반대에 부딪히고 말았다. 2-3백명 가량의 중직자들이 떠났고, 이에 충격을 받은 그레이브스 목사는 몸까지 쇠약해져서 병원에 입원하는 지경에 이르렀다.

돌파구를 찾아낸 교회의 목회자라고 해서 모두가 병원 신세를 져야 한다는 것은 아니다. 하지만 우리가 연구한 바에 의하면, '현재의 교회 상태'가 반드시 갖추어야 하는 모습을 띠지 않는다면, 그 틈을 메우기 위한 의도적인 노력이 있어야 한다. 물론 거기에는 반드시 목회자가 치러야 할 대가가 있다는 것 또한 부인할 수 없는 현실이다.

사람-일 동시 추구(짐 콜린스의 '사람 먼저, 다음에 할 일'을 모방)

급성장하는 교회의 목회자는 현재의 교회 모습과 하나님이 바라시는 교회의 간극(間隙)을 좁히고자 고심한다. 이럴 때 나타나는 전형적인 반응으로 3가지 중대한 사안을 동시에 다룬다. 가장 먼저 제시하는 질문은 이것이다. 도대체 교회가 존재하는 진정한 목적이 무엇인가? 이 질문에 대한 좋은 모델이 있다는 것을 이번 조사를 통해 다시 한번 검증할 수 있었다. 릭 워렌이 제시한『목적이 이끄는 삶』The Purpose Driven Life은 돌파구를 찾아낸 교회 목회자들에게 큰 도움이 되었다고 한다.[1]

둘째, 이런 교회의 목회자는 직분을 가진 자 중에서 가장 올바른 사고를 지니고 있는 성도를 찾고자 한다. 그래야만 목적이 이끄는 초장 가까운 곳으로 교회를 이끌 수 있기 때문이다. 경우에 따라서는 평신도나 중직자들을 리더의 위치에 먼저 세우기도 한다. 물론 이들은 아직 자신을 세워준 목회

---

1) 릭 워렌,『목적이 이끄는 교회』*The Purpose Driven Church*, (Grand Rapids: Zondervan, 1995).

자가 무슨 일을 계획하고 있는지 잘 모른다. 이것을 달리 해석하면, 목회자는 일을 정확히 계산해놓고 사람을 세우는 것이 아니라, 그들이 어떤 사람인지에 더 관심을 둔다는 말이다.

VIP 요인(3개의 원 안에서 단순성을 추구하는 개념인, 짐 콜린스의 '고슴도치 컨셉'을 모방)

비전을 발견하는 것의 중요성은 누구나 다 알고 있다. 그래서 기독교인이나 비기독교인 모두 이런 유형의 책을 무수히 펴냈고 지금도 쏟아져 나온다. 하지만 급성장한 교회의 목회자는 비전을 발견하고자 애써 노력한 흔적이 없었다. 대다수가 처음에는 이렇다 할 비전을 갖고 있지 않아서 다른 이들과 공유할 내용도 없었다. 한 교회의 목회자는 "오히려 비전이 나를 찾아낸 걸요"라고 말했다. 연구팀은 급성장하는 교회의 목회자가 3가지 요인의 교차점을 거치면서 비전을 발견하게 되었다는 사실을 알아냈다. 3가지 요인은 지도층의 열정 · 회중의 열정과 은사 · 지역사회의 필요를 가리킨다.

레이 프리처드Ray Pritchard는 1989년, 일리노이 주의 오크파크에 있는 갈보리기념교회의 담임목사로 청빙되었다. 이 교회는 1992년 돌파구를 찾기까지 3년 동안 출석률이 떨어지는 난항을 겪었다. 초창기에 힘든 일을 겪게 된 이유는 교회에 내분이 일어나 서너 개의 분파가 생겼기 때문이다.

프리처드 목사는 리더십에 대한 일말의 소신이나 해결책도 없이 갈보리교회로 간 것은 아니었다. 그는 교회가 지향해야 하는 방향에 대하여 명백하고도 확고한 전략이 있었다. 그렇다고 해서 사람들의 이목을 집중시킬 수 있는 멋진 문구를 소지한 것은 아니었고, 오히려 비전이 그를 지목했다.

오크파크 지역은 그가 부임할 무렵 3-4년간에 걸쳐 종교 · 정치면에서 진보와 자유의 물결이 넘실대는 곳으로 성장해왔다. 이곳은 동성애자들의 터전으로 미국에서 게이와 레즈비언이 가장 많이 살고 있는 곳이다. 오크파크의 시장 격인 여성 지역 대표조차 자신이 레즈비언이라고 공공연하게 말하고 다닐 정도라면 전체적인 분위기를 엿볼 수 있을 것이다. 이곳은 삼위일체를 인정하지 않으면서 유일신을 믿는 유니테리언Unitarians 신도가 상당히 많은데, 이 지역에서는 유니테리언 교회Unitarian-Universalist Church가 가장 많은 신도를 거느린 교회에 속한다. 뉴에이지 교도들 역시 오크파크를 고향이라 부른다.

갈보리기념교회는 개방의 물결에 휩싸인 이 지역에서 두세 개뿐인 정통 기독교회다. 이 교회 신도들은 오크파크에서 가장 보수적이고 복음적인 교회로 서야 할 것을 굳게 확신하고 있으며, 이 교회의 목회자는 오크파크 지역의 환경에서 절실히 필요한 것이 갈보리기념교회라고 확신하고 있다.

그러나 갈보리기념교회의 비전은 전략적인 창의성을 구사하는 핵심 계층이나 담임목사가 단독으로 짜낸 것이 아니었고, 오히려 이 3가지 요인들이 만나는 시점에서 '비전이 밝혀진 것'이다. 돌파구를 찾아낸 거의 모든 교회가 이런 방식으로 비전을 갖게 되었다. 이 또한 우리 팀이 조사를 진행해나가는 동안에 알게 된 사실이다.

탁월성을 추구하는 문화(짐 콜린스의 '규율의 문화'를 모방)

급성장한 교회의 환경을 가장 멋지게 묘사한다면 '탁월성을 추구하는 문화'라고 말할 수 있다. 이런 교회의 목회자가 다음과 같은 절차를 거쳤다고 가정해보자.

- 사도행전 6-7장의 리더십으로 부상한다.
- ABC 모멘트의 결정적인 순간을 겪는다.
- 교회의 참된 목적을 발견하도록 이끌면서 올바른 마음의 소유자를 세우고 구조를 개선해나간다.
- 비전이 분명하게 드러난다.

이렇게 되면 손에 잡은 것을 확고하게 붙잡으려는 열망이 일어난다. 이런 교회가 행동하고 존재하는 모든 것은 탁월성이라는 지표를 기준으로 측정된다. 육아실의 청결도부터 설교의 질적 수준까지 '양호하다'는 것으로는 충분하지 않다. 위대한 교회는 탁월성을 요구한다.

개혁 가속 장치(짐 콜린스의 '기술 가속 장치'를 모방)

성도들이 받아들일 준비가 안 된 상태에서 교회 변화를 위한 혁신적인 방법과 접근법을 도입한다고 해보자. 이런 경우에는 내분으로 인해 교회가 분열되는 사례가 허다하다. 또한 갈등의 이면에 있는 원인을 정확히 파악하지도 못한 상태에서 예배 전쟁에 연루되는 교회도 적지 않다.

교회의 많은 목회자들이 목회의 수단이 아닌 목적으로 혁신적인 방법을 도입하려고 시도하면서, 개혁이 마치 교회의 대적자를 쳐부수기 위한 해결책인 것처럼 생각한다. 그러나 돌파구를 찾아내는 목회자는 혁신적인 방식을 도입할 때 균형 잡힌 시각을 유지한다. 그들은 최신 개념이나 교회들 간에 일어나는 일시적인 추세에 편승하지 않는다. 그렇다고 해서 낯설다는 이유로 개혁을 딱 잘라서 거절하는 것도 아니다.

돌파구를 찾아내는 목회자는 대개 혁신적인 방식을 선택할 때보다 신중하게 다가가며, 혁신을 만병통치약으로 여기지 않는다. 오히려 건전한 모습으로 변화를 일구는 과정에 도움이 될 수 있는 유용한 도구 정도로 받아들인다. 다시 말해서, 혁신적인 방법은 가속장치일 뿐 모든 교회의 문제를 해결해주지는 않는다.

데이비드 클라크David Clark는 1981년에 위스콘신 주 벨로이트에 있는 기독중앙교회 담임목사로 부임했다. 당시 그는 서른이 채 안 된 어린 나이였다. 본인의 고백을 들어보면 그는 성급하게 많은 변화를 이루고자 온갖 방법을 다 사용했다고 한다. 결국 교회의 중직자들이 클라크 목사에게 반기를 들었고 부임한 지 6개월 만에 그를 사임시키려는 움직임을 보였다.

하지만 권사 한 분이 다른 그룹의 마음을 움직여서 목사는 자신의 위치를 유지할 수 있었고, 불평분자들은 교회를 떠났다. 후유증과 갈등을 무마시키는 데 거의 4년이 걸렸다. 이제 클라크 목사는 생각을 거듭하며 신중하게 변화를 시도했다. 한편, 성도들이 교회의 성경적인 목적에 초점을 맞추도록 이끌었다. 그가 이런 식으로 리더십을 발휘하자, 성도들은 사역이나 프로그램 및 수많은 활동들을 단 하나의 질문으로 평가하기 시작했다. "우리 교회에서 사용하고 있는 이 모든 것이 과연 열매 맺는 제자들을 양성하는 데 기여하고 있는가?"

1981-1989년까지 그 교회는 별다른 성장을 보이지 않았다. 출석 인원은 장벽에 부딪혀 200명을 넘지 못하고 있었다. 그러나 돌파점에 이르게 된 시점인 1989년에 접어들면서 폭발적인 성장이 잇따랐고 현재 성도 수는 1천 600명을 넘어섰다. 클라크 목사는 1981년의 위기를 겪은 이후에 중심 프로

그램이나 사역을 바꾸려들지 않았다. 결국 교회 측에서 혁신적인 방식을 많이 도입했다. 토요 저녁예배, Gen X 예배(묵상 예배의 일종)를 신설하고 유년부에도 전임사역자를 초빙했다. 또한 교회의 모든 모임을 올바른 목적에 따라 사역할 수 있는 팀으로 재편성했다. 하지만 이번에는 혁신적인 방식들이 목적이 되지 않았다. 이 교회 목회자는 교회마다 유행처럼 지나가는 새로운 방식을 도입하고자 애쓰지 않았다. 결국 여러 가지 방식들을 도입하기는 했지만, 그것은 교회의 건전한 성장에 따르는 요인일 뿐이다.

성경적인 모델인가, 아니면 세상의 복제품인가

우리가 연구한 돌파구를 뚫은 교회는 하나같이 성경적 기초를 따르는 모델이었다. 리더는 성경의 관점을 중요시하였으며, 주님의 대 위임명령Great Commission에 헌신적으로 순종했다. 이들은 모두 하나님이 불러주신 중요한 목적에 초점을 맞춘다. 그들의 사역지는 사도행전 2:42-47에 등장하는 예루살렘 교회의 모습을 빼닮았다. 면담을 하거나 우리가 연구한 간행물을 보면 교회의 존재 이유가 분명히 드러난다. 그것은 바로 그들의 교회를 통해서 하나님께 영광을 돌리기 위해서다.

우리가 연구를 시작할 때 도입하게 된 콜린스의 모델도 성경에서 벗어나지 않는다. 비록 하나님 중심의 관점을 가지고 결론의 틀을 완성한 것은 아니지만, 그가 발견한 것들 중에는 성경적인 것과 양립하는 부분이 많이 있다. 예를 들어, 좋은 기업에서 위대한 기업으로 부상시킨 리더를 어떻게 묘사하는지 짐 콜린스의 사고를 들여다보자. "오로지 나 중심의 이기적인 방식을 고집하는 비교대상 리더들과는 반대로, 좋은 기업에서 위대한 기업으로 부상시킨 리더는 자신에 대해 언급하지 않았다. 그런 식의 처신은 대단히 인상적이었다."[2]

콜린스는 이런 자들을 종의 자세로 섬기는 리더라고 본다. 어떤 때는 그가 묘사하는 내용이 성경 구절인 듯한 생각이 들 때도 있다. "그것은 겉으로만 드러내는 거짓 겸손이 아니었다. 좋은 회사를 위대한 회사로 도약시킨 리더들과 함께 일하거나 그들에 대해 글을 쓴 사람들은 '조용한, 자신을 낮추는, 겸손한, 조심스러운, 수줍어하는, 정중한, 부드러운, 나서기 싫어하는, 말수가 적은, 자신에 관한 기사를 믿지 않는' 등의 단어나 표현을 계속해서 사용했다.[3]

짐 콜린스의 눈길을 끌었던 점은 좋은 기업에서 위대한 기업으로 부상시킨 리더들이 기독교적인 가치관에 기초하여 강한 확신을 갖고 있었다는 사실이다. 이는 매우 흥미로운 일이다. "강렬한 종교적 믿음이나 개종이 5단계 특성인 리더십의 최고 단계의 발달에 자양분을 주기도 한다." 그는 이에 대한 단적인 예를 들었다. "콜먼 모클러Colman Mockler는 하버드에서 MBA 과정을 밟는 동안에 기독교 신앙을 받아들였다. 『최첨단』Cutting Edge이라는 책을 보면 나중에 모클러는 보스턴 사업가 모임의 주도적인 인물이 된 것을 알 수 있다. 이 모임은 자주 만나 조찬을 함께하며 회사생활에 종교적 가치를 적용하는 문제를 논의했다."[4]

---

2) 짐 콜린스, 『좋은 기업을 넘어 위대한 기업으로』 *Good to Great*, (Harper Collins), 27.
3) Ibid.
4) Ibid., 37.

믿기지 않는 여행

여름철 어느 늦은 오후, 나는 너무 지쳐있었고 다른 팀원들도 마찬가지였다. 어느 날, 번쩍 떠올랐던 그 화려한 아이디어는 도대체 어찌된 사연이었을까? 어디로 흘리기라도 했던 걸까? 그때 귓가에 울리던 그 소리만 아니었어도 이런 무모한 시도는 하지 않았을 것이라는 회의가 밀려왔다. 이 프로젝트는 지금까지 관여한 것 중에서 최악이었다. 우리가 맞닥뜨려야 했던 장애물의 실체를 진작 알았더라면, 결코 이런 일에는 손도 대지 않았을 것이다.

우리는 프로젝트를 진행하면서 교회마다 자료와 기록이 너무나 허술한 것에 다시 한번 놀랐다. 객관적인 잣대를 가지고 성장이나 부진을 결정할 만한 기본적인 자료가 없었다. 설상가상으로 상당수 교회와 교단이 정보를 공유하려 하지 않았다. 전국의 모든 교회가 자료 유출을 꺼렸다면 우리는 두세 개 교회가 급성장한 사례 외에는 찾지 못했을 것이다.

우리가 다시 한번 소망을 갖게 된 계기가 있었다. 통계상 급성장한 교회의 양상과 맞아떨어지는 교회를 서너 군데 더 찾아낸 것이다. 그러나 그것마저 물거품이 되었다. 나중에 알고 보니 그때 찾아낸 급성장한 교회는 하나같이 목회자가 바뀐 후 변화가 일어난 곳이었다. 물론 이런 유형의 교회들도 하나님께 올려드릴 감사제목이지만 급성장하는 교회의 기쁨을 누리려면 기존의 목회자를 사임시키는 것만이 유일한 해결책이라는 메시지는 전하고 싶지 않았다.

연구팀은 수천 통의 편지와 이메일을 발송했다. 수많은 시간 동안 전화통을 붙들고 씨름했고, 교회의 통계치를 조사하는 데 진땀을 뺐다. 팀원들은 지쳐서 다들 숫자만 보면 더이상 연구를 진행하지 않겠다고 맹세라도 할 판이었다. 팀을 이끌고 있던 나 자신도 7월의 어느 날 오후에는 의구심을 떨쳐낼 수가 없었다.

40만 교회를 대상으로 조사를 했다면 그래도 백 단위에 이르는 숫자는 나와야 하지 않겠는가? 하지만 우리가 찾아낸 급성장한 교회는 13개였다. 생각해보라. 40만 교회로부터 시작해서 13곳으로 끝났다.

짐 콜린스의 예감이 적중했다. 그는 우리 팀에게 미리 경고했다. "우선 올바른 선별 과정을 밟아가는 과정도 오랜 시간이 걸릴 겁니다. 또한 그것을 해결한 후에도 엄격한 기준에 들어맞는 교회는 십중팔구 두세 교회밖에 안 될 걸요…"5)

그 말을 듣고 나는 짐 콜린스의 경고가 틀렸다는 걸 보여주고 싶었다. 우리는 연구팀이 제시한 기준에 맞는 교회가 많이 있을 거라는 환상을 품고 있었지만 그것은 순진한 착각이었다. 물론 미국에는 우리가 찾아낸 것보다 급성장한 교회가 훨씬 더 많을 것이라고 생각한다. 하지만 우리가 포착할 수 있었던 교회는 13개뿐이었고 그 여름날 오후, 나는 이 프로젝트를 끝까지 감당해야 하는 부담감으로 정신이 이상해진 것은 아닌지 의심스러웠다.

나는 정신을 가다듬고 급성장한 교회에 관한 모든 자료를 다시 읽어 내려갔다. 조사 내용, 대담 내용, 그들에 대해 들리는 이야기, 문서 증거 자료, 통계치, 그 밖의 모든 자료를 면밀히 조사했다. 그 과정에서 나는 하나님의 위대한 역사가 고전을 면치 못하는 교회와 그의 백성을 향해 움직이고 있음

---

5) 짐 콜린스와의 인터뷰, 2003년 4월.

을 눈여겨보았다. 불가능을 가능하게 만드는 것은 바로 하나님의 능력 안에 있다는 사실을 다시금 깨닫게 되었다.

입수한 모든 정보를 재조사하던 중 나는 우리가 믿기지 않는 여행을 하고 있었다는 것을 깨달았다. 우리가 찾아낸 교회는 인간의 지혜와 능력이 하등의 문제가 되지 않는 그런 이야기들을 갖고 있었다. 거기에는 하락이나 침체, 절망에 허덕이고 있던 교회를 소망과 활력, 성장으로 인도하시는 하나님의 손길이 있었다. 그러자 내 머리를 스치는 생각이 있었다. 언제나 동일하신 하나님께서는 지금 이 순간에도 열방에 퍼져있는 모든 교회를 재건하기를 간절히 원하신다는 것이었다.

팀원들과 내가 보여주고 싶었던 것이 바로 이것이다. 하나님께서 고전하는 교회를 붙들어 번성하는 교회로 돌이키실 때 과연 무슨 일이 일어나는가? 그 여정에서 우리는 믿을 수 없을 정도로 놀라운 일들을 목격했다. 미국에는 수천 개의 좋은 교회가 있다. 하지만 급성장하는 교회는 소수다. 우리는 그 중 몇 군데를 찾아냈다.

하나님이 우리를 위대한 자로 부르고 계시는데 좋은 상태에만 머문다면 그건 죄악이다. 우리의 여행에 여러분도 동참하지 않겠는가? 좋은 교회가 위대한 교회로 전환한 이면에는 공통적인 원리가 작용하고 있다. 그것을 여러분도 공유하기를 바란다.

> I am certainly not one of those who needs to be prodded.
> In fact, if anything, I am the prod
>
> *Winston Churchill*

2장

사도행전 6-7장의 리더십

> 확실히 나는 자극제가 필요한 유형은 아니다 사실 어느 쪽인가 하면, 내가 자극을 주는 쪽이다
>
> **윈스턴 처칠**

　『좋은 기업을 넘어 위대한 기업으로』에서 짐 콜린스와 그의 연구팀은 리더의 자질로 '5단계 리더십'Level 5 Leadership이라는 특별한 유형을 밝혀냈다. 이번 장은 짐 콜린스의 책『좋은 기업을 넘어 위대한 기업으로』의 5단계 리더십의 개념을 모델로 하여 구성되었다.

　누군가가 지난 50년간의 미국 교회사를 집필한다면, 도널드 쉐퍼Donald Schaeffer라는 위대한 목회자를 기억할 것이다. 정말이지, 우리가 선별한 13개의 급성장한 교회 목회자들이 당대의 교회사 연감에 끼일지도 의문이다.

　도널드 쉐퍼는 오하이오 주 미들버그 하이츠에 있는 기독교선교연맹인 은혜교회Grace Church에서 담임목사로 38년간 섬겼다. 그는 교회를 성장시켜서 1980년 무렵 출석 교인 500명을 돌파했다. 하지만 그 이후 서서히 기울어서 1986년이 되었을 때 400명으로 줄었고, 하락세는 1990년대까지 이어졌다. 바로 그 즈음이 돌파구를 찾아낸 시점이었다. 1998년에 접어들어 도

널드 쉐퍼 목사의 아들 조나단Jonathan이 이 교회의 담임목사가 되었다. 침체기에서 헤어나온 그 시점부터 교회는 탄력을 받아 고속 성장했다. 2002년에는 출석 교인 1천 700명이라는 믿을 수 없는 수치를 기록했다.

연구팀인 크리스 본츠Chris Bonts가 면담차 도널드 쉐퍼 목사를 만났을 때, 그는 과거 목회 시절을 회상하면서 이런 고백을 했다. "나의 초기 리더십은 내가 처음 사역에 임했던 그때를 생생하게 대변하고 있습니다. 당시만 해도 목회자는 사실상 교회 사역 전반을 관할하고 있었어요. 그때는 단독 목회가 공식적으로 굳어있던 사역 형태였으니까요. 신학교에서도 난 협동 사역에 관련된 훈련은 한 번도 받아본 적이 없었습니다."[1]

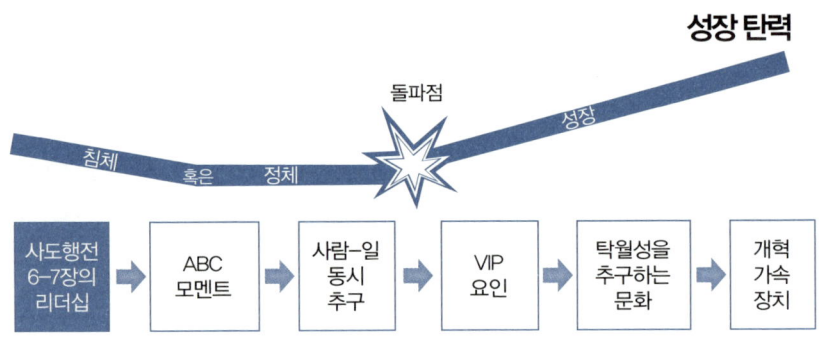

표 2-A 사도행전 6-7장의 리더십

은혜교회의 출석률이 1986년에 400명 선까지 추락했지만 쉐퍼 목사는 교회

---

[1] 이 책에 등장하는 대부분의 인용문은 급성장하는 교회의 목회자와 평신도를 상대로 우리 연구팀이 직접 인터뷰한 내용이다. 이후로는 출판물과 같은 다른 인용 자료는 따로 표기할 것이며 인터뷰 인용 내용이나 교회 내 출판물은 근거 자료로 제시하지 않을 것이다.

형편에 만족했다. 어쨌든 자신의 교회는 미국 내 다른 90%의 교회보다 더 크다는 생각에서였다. 하지만 바로 그해 그의 자만심이 뿌리째 흔들리는 계기가 된 사건이 있었다.

전환점을 맞게 된 은혜교회

담임목사와 장로들이 빌 오어Bill Orr 목사가 인도하는 교회성장세미나에 참석했다. 세미나를 마쳤을 때 그들은 새로운 소원과 비전을 품게 되었다. 교회와 인접해있는 클리블랜드Cleveland를 황금어장으로 삼아 전도 전략을 세워보자는 것이었다. 세미나 강사였던 빌 오어의 말에 의하면, 교회가 침체에 빠지면 계속 그 수준을 유지하는 것이 아니라고 한다. 즉 다시 일어나거나 더 떨어져 사멸하거나 둘 중 하나라는 뜻이다. 쉐퍼 목사는 더 이상 이전의 목회 방식에 안주할 수 없었다.

"우리가 성장세미나에 다녀오기 전까지 내 목회는 참으로 순탄했어요. 교회는 충분히 자립할 수 있는 재정이 있었고, 나 또한 매주 열심히 일을 했어요. 9명의 자녀를 키우고 500명에 육박하는 성도를 관리해야 했으니 말이죠. 난 일이 즐거웠고 설교는 물론 성도를 돌보는 일에도 열심을 다했지요. 하지만 그 세미나에서 우리는 다시 일어서야 한다는 것을 깨달았습니다."

쉐퍼 목사는 내심 무척 흔들리고 있었지만 그것은 바로 하나님의 축복이었다. "나의 사역에서 하나님이 도구로 사용하신 게 바로 그 세미나였어요. 이를 계기로 나의 감정이 정리되고 목회철학이 바뀌게 되었으니 일종의 불쏘시개라고 할까요. 그뿐만 아니라 세상에 잃어버린 영혼들에게 복음을 전해 그리스도께로 인도하는 우리의 책임을 통감하게 만들었어요. 또한 교회의 사명에 대한 우리의 태도를 극적으로 바꿔놓았답니다."

그 무렵 그는 거드름을 피우고 자만심에 빠져있던 과거 자신의 모습을 솔직히 인정했다. "내 사역에서 이런 점을 깨닫기 전에는 그동안 이루어놓은 일에 대한 자기만족에 도취되어 있었어요. 하나님은 그 세미나를 통해 내 마음을 흔드셨답니다."

쉐퍼 목사와 함께 사역을 했던 사람들도 담임목사의 태도와 사역 방식에서 나타난 변화를 느끼기 시작했다. 단독 목회가 협동 사역으로 대치되었다. 그리고 외부지향적이던 사역의 초점을 내부로 전환했다.

도널드 쉐퍼 목사의 이야기는 리더십이 완전히 변화된 주목할 만한 사례다. 수치가 모든 내용을 상세하게 설명하는 것은 아닐지라도 표 2-B에 나타난 예배 출석 양상을 보면 어느 정도 짐작할 수 있다. 그의 사역의 처음 20년은 괄목할 만한 수직 성장을 기록했다. 쉐퍼 목사는 우리가 알고 있는 많은 목회자들과 달랐다. 그는 한 교회를 맡아서 중직자들의 도움 없이 출석 인원 400명 이상의 교회로 이끌었다. 우리는 이 시기를 '단독 성장기'라고 이름 붙였다.

그러나 단독 목회의 결과는 그로부터 10년이 경과했을 때 예배 출석률이 침체되는 것으로 나타났다. 조금 더 시간이 흐르자, 평균 예배 출석 인원이 397명 선까지 내려갔다. 우리는 이 시기를 '침체와 쇠퇴기'라고 정했다. 쉐퍼 목사가 교회성장세미나에 참석하게 된 1985년도 이 시기에 해당된다.

쉐퍼 목사의 사역의 다음 단계는 '급성장 시기'이다. 이때는 세미나 이후 계속해서 변화가 잇따르는 흥미진진한 양상을 나타낸다. 하지만 숫자로 봤을 때는 당장 무슨 결과가 나타난 것이 아님을 유의해서 보라. 세미나에 참석한 해는 1985년이었지만 급성장은 1990년에 들어서면서 비로소 드러나기 시작했다. 결국 쉐퍼 목사는 자신의 비전이 교회에 전달될 때까지 참고 기다렸던 것이다.

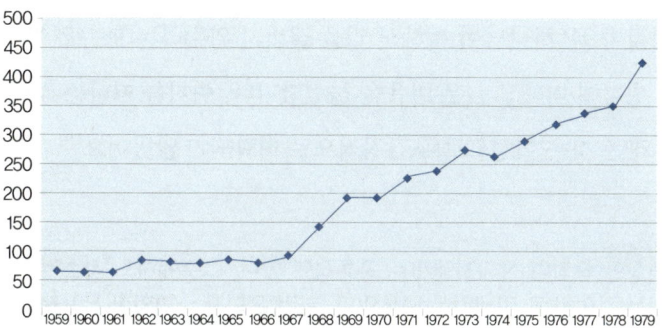

표 2-B 은혜교회(기독교선교연맹), 단독 성장기

표 2-C 은혜교회(기독교선교연맹), 침체와 쇠퇴기

이처럼 인내라는 덕목은 우리가 연구한 목회자의 모습에서 나타나는 전형적인 특성이다. 이들은 힘든 시기를 감내하면서 교회를 지킨다. 때로는 더 푸른 목장으로 옮기라는 많은 유혹이 있을 수도 있다. 쉐퍼 목사의 경우도 그러했다. 그의 고백을 들어보라.

"내게도 떠날 기회가 서너 번 있었어요. 하지만 하나님이 나를 부르신 곳은 여기잖아요? 하나님이 뜻하신 일을 끝까지 완수하는 모습을 보여드려야 한다고 생각해 떠나고 싶은 마음을 눌렀답니다. 여기를 떠나는 것이 하나님의 뜻이라는 것은 이성으로나 감정적으로 허락되지 않았어요."

> 급성장한 교회의 목회자에게는 공통점이 많다. 그중에서도 지속적으로 드러나는 것이 바로 인내라는 덕목이다. 이런 목회자는 명확한 목표점을 바라보고 있다. 비록 거기에 도달하기까지 수년이 걸린다 하더라도, 선택의 자유가 있다고 해서 포기하지는 않는다.

은혜교회의 사역과 건전한 성장에 관한 쉐퍼 목사의 열정은 남달랐다. 그는 자신이 임기를 마치고 이 세상을 떠난 후의 교회 모습까지도 청사진으로 그리고 있었다. 그가 원로목사로 추대되었던 1998년에는 교회가 다른 국면을 맞이했다. 성장에 탄력이 붙어 급성장이 계속되었는데 우리는 이때를 '성장 탄력기'라고 부른다.

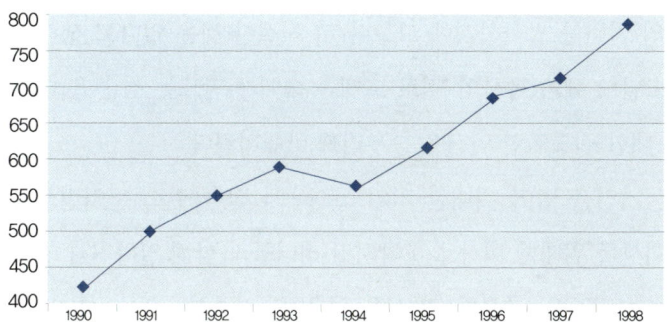

표 2-D 은혜교회(기독교선교연맹), 급성장기

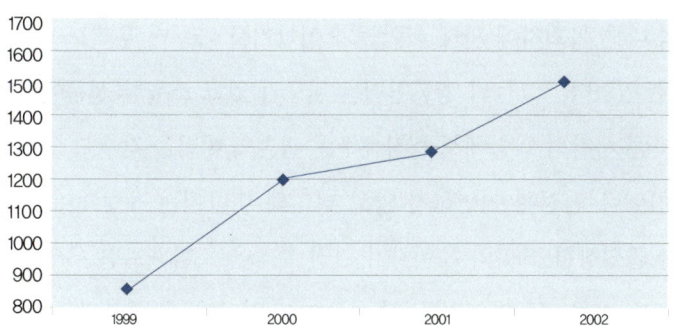

표 2-E 은혜교회(기독교선교연맹), 성장 탄력기

절로 고개를 숙이게 만드는 겸손

『좋은 기업을 넘어 위대한 기업으로』에서 짐 콜린스는 5단계의 리더에 관한 특성을 자세히 언급하고 있다. 거기에 붙인 소제목으로 '절로 고개를 숙이게 만드는 겸손'에 관한 내용을 다루었다. 연구팀은 이 표제가 딱 들어맞는다고 생각해서 여기에서도 사용하기로 결정했다. 왜냐하면 사도행전

6-7장의 리더를 묘사하기에 그보다 더 적절한 것은 없다고 생각했기 때문이다. 도널드 쉐퍼 목사의 '절로 고개를 숙이게 만드는 겸손'은 대형교회 목회자에 대한 전통적인 인식을 송두리째 바꿔버린다.

『좋은 기업을 넘어 위대한 기업으로』에서 짐 콜린스는 이런 말을 한다. "좋은 회사를 위대한 회사로 도약시킨 리더들과 함께 일하거나 그들에 대해 글을 쓴 사람들은 '조용한, 자신을 낮추는, 겸손한, 조심스러운, 수줍어하는, 정중한, 부드러운, 나서기 싫어하는, 말수가 적은, 자신에 관한 기사를 믿지 않는' 등의 단어나 표현을 계속 사용했다."[2] 쉐퍼를 비롯한 급성장한 교회의 다른 목회자에 관해 사람들과 이야기를 나누며 우리도 유사한 말을 들을 수 있었다. "그들의 행동거지는 절도가 있고 조용한 성품이었다. 모든 것을 다른 사람의 입장에서 생각해주는 겸손의 미덕을 갖추고 있었다. 타인의 칭찬이나 인정에 연연하지 않고 타인의 비난에는 개방적이었다." 지금 언급한 급성장한 교회의 목회자가 가진 특성을 조합해보면 우리가 이름 붙인 '사도행전 6-7장의 리더십'의 모습이 드러난다. 지금부터 이 용어를 살펴보고 그 이면의 의미를 파악해보자.

짐 콜린스가 『좋은 기업을 넘어 위대한 기업으로』를 쓰려고 연구팀을 이끌 때, 그가 팀원들에게 신신당부한 말이 있다. 기업의 업적을 추켜올리거나 깎아내릴 때 모든 책임을 리더에게만 물어서는 안 된다는 것이었다. 그의 말을 들어보자. "사실 나는 연구팀에게 최고 경영자들의 역할을 중시하지 말라는 지시를 분명하게 내려놓고 있던 터였다. 오늘날 일상화된 '리더

---

[2] 짐 콜린스, 『좋은 기업을 넘어 위대한 기업으로』 *Good to Great*, (Harper Collins), 27.

에게 공을 돌리거나 리더를 비난하는' 지나치게 단순화된 사고를 피하려는 생각에서였다."3)

콜린스 연구팀은 지시에만 매이지 않고 한 기업이 좋은 수준에서 위대한 수준으로 부상할 때 리더의 결정적인 역할에 대해 계속 더듬어갔다. 콜린스는 그때를 돌아보면서 이렇게 말했다. "나는 프로젝트 초기부터 경영진은 무시하라고 주장했어요. 하지만 연구팀들은 거기에 맞서 절대로 그럴 수 없다고 했어요. '경영진들에게는 색다른 뭔가가 계속 드러납니다. 무시할 수가 없습니다'라며 맞서더군요." 이렇게 언쟁이 오가는 중에 결국 콜린스가 손을 들었다. "늘 그렇듯이, 어쨌든 자료를 무시할 순 없잖아요?"4) 이런 과정에서 좋은 것을 위대한 수준으로 부상시킨 리더는 동일한 기준에 의해 선별되었다.

나는 연구 조사팀에게 교회가 돌파구를 찾아내는 과정에서 리더십의 요인을 무시하라는 부탁은 하지 않았다. 그러나 리더십의 특성이 중심 요인으로 부각되지 않을까 우려한 것은 사실이다. 하지만 우리 프로젝트는 콜린스와 다른 방식으로 접근한 부분도 있었다. 우리의 선택 기준은 돌파구를 헤쳐나와 급성장하는 것만이 전부가 아니다. 거기에는 담임목사가 쇠퇴기와 침체기를 함께 겪고 이겨내야 한다는 것이 명시되어 있었다. 다시 말해서, 급성장한 교회의 변화 과정은 교회가 탈바꿈하는 것 그 이상을 요구한다. 목회자의 변화까지 포함시킨 것이다.

---

3) Ibid., 21.
4) Ibid., 22.

여러분이 이 책에서 대단히 유명한 목회자들의 이름을 만나볼 수 없는 것도 이 때문이다. 릭 워렌Rick Warren, 존 맥아더John MacArthur, 제임스 메릿James Merritt, 로저 스프레들린Roger Spradlin, 필 네이벌스Phil Neighbors, 버디 그레이Buddy Gray, 빌 하이벨스Bill Hybels 혹은 잭 그레이엄Jack Graham 같은 이름을 발견할 수 없을 것이다. 앤디 스탠리Andy Stanley, 에드 영Ed Young, 제리 바인즈Jerry Vines, 밥 러셀Bob Russell, 프레드 루터Fred Luter, 캐빈 에첼Kevin Ezell, 케빈 코스비Kevin Cosby 혹은 로버트 루이스Robert Lewis 같은 인사들의 이름도 발견하지 못할 것이다. 우리가 말할 수 있는 한에서 이런 목회자는 그들의 교회에서 침체나 쇠퇴기를 겪지 않았다. 그들 중 몇몇은 교회를 시작할 때부터 성장을 누리기도 했다. 또 어떤 이들은 고전하고 있던 교회로 부임해서, 오자마자 전환을 이루어내기도 했다.

나는 이런 위대한 목회자들의 사역을 존중하지만 반면에 회의를 느끼는 부분도 있다. 그들에 관한 책을 읽고 연구도 하며, 그들이 개최하는 세미나에 참여하는 목회자들은 수없이 많다. 그러나 본 교회로 돌아가서 그들에게서 배운 방법론을 도입했을 때 비슷한 결과가 나타나던가? 아쉽지만 그렇지 않다.

> 이 연구 과정에 쏟은 가장 큰 열정은 고전을 면치 못하는 교회와 목회자에게 소망을 주는 것이다. 우리가 설정한 급성장하는 기준을 만족시킨 교회가 거의 없다는 것은 인정한다. 하지만 우리가 찾아낸 극소수 교회가 들려준 말이 있다. 하나님의 능력이 개입된다면 변화는 일어날 수 있고 일어나게 되어 있다는 것이다.

'나'라는 존재는 평범한 인생으로 막을 내릴 것인가?

캘리포니아 주 비살리아에서 말씀을 전할 때의 일이다. 그 지역 출신의 목사 한 사람이 퉁명스럽게 말을 던졌다. "레이너 박사님, 저는 정말 사역 현장에서 변화를 일으키는 제 자신을 보고 싶어요. 하지만 대형교회 목회자 같은 그런 리더십 기술이 없어요. 저는 결국 평범한 인생으로 막을 내리게 될까요?"

이 책은 평범한 상태를 벗어나 놀랍게 성장한 교회에 관한 이야기뿐만 아니라, 바로 그 성공 신화의 주인공에 대한 이야기도 담고 있다. 그렇다면 급성장한 교회의 목회자는 어떤 모습을 하고 있는가? 표 2-F는 사도행전 6-7장의 리더의 전체적인 모습을 나타내고 있다. 도표의 아래쪽에서 위쪽까지 쭉 관찰하면 리더는 계층 구조를 따라 한 단계씩 차례대로 이동하지 않으면 결코 어느 특정 수준으로 도약할 수 없다는 사실을 발견하게 될 것이다.

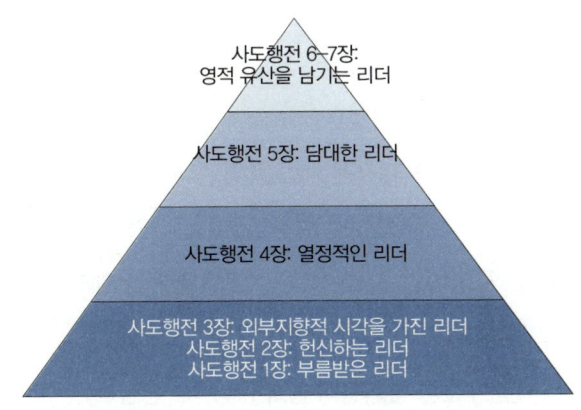

표 2-F 리더 피라미드

사도행전 1장: 부름받은 리더

초대 교회 리더는 그리스도의 증인이자 그리스도를 위한 증인으로 부름받았다행 1:8. 열두 사도는 부름을 받아 초대 교회의 리더가 되었다. 거기에는 유다 대신 선별된 맛디아도 있었다행 1:21-26. 우리가 조사한 급성장한 교회의 목회자는 하나같이 하나님의 부름을 입었다는 확실한 증거를 갖고 있다. 특별히 생명이 다하는 날까지 자신이 맡고 있는 교회에서 사역하는 것을 하나의 소명으로 받아들인다.

부름받은 리더에 관한 내용을 읽으면서 이런 의문점이 생길 수 있다. "하필이면 이 부분이 첫 단계로 언급되어 있는 이유는 뭐지? 어쨌거나 교회의 목회자라면 누구나 하나님의 부르심을 받은 게 아닌가?" 놀라지 말라. 절대로 그렇지 않다. 우리가 면담해본 상당수 교회의 목회자는 자신의 사역이 세상의 직업과 하등의 차이가 없다는 입장을 보였다. 그러나 급성장하는 교회의 목회자는 달랐다. 그들은 자신의 사역에 대한 하나님의 소명을 명백히 의식하고 있었다.

사도행전 2장: 헌신하는 리더

사도행전 2장의 내용은 대부분 베드로의 설교로 이어진다. 여기서 베드로가 기본적이고 필수적인 요인인 설교행 2:14-39와 기도행 2:42에 전념하는 모습을 볼 수 있다. 사도행전 2:42-47을 보면, 초대 교회의 실상을 어렴풋이나마 엿볼 수 있다.

"당연히 교회를 이끄는 목회자라면 누구나 다 헌신적이 아닐까?"라고 말하는 사람도 있을 것이다. 목회자라면 설교를 하지 않는가? 그들 중 기도하지 않는 이가 어디 있겠는가? 그런데 거기에 대해 우리가 찾아낸 답변은 그렇지 않다는 것이다. 이런 기본적인 사역에 대부분의 시간을 보내는 목회자는 소수다. 복음 전파에 유능한 교회에 관한 실태조사에서 우리가 밝혀낸 바는 설교 준비와 기도 시간은 대략 일주일에 20시간 정도였다. 충실한 면에서 다소 뒤진 감이 있는 비교대상 교회 목회자가 설교 준비와 기도에 투자하는 시간은 일주일에 겨우 5시간 안팎이었다. 그리고 미국 교회의 4%만이 우리 기준에 부합하는 복음 전파에 유능한 교회의 모습이었다.[5]

사도행전 3장: 외부지향적 시각을 가진 리더

사도행전 3장을 보면 베드로와 요한은 2장의 마지막 부분에 기술된 초대 교회의 모임을 과감하게 넘어선다. 그리스도의 메시지와 치유 능력이 미문the Beautiful gate이라고 하는 성전 문 앞에 앉아있던 거지에게 전해졌다행 3:1-10.

3단계 리더십은 일관성 있는 태도와 집요한 자세로 교회를 이끌되, 그들의 시선을 이웃에게로 향하게 한다. 이런 목회자는 복음 전파를 우선순위에 둔다. 그리고 성도들이 교회의 울타리를 넘어 다양한 유형의 사역을 하도록 인도한다.

---

[5] 이 연구 프로젝트는 모두 톰 레이너의 『복음 전파에 유능한 교회』 *Effective Evangelistic Churches*, (Nashville; Broadman & Holman, 1996)와 「높은 기대치」 *High Expectations*, (Nashville; Broadman & Holman, 1997)에서 다루고 있는 내용이다. 톰 레이너가 이끄는 연구팀은 계속해서 발견한 자료를 갱신하고 있으나 2004년도의 통계치에 대해서는 그다지 바뀐 게 없다고 본다.

사도행전 4장: 열정적인 리더

2001년에 존 에와트John Ewart는 내가 운영하는 레이너 그룹 컨설팅 팀에 합류하게 되었다. 당시 그가 맡은 중요한 역할은 우리가 연구하고 있는 교회의 리더십을 평가해서 결론을 내리는 것이었다. 1년 후 그는 내가 20여 년의 상담 사역을 통해 관찰한 내용을 논리정연하게 설명하기 시작했다. "건강한 교회의 리더는 자신의 사역에 대한 분명한 열정을 갖고 있다. 또한 이 열정은 설교나 대화, 그밖에 그들이 수행하는 수많은 리더십 역할에서 뚜렷이 드러난다."

이 열정은 개인의 성격이나 성향이 아니다. 그건 조용하거나 활달한 성격의 구별 없이 양쪽 모두에서 나타난다. 열정을 가진 이들은 분명한 에너지를 발산하며 하나님이 부르셔서 명하신 일과 사역을 무척 사랑한다. 에와트가 다음에 그것을 잘 표현했다. "열정은 말로 표현하기는 어렵다. 하지만 직접 보게 되면 어떤 것인지 알게 된다."

사도행전 4장은 베드로와 요한이 체포되어 어떻게 풀려났는지를 설명하고 있다. 이 두 사람은 유대 종교 지도자들로부터 다시는 예수님에 관해 이야기하거나 가르치지 말라는 지시를 받는다. 그때 이들은 이렇게 반응한다. "하나님 앞에서 너희의 말을 듣는 것이 하나님의 말씀을 듣는 것보다 옳은가 판단하라 우리는 보고 들은 것을 말하지 아니할 수 없다"행 4:19-20

두 사도가 품었던 사역에 대한 열정은 오늘날 우리도 분명히 알 수 있다. 그들의 대적까지도 2천 년 전에 인정하지 않았는가. "그들이 베드로와 요한이 담대하게 말함을 보고 그들을 본래 학문 없는 범인으로 알았다가 이상히 여기며 또 전에 예수와 함께 있던 줄도 알고"행 4:13 어쩌면 사도행전의 저자인 누가Luke 의 이 구절이 이 열정을 가장 잘 설명하지 않을까? 이 부분을 풀어서 다시 한번 살펴보자. "그들은 이 두 사도가 이전에 예수와 함께 있던 자들임을 알아채기 시작했다."

사도행전 5장: 담대한 리더

담대한 리더는 믿음의 발걸음을 성큼 내딛는다. 받아들이기 힘든 길이라 할지라도 이들은 험난한 소명의 길을 주저하지 않는다. 담대한 리더십을 가진 목회자는 교회의 사명과 목적을 알고 있다. 따라서 그 부분에 초점을 맞추고 교회를 움직이기 위해서는 어떤 장애물이라도 넘고 나아간다.

오늘날 교회에서 높은 비전을 가진 많은 목회자들이 사도행전 5장의 리더에 속한다. 이들은 교회의 위치를 옮기거나 대대적으로 청지기 캠페인을 시도한다. 지역사회에서도 폭넓은 사역을 감당하고 있지만, 현상유지에는 만족하지 못한다. 그들은 단호한 태도를 보이며 방향 설정이 정확하고, 교회를 위한 최선이 무엇인가를 감지했다면 그것을 수호하기 위해 어떤 대가라도 지불할 각오가 되어있다.

사도행전 5장의 리더십 유형은 아나니아와 삽비라를 상대하는 베드로의 담대한 모습 속에서 생생히 드러난다. 이 부부는 땅을 팔고 난 후 그 값을 속였다행 5:1-11. 이 행위는 교회가 앞으로 나아가려는 움직임을 저해할 우려가 있었고, 하나님의 심판으로 그들은 즉사했다. 이 형벌이 오늘날의 우리에게는 가혹한 듯 보이지만, 이 사건이 해결된 후에 교회가 앞으로 전진할 수 있었다는 점을 간과해서는 안 된다행 5:12-16.

사도행전 6-7장: 영적 유산을 남기는 리더

사도행전 6-7장의 리더는 찾아보기 어렵다. 이들은 앞 단계의 모든 특성은 물론 그 이상의 것을 갖고 있다. 사도행전 6:1-7에 언급되어 있는 열두 사도와 같은 이런 목회자는 사람들에게 사역을 맡기는 일에 민첩하다. 그리고 일을 맡은 자들이 세운 공은 그들에게 돌아가도록 해준다. 사람들의 칭찬을 달가워하지 않으며 상대방을 높이고, 만약 일이 잘못되면 기꺼이 책임을 지는 자들이다.

사도행전 6-7장의 리더십을 가진 목회자는 자신이 세상을 떠난 후에도 교회에 유익이 될 수 있는 결정을 내린다. 이런 유형의 목회자는 흔치 않다. 우리가 조사한 수천 교회를 더듬어보아도 이런 유형의 목회자를 거의 찾아내지 못했다.

오늘날 목회자의 모습 속에서 우리가 발견한 것은 무엇인가?

오늘날 교회를 이끄는 목회자는 어떤 상태에 있는가? 상담과 광범위한 조사를 통해서 우리는 427개의 교회를 접했다. 그런 다음 사도행전 6-7장의 진행 과정에 따라 그들의 리더십을 살펴보고 각각의 수준을 결정지었다.[6] 거기서 나온 결과를 보고 우리는 깜짝 놀랐다.

---

[6] 여기서 언급한 427개의 교회에 대해서는 상담한 내용이나 조사한 자료를 첨부해서 우리가 서류로 보관하고 있다. 공정한 자료 관리를 위해 표본추출 기준에 대해서는 각 교회에 제시하지 않았다.

리더십 수준	설명	이 수준에 이른 담임목회자의 백분율
사도행전 1장 부름받은 리더	사역에 대한 하나님의 부르심을 알고 있으며 그 부르심에 반응하고 있다.	98%
사도행전 2장 헌신하는 리더	설교, 가르치기, 기도와 같은 기독교 사역의 기본들을 잘 이행하기 위해 시간을 투자한다.	22%
사도행전 3장 외부지향적 시각을 가진 리더	교회라는 울타리를 넘어 교회와 자신의 사역을 이끌어가고자 노력한다.	14%
사도행전 4장 열정적인 리더	사역에 대한 열정을 발산해 주변을 전염시킨다. 사람들이 즐거이 따라온다.	6%
사도행전 5장 담대한 리더	하나님의 능력 안에서만 가능한 일이라도 모험을 감수할 의지를 갖고 있다.	3%
사도행전 6-7장 영적 유산을 남기는 리더	자신의 사후에도 사역이 성공적으로 이어져야 한다는 거룩한 부담감을 갖고 있다.	1% 미만

표 2-G 리더십의 수준

우리가 연구한 담임목회자들 중에서 이 수준의 리더십이 있는 목회자는 채 1%도 안 된다. 하지만 장기간을 두고 교회의 건강을 염려한다면 이 수준의 리더십은 반드시 필요하다고 믿는다. 미국의 교회는 대략 40만 개로 추정되고 있지만, 이 가운데 10개 중 8개의 교회가 쇠퇴기 내지는 침체기를 겪고 있다.[7] 따라서 사도행전 6-7장의 리더십은 절대적으로 필요하다.

---

[7] 우리가 자료를 갖고 있는 교회 중 84%는 교세가 기울거나 교인의 증가율이 개 교회가 위치한 지역의 인구 성장률을 따라잡지 못하고 정체 현상을 보이고 있다. 여기서 40만이라는 교회의 수치는 인구 밀도와 지리적 분포를 고려해서 2003년 표본 조사에 들어간 교회의 통계치다. 표본추출 집단은 어림잡아 37만5천에서 45만 개의 교회로 추정된다.

> 우리는 그동안 연구한 목회자들의 리더십 스타일에서, 목회자가 다음 수준으로 넘어갈 때 중요한 차이점이 있음을 간파했다. 목회자의 수준이 한 단계만 더 올라가도 교회가 괄목할 만한 유익을 얻게 되는 것은 당연한 이치다. 그런 의미에서 지금 당장 목회자가 설정해야 할 한 가지 목표가 있다면, 그것은 현재의 수준을 다음 단계로 밀착시키는 것이다.

이 프로젝트에는 소망이 있다. 만약 그것을 믿지 않았다면 나는 이 연구를 이끌 생각도 하지 않았을 것이고, 이 책을 펴낼 생각 또한 하지 않았을 것이다. 나는 열심을 품고, 급성장하게 된 교회와 그 목회자의 특성을 일반 교회 목회자에게 전달하고자 한다. 이런 감동을 받고 시작한 이 프로젝트는 설명과 규범을 모두 아우르고 있다.

급성장한 교회의 목회자로부터 발견한 몇 가지 놀라운 점

우리가 연구했던 급성장한 교회는 13곳이었으며, 그들을 인도하는 목회자는 14명이었다. 한 교회는 2명의 목회자가 공동으로 사역하고 있었기 때문이다. 목회자 집단은 인종, 지리, 민족, 사회경제적인 면에서 다양성을 가지고 있었다. 그러나 우리는 이들 사이에서 많은 공통점을 발견했다. 이런 공통점을 비교대상 교회의 그룹과 대조했을 때 급성장하는 교회 그룹에서만 볼 수 있는 많은 특성이 드러났다.

리더십에 관한 조사팀의 정보를 취합할 때, 알고 보니 우리가 미처 발견하지 못한 부분에 대해 토론을 하는 경우가 더러 있었다. 급성장하는 교회의 대다수 목회자는 다음에 나오는 리더의 특성에 맞아떨어진다.

일을 처리하는 방식은 거북이걸음이 좋다

본 워커T. Vaughn Walker는 켄터키 주 루이스빌에 있는 겟세마네제일침례교회 담임목사로, 그가 부임했을 당시 교회 예산은 집사들과 재정부의 관리 하에 운영되고 있었다. 좀 더 포괄적으로 예산을 세우는 과정에서 다른 중직자가 이끄는 어느 부서에 상당 비율을 투입해야 하는 중요한 사역이 있었다. 워커 목사는 예산을 세우는 일에 직접 관여하고 싶지 않았다. 하지만 교회가 비전을 이행하는 데 필요한 자본을 확보하려면 처리 방법을 변경할 필요가 있었다. 예산의 우선순위를 보면 사역의 중심이 어디를 지향하는지 엿볼 수 있다. 이 교회는 비전과 성장에 초점을 두지 않고 근근이 현상 유지를 하는 쪽으로 예산을 빠듯하게 세워놓고 있었다.

우리는 워커 목사가 이 부분을 바꾸는 데 성공했다는 것보다 그렇게 하는 데 무려 7년이 걸렸다는 것에 더 놀랐다. 워커의 의견은 이런 식이었다. "그건 교회 입장에서 보면 죽고 사는 문제가 아니었어요. 내가 참고 사랑하고 인내한다면 결국에는 바꾸는 쪽으로 방향을 틀게 되리란 걸 알고 있었죠."

비교대상 교회의 목회자를 몇 명 만나 보았을 때, 우리는 변화를 유도하는 방식에서 2가지 뚜렷한 흐름이 있다는 것을 알게 되었다. 조사팀은 평화를 애호하는 한 그룹을 '피스메이커'peacemaker라고 이름 붙였다. 어차피 변화란 어느 정도 갈등을 초래하기 마련이다. 그래서 이들은 고통을 피하기 위해 현 상태를 그대로 유지하고자 했다.

다른 그룹은 자기 고집을 관철시키기 위해 무조건 밀어붙이는 유형이었다. 우리는 이들을 '마이 웨이 혹은 하이웨이 리더'my way or highway leader라고 이름 붙였다. 이런 리더는 독자적인 입장에서 결정을 내리는 경향이 있었다. 미드웨스트의 한 목회자는 이렇게 말했다. "나는 성도들에게 그것은 의심할 여지가 없는 확실한 비전이라고 알려주었습니다. 그런데도 그 비전에 동참할 수 없다면 다른 교회를 찾아야지 어쩌겠어요?"

우리는 독재성을 띤 이런 목회자가 섬기는 교회에는 갈등이 하나의 패턴으로 자리 잡고 있다는 사실을 간파했다. 이런 식으로 자신의 의견을 관철하면 단기간 또는 시간이 조금 지났을 때 수적 증가를 목격할 수 있을 것이다. 하지만 장기간 지속할 수 있는 사역의 긍정적인 결과는 기대하기 어렵다. 이들의 목회 이력을 보면 이전 교회에서 사임을 권유받은 적이 있거나 압박을 견디지 못하고 스스로 사임한 이들도 있었다. 그리고 그들이 떠나고 남은 자리에는 상처받고 노여워하는 성도들의 흔적이 남아있었다.

> 독재형의 리더십이 초래하는 결과는 쏜살같이 쓸려가는 급류와 같다. 그러므로 우리의 연구결과에서도 밝혀졌듯이, 철회할 수 없는 경우가 더러 있다. 이와는 정반대로 '피스메이커'들은 교회를 하향세로 몰아가는 경향이 있다. 명확히 감지할 수 있는 것은 아니지만 그 사람의 시대가 끝날 즈음에는 상처받은 성도가 많아지고, 건강하지 못한 교회가 되어버린다. 물론 수적으로도 더 작은 교회로 추락하고 만다.

하지만 급성장한 교회의 목회자는 접근하는 방식이 달랐다. 이들은 변화를 유도하기 위한 리더십의 역할을 3단계로 인식하고 있었다. 이 3단계 패턴은 이런 유형의 목회자에게 한결같이 나타나는 양상인 듯싶다.

- 그들은 성도에 대한 자신의 사랑을 명확하게 전달하기를 간절히 원

한다. 성도들이 자신의 비전에 동의하지 않으면 가차 없이 처단해야 한다는 극단적인 감정은 전혀 없다.
- 기존 교회는 전통에 묶여있는 예가 많으므로 바꾸기가 쉽지 않다는 것을 인식하고 있다. 그래서 시간을 들여 설득하는 여유를 가진다.
- 만약 교회가 앞으로 전진하려면 목표 달성을 위해 반드시 변화가 일어나야 한다는 것을 알고 있다. 피스메이커와는 달리 그들은 인내를 가지고 집요하게 목표를 향해 움직인다.

급성장하는 교회의 목회자는 마음이 여린 쪽이 더 많다

어느 날, 한 선배 목사가 내게 충고를 했다. 지역교회 사역에서 살아남으려면 비난이 올 때 그냥 흘려넘겨야 한다는 것이었다. 각기 다른 4개 주에서 4개 교회를 담임한 후에 내가 깨달은 것이 있다. 사역 초창기 때나 그때나 비난에 민감하기는 매한가지라는 것이다.

우리 팀이 급성장하는 교회 목회자 대부분이 여린 마음을 가졌다는 사실을 알았을 때, 나는 그래도 안심할 만한 수준이라고 생각했다. 오하이오 주 콜럼버스에 있는 케노스기독공동체는 1970년 오하이오 주립대학에서 대학생 성경공부 모임으로 첫발을 내디뎠다. 케노스기독공동체는 1970-1980년대에 걸쳐 급속한 성장을 경험했다. 그러나 1982년이 될 때까지 이 단체는 조직교회로서의 모습을 갖추지 못했다. 바로 그해부터 케노스기독공동체라는 현재의 명칭을 붙이고, 정식으로 교역자들을 모셔와 사례비를 지급하게 되었다. 하지만 케노스공동체가 조직적인 면에서 한층 더 갖추었다 하더라도 여전히 전통적인 교회의 모습과는 거리가 멀었다. 그래서 1990년대 초,

목회자 측에서 땅을 사서 교회 건축을 시작했을 때 일부 성도는 교회가 세속화되고 있다고 생각했다. 그런 와중에 목회자들이 은사파 그룹과 맞서게 된 사건이 발생했다. 그 당시 교회 목회자가 은사파가 맡은 상담 사역의 성경적 타당성에 의문을 품었고, 이를 계기로 갈등의 골이 더욱 깊어졌다.

1991-1994년에 이 교회는 1천 200명에서 1천 500명의 성도가 떠나가는 엄청난 일을 겪었다. 출석률은 3천 800명에서 2천 400명으로 줄었다. 초대형교회 목회자에 대해 대체적으로 평가하는 말이 있다. 그것은 바로, 반대파가 목회자를 헐뜯어도 한 귀로 듣고 한 귀로 흘려버린다는 것이다. 다시 말해서, 개의치 않고 계속 자기 길을 간다는 말이다. 하지만 케노스기독공동체의 목회자는 그러지 못했다.

게리 들래쉬무트Gary DeLashmutt와 협동 사역을 하고 있는 데니스 맥컬럼Dennis McCallum은 자신이 겪었던 고통을 이렇게 표현한다. "많은 성도들이 비난의 화살을 맞으면서 기진맥진하던 우리에게 떠나라고 말했어요. 결국 우리의 거취 문제가 투표로 이어졌고, 그 결과 우리가 남게 되었답니다. 우리는 교인의 1/3을 떠나보냈어요. 그것만 생각하면 마음이 쓰립니다. 지금도 실패의 쓴 맛은 지워지지 않아요."

인터뷰 과정에서 그들이 겪은 고통을 나눌 때 이 목회자들의 정직함과 솔직함이 무척이나 인상적이었다. 급성장하는 교회의 모든 목회자들로부터 우리는 그들 안에 있는 따뜻한 마음을 느낄 수 있었다. 그들은 당시 상황에서 자신들이 겪은 대부분의 싸움을 피할 수 없었다고 말한다. 교인을 잃어버리고 끊임없이 받았던 그 비난의 말들이 마음속에 여전히 깊은 상처로 남아있었다. 그들에게 비난의 화살은 한순간에 훌훌 털어버릴 수 있는 것이 아니었다. 그들은 반대파를 상대하면서 인내로 견뎠다. 하지만 그것을 감내하느라 너무도 큰 대가를 종종 치르곤 했었다.

급성장하는 교회의 리더 중 다수가 자신의 위치를 달가워하지 않는다
많은 목회자가 현재 자신의 직분에 관해 얘기하는 걸 들어보면 흥미로운 부분이 있다. 그들은 위대한 교회의 목회자가 될 생각이 없었다. 이 중 몇몇은 교회에서의 리더 역할을 포기하고 싶었다는 말도 했다.

급성장하는 교회 목회자와 『좋은 기업을 넘어 위대한 기업으로』에 나오는 리더 사이에는 놀랄 정도의 유사점이 있다. 짐 콜린스가 목회자에 관해 묘사한다면 이런 식으로 펼쳐 나갔을 것이다. "좋은 기업을 넘어서 위대한 기업으로 왕성하게 활동하는 리더는 결코 참된 영웅 그 이상이 되고 싶어하지 않았다. 그들은 세인의 존경을 받고 싶어 갈망하거나 손에 잡히지도 않는 우상이 되고자 몸부림치지 않았다. 이들은 겉으로는 평범한 사람처럼 보였지만 소리 없이 예상 외의 결과를 만들어내고 있었다."[8]

1981년, 스데반 쉬밤바크Stephen Schwambach 목사는 자신이 곤란한 입장에 처해있다는 것을 알았다. 30년간 벧엘템플교회를 담임해온 아버지가 자신은 교회의 스태프가 되고 아들이 담임 역할을 하기를 원한다고 제안한 것이다. 그렇다고 해서 아버지가 은퇴할 의도는 아니었다. 아버지는 아들의 목회를 돕는 중진의 한 일원으로 활동하겠다는 말이었다. 다만 앞으로 10년 후 자신이 은퇴할 때까지는 명예담임목사라는 직책을 보유한다는 조건하에서였다.

---

8) Ibid., 28.

> 우리는 꿈이나 포부에 초점을 두고 급성장하는 교회 목회자와 비교대상 교회 목회자를 비교해보았다. 그때 뚜렷이 드러나는 3개의 그룹이 있었다. 첫 번째 그룹은 야망이라고는 찾아볼 수 없었다. 이들은 살아남기 혹은 현상유지에 급급했다. 두 번째 그룹은 개인적으로는 포부가 있었다. 그들은 그 꿈을 가슴속에 품고 굳이 드러내려 하지 않았다. 급성장하는 교회의 목회자인 세 번째 그룹 또한 각자가 품고 있는 비전이 있었다. 그리고 이들은 자신이 시무하고 있는 교회를 위해 그 꿈을 이야기할 기회를 자주 가졌다.

시간을 두고 중진들과 성도들이 그 제안에 대해 투표를 했고 좋다는 쪽으로 결과가 나왔지만 그런 조정이 지속되리라고 믿는 쪽은 거의 없었으며, 사실 깨질 뻔하기도 했다.

처음 부임한 젊은 목사는 자신의 고향 교회를 직접 섬기게 되어 신바람이 났다. 그의 꿈은 열정에 불타는 헌신적인 성도들로 이루어진 교회를 세우고 불신자를 전도하는 것이었다. 이 비전이야말로 하나님이 일생에 단 한 번 주신 기회라고 믿었다. 그리고는 열심을 넘어선 불타는 열정으로 고지를 향해 달려나갔다.

하지만 낙천적인 그의 꿈은 얼마 못 가서 길고 긴 악몽으로 변하고 말았다. 그와 인터뷰한 내용이다. "이들은 하나님이 너무나 사랑하시는 보배로운 그리스도의 백성입니다. 불행하게도 나는 리더십에 있어서 열정은 강했지만 지혜가 부족했습니다." 젊은 목사가 제안한 변화의 많은 부분이 단호한 반대에 부딪쳤던 것이다. 아버지의 목회 방식을 더 좋아했던 가정들이 교회를 떠나기 시작했고, 출석률은 감소했다. 예산도 부족해지고, 쉬밤바크 목사의 자질에 대한 온갖 비난이 들끓기 시작했다.

그 와중에도 하나님의 은혜로 인해 젊은 신임 목사의 리더십에 반응을 보이는 새로운 사람들이 꾸준히 들어왔다. 하지만 교회의 중직자들은 목회자가 변화를 모색하려고 할 때마다 줄기차게 거부했다. 내부의 전쟁은 고통 가운데 계속되었다. 그러던 중, 성도들의 사랑을 받던 협동목사가 사임하게 되면서 200명의 성도가 함께 나가버렸다.

혼란이 최악으로 치닫게 된 정점에서 진퇴양난에 빠진 목사에게 한 선배 목사가 충고를 했다. "죽은 자를 살리는 것보다는 출산이 더 쉽지 않겠는가."[9] 생각할수록 일리가 있는 말이었다. 그는 자신이 이 교회에 적합한 인물이 아니라는 결론을 내리고 벧엘교회에서 벗어나게 해달라고 간구하기 시작했다. 근방의 다른 도시에 개척을 해볼 생각이었다. 그곳에서는 불신자를 전도하는 데 자신의 목회 방식이 맞는, 더욱 수용적인 교회의 모습이 가능할 것 같았다.

목사라는 직분을 받은 지 10여 년이 지난 후인 1993년 초, 쉬밤바크 목사는 장기간 금식기도를 했다. 이 기간 동안 그는 하나님의 손길을 세밀하게 느꼈다. 그리고 지금까지 이룰 수 없었던 그 비전을 더욱 명확히 제시해주시는 것을 느꼈다. 그는 옴짝달싹 못한 상태로 좌절감에 빠져 소리쳤다. "주님, 제게는 당신의 백성을 바꿀 권한이 없어요!" 그때 자신의 내면에 말씀하시는 주님의 음성이 들렸다. "그래, 맞아. 너는 그럴 권리가 없지. 하지만 내게는 그럴 권한이 있단다. 그 일을 위해 너를 사용하기로 미리부터 작정하고 있던 게 바로 나야!"

---

[9] 이 말은 세계 추수 사역의 대표인 피터 와그너 박사가 목회자들을 무장시키기 위해 쓴 책인 『대추수기의 교회 설립』 *Church Planting for a Greater Harvest*, (Ventura, CA: Regal, 1991, 32 참고)을 통해 주목을 받게 되었다.

그는 주님과 씨름하다보니 녹초가 되었다. 하지만 그제서야 현재 시무하는 교회에 머물기를 원하시는 하나님의 뜻을 분명히 알 수 있었다. 쉬밤바크 목사는 하나님께 항복했고, 사역지로 돌아갔다. 하지만 교회가 급성장의 기쁨을 누리기까지 10년의 세월이 더 걸릴 줄을 그때는 몰랐다. 결국 그는 목회 생활 20년 만에 성장을 경험하게 된 셈이다.

급성장하는 교회 목회자는 진보를 향해 천천히 전진하는 경향이 있다. 때로는 전진을 늦추려고도 한다. 이들은 강심장이기보다 여린 편에 속한다. 그래서 선뜻 나서지 않으려는 경우가 더러 있다. 우리가 조사하면서 발견한 이 3가지는 통상적인 인식을 뒤엎는 것 같다. 하지만 "급성장하는 교회 목회자에게는 어떤 특징이 있는가?"라는 가장 궁금한 질문이 남아있다. 이 광범위한 프로젝트의 결론을 내리게 되었을 때, 마치 우리가 이 질문에 대한 답변을 할 수 있을 정도로 많이 발전했다는 느낌이 들었다. 다음 장에서 그 대답을 들어보기 바란다.

핵심 내용 요약
사도행전 6-7장의 리더십

❶ 이 책을 차분히 읽으면서 급성장하는 교회에 대한 판정 기준이 무엇인지 명심해야 한다. 해당 교회는 동일 목회자의 리더십 아래에서 고난과 급성장의 시기를 모두 경험한 사례다.

❷ 우리는 선별 교회를 대상으로 리더십 수준을 6단계로 분류하고 있다. 이 중 14%만 사도행전 3장의 수준을 웃돌았다. 사도행전 4장의 수준을 약간 웃도는 그룹은 단지 6%에 불과했다. 사도행전 5장의 단계에 이른 그룹은 3%밖에 없었다. 최고 단계인 사도행전 6-7장의 수준에 있는 리더는 모든 목회자 중 1%도 채 안 되었다.

❸ 사도행전 6-7장의 리더는 진보를 받아들이는 입장이 느린 편이다. 그들은 비판의 목소리에 민감하다. 하지만 비판하는 자들 때문에 목표와 비전이 흔들리도록 방관하지는 않는다. 왜냐하면 하나님이 그 부분을 허락하셨다고 믿기 때문이다.

❹ 사도행전 6-7장의 리더는 시종일관 성도에게 사랑을 전달할 방법을 모색한다.

❺ 사도행전 6-7장에 속해있는 많은 리더는 선뜻 나서지 않는 자들이었다. 그들은 현재의 위치에서 사역하고자 하는 계획도, 간절한 소원도 없었다.

❻ 우리의 조사에서 드러난 놀라운 사실 중 하나는 사도행전 6-7장의 리더는 비난의 목소리에 대단히 민감하다는 것이다. 이런 사람들은 여리기보다는 강심장이고 뻔뻔한 구석이 있을 거라 짐작했지만 결과는 우리의 예상을 빗나갔다.

❼ 급성장하는 교회 리더에게는 독재적인 요인이 전혀 없다는 사실이 드러났다. 강직한 성품을 소유하고 있지만, 그들의 겸손이 독재자가 되는 것을 막아주는 방패막이가 되었다. 하지만 이 중 몇몇은 자신들도 과거에는 독재자와 같은 면이 있었다고 시인했다. 그들의 삶에서 일어난 성품의 주된 변화 중 한 가지는 독재적인 리더십을 떨쳐버리는 것이었다.

> Do what you can, with what you have, where you are
> *Theodore Roosevelt*

3장
사도행전 6-7장의 리더십에 대한 8가지 열쇠

> 네가 있는 그 자리에서, 네가 갖고 있는 것으로, 네가 할 수 있는 것을 하도록 하라
>
> **테오도르 루즈벨트**

급성장하는 교회 리더의 특징을 단계별로 구분한다는 것은 사실 상당히 염려되는 부분이다. 한편으로는 이 정보를 취합해서 천편일률적인 공식을 만들 수도 있다. 다른 한편으로는 이 접근 방식을 하나님의 손길이 실재한다는 것을 부인하는 인간중심적인 생각으로 볼 수도 있다. 내가 혼자서 염려하는 이런 것들은 절대로 우리의 의도를 반영하는 것이 아니다. 그럼에도 급성장한 교회의 모든 리더에게서 드러나는 서너 가지의 자질을 비교대상 교회와 연결했을 때, 매우 분명한 하나의 패턴이 전개되었다.

그것은 비교대상 교회와 구별되는 급성장하는 교회 목회자의 특성을 종합하여 만든 것임을 명심하기 바란다. 예를 들어, 8가지 특성 중 한 가지인 한 교회 안에서의 장기 목회는 수많은 비교대상 교회에서도 발견될 수 있었다. 그러나 그 자질만으로 좋은 목회자가 위대한 목회자로 바뀌지는 않았다. 어떤 경우에는 이러한 목회자가 이끄는 교회가 장기간 침체 상태에 있기도 했다.

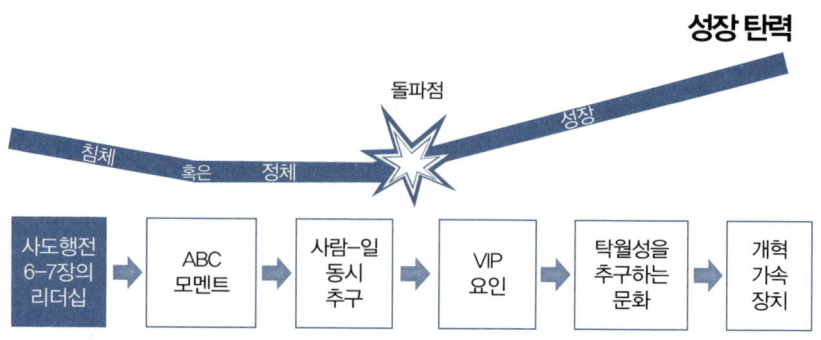

표 3-A 사도행전 6-7장의 리더십

> 비교대상 교회를 활용하는 것은 사도행전 6-7장에 등장하는 리더의 자질을 포착할 수 있는 결정적 요인이었다. 양쪽 그룹의 자질을 각기 비교하고 차이점을 보았을 때 차이점이 뚜렷하게 드러나는 경우가 종종 있었기 때문에 우리는 바짝 긴장했다.

성경에 대한 지독한 충성

사도행전 6-7장의 리더는 하나같이 말씀을 극히 중시하는 근본주의의 입장에 서있다. 만약 비교대상 교회를 활용하지 않았더라면, 성경에 대한 보수적인 관점이 급성장하는 교회의 목회자가 갖는 특징이라는 결론을 내렸을 것이다. 이런 결론을 내렸을 때 문제가 발생했다. 비교대상 교회의 많은 목회자 역시 보수적이라는 사실을 발견했기 때문이다. 그렇다면, 성경적 관점에서 이 두 그룹을 구분하는 요인은 무엇인가?

우리가 연구해온 많은 자료들이 그렇듯이 이 연구 역시 성경의 관점을 높이 사는 것이 리더십의 위치를 결정하는 중요한 잣대가 된다.[1] 하지만 사도행전 6-7장의 리더는 성경의 요구사항을 진리로 받아들이는 정도에 머무르지 않는다. 거기서 더 나아가 실천 의지를 보인다. 이들 역시 자신의 믿음을 따라 살아가는 일에 열심이다. 예를 들어, 담임목사가 성경의 무오성을 믿는다고 말하는 교회는 수백 개 찾을 수 있다. 하지만 그 많은 교회 중에 복음의 열매가 나타나는 교회를 찾기란 쉽지 않다. 게다가 지역사회를 향한 사역의 단계 역시 수준 미달인 곳이 태반이다. 입으로는 성경이 명하는 바를 믿는다고 말한다. 즉, 그리스도인의 의무는 사람들을 주님께 인도하는 것임을 잘 알고 있다. 하지만 교회의 실상을 들여다보면 전도의 열매가 거의 없다. 세상의 빛과 소금이 되어야 한다고 말하지만 당연히 섬겨야 하는 지역사회에서의 사역을 보면 겉치레뿐이다.

> 우리가 연구한 많은 비교대상 교회에서, 그들이 터를 잡고 있는 지역사회에서의 사역은 빈약한 경우도 있었다. 기껏해야 음식이나 의류 아니면 옷장을 제공하는 수준이었다. '구제' 항목의 예산 또한 너무나 적게 책정되어 있었다. 그건 누가 보아도 뚜렷한 목적을 가진 사역이라고 볼 수 없었다.

갈보리기념교회Calvary Memorial Church는 일리노이 주, 오크파크 지역에 있다. 시카고의 외곽지역에 위치한 이곳은 동성애자들이 엄청나게 많이 살고 있다. 한때 이 교회는 거의 모든 성도가 영국계 미국인인 앵글로 족이었다.

---

[1] 톰 레이너의 『복음 전파에 유능한 교회』 *Effective Evangelistic Churches*, 130-134를 참고하기 바란다.

하지만 레이 프리처드Ray Pritchard 목사는 인종과 민족을 초월하여 지역사회를 다양하게 공략하며 교회를 이끌었다. 현재 그 교회의 성도 중 1/3이 앵글로 족이 아니며, 그 비율은 점점 증가하고 있다.

그 지역에는 복음 전파에 열심인 교회가 거의 없다. 따라서 갈보리기념교회가 지향하는 성경적인 관점 때문에 비난을 감수할 때가 있다. 만약 비교대상 교회가 오크파크에 있다면 목회자의 설교와 가르침은 어떤 식으로 흘러가겠는가? 아마도 동성애의 생활 방식을 규탄하는 쪽이 아닐까? 갈보리기념교회는 다른 비교대상 교회와 동일한 성경적인 입장을 고수한다. 하지만 이곳은 성경에 역행하는 삶을 살아가는 그네들을 야유하는 것으로 만족하지 않는다.

1990년 말, 오크파크는 동성애자를 시장으로 선출했다. 갈보리기념교회는 동성애자들의 정치적 승리로 인해 집중 조명을 받았다. 동성애자의 생활 방식에 대해 반대 의사를 표하는 몇 안 되는 교회 중 한 교회만이 공식 입장을 발표했다. 하지만 갈보리기념교회의 목회자는 여기서 한 걸음 더 나아갔다. 어느 한 시점에 프리처드 목사는 한층 더 여론을 집중시키는 대화를 나누었다. 그 지역의 게이 목사를 만나 솔직하게 나눈 대담이었다. 처음에는 다소 경직된 분위기였으나 나중에는 다정하게 끝을 맺었다. 이 토론은 도저히 접근할 수 없는 자들에게 문을 열어주는 계기가 되었다. 갈보리기념교회는 구원 사역의 한 방편으로 상당 시간을 상담 사역에 할애했으며, 대상은 그 지역에 사는 동성애자들이었다.

교회 목회자의 입장에서 성경의 권위를 믿는 것은 필수적이다. 하지만 사도행전 6-7장의 리더는 그것을 받아들이는 동시에 자신이 믿는 그 믿음에 따라 행동한다.

목회자의 재직 기간

사도행전 6-7장의 리더는 한 교회에서 장기 사역할 각오가 되어있거나 그것을 원하는 경우도 있다. 미국 교회는 단기간으로는 전환할 수 없는 불건전한 구조와 전통으로 인해 궁지에 빠져있다. 이런 목회자는 장기적인 차원에서 사역을 수행한다. 따라서 교회를 앞으로 움직이는 일에 있어서도 언제나 인내심을 가지고 임한다. 하지만 경우에 따라서는 앞으로 세 발짝을 움직이려면 두 발짝 물러나야 한다는 것도 잘 알고 있다.

아래 도표를 보면 재직 기간에 대한 상관관계를 엿볼 수 있다. 우리는 3개 집단의 자료를 가지고 결론을 끌어냈다. 하나의 그룹은 물론 사도행전 6-7장의 리더이다. 표에는 이 그룹에 속하는 목회자의 재직 기간이 명시되어 있다. 다음 집단은 39명의 목회자로 구성된 비교대상 그룹이다. 마지막 집단에는 가장 최근에 조사한 553개 교회의 담임목사의 재직 기간을 명시해놓았다.2) 방금 언급한 이 집단의 수치는 국내 교회의 재직 기간 평균치와 가장 비슷하다고 추정한다.

수년간 조사한 결과 우리는 목회 재직 기간과 복음 전파의 효율성 사이에 직접적인 상관관계가 있음을 주목하게 되었다.3)

---

2) 여기서 말하는 553개 교회의 목회자 재직 기간은 우리가 보유하고 있는 교회의 조사 자료와 2003년에 추가로 실시한 121개 교회의 자료를 합산한 것으로 재직 기간에 관한 현재 북미 교회의 흐름을 대변하는 것이다.
3) 목회자의 재직 기간과 복음 전파에 유능한 교회의 상관관계를 알아보는 과정에서 나의 저서인 『복음 전파에 유능한 교회』 *Effective Evangelistic Churches*와 『높은 기대치』 *High Expectations*에 실려있는 자료를 여러 곳에서 인용했다.

교회	주(지역)	목회자의 재직 기간
벧엘템플교회	인디애나 주, 에번즈빌	24년*
갈보리기념교회	일리노이 주, 오크파크	15년*
기독중앙교회	위스콘신 주, 벨로이트	23년*
페어필드새생명교회	캘리포니아 주, 페어필드	12년*
겟세마네제일침례교회	켄터키 주, 루이스빌	20년*
한인중앙장로교회	버지니아 주, 비엔나	26년
은혜교회(기독교선교연맹)	오하이오 주, 미들버그 하이츠	38년
은혜복음해방교회	텍사스 주, 앨런	12년*
나사렛그로브시티교회	오하이오 주, 그로브시티	7년
레넥사침례교회	캔자스 주, 레넥사	14년*
남서침례교회	텍사스 주, 아마릴로	28년*
템플교회	테네시 주, 내쉬빌	27년
케노스기독공동체	오하이오 주, 콜럼버스	28년*# 28년*#
사도행전 6-7장 목회자들 평균 재직 기간		21.6년
비교대상 교회 목회자들 평균 재직 기간		4.2년
국내 표본조사 목회자들 평균 재직 기간		3.6년

* 2004년 기준으로 아직 재임 중.
\# 케노스기독공동체는 2명의 목회자가 있다. 1990년대 초까지는 목사로 임명받지 않았다. 표의 연수는 그 교회의 장로로 시무할 때부터 지금까지 합산한 수치다.

표 3-B 목회 재직 기간

이 표를 보면 대조점이 극명하게 드러난다. 급성장하는 교회 목회자의 평균 재직 기간은 대개 21년을 넘는다. 반면, 우리가 연구한 다른 교회의 목회자는 약 4년간 봉사해왔다.

이렇게 되면 다음과 같은 질문을 하게 된다. 도대체 급성장하는 교회의 목회자는 한 곳에서 어떻게 그렇게 오랫동안 사역할 수 있었는가? 20년에 걸쳐 수천 개의 교회를 연구한 후, 나는 장기 재직이 표준이 되어야 한다는 결론을 내리게 되었다. 단기 재직이라는 비정상적인 현상이 발생하는 것은 서너 가지 요인이 작용하기 때문이다. 실제로 우리가 조사한 것을 보면 목회자의 단기 재직 문제는 50년 전부터 발생한 것으로 비교적 최근에 일어나는 현상이다.[4] 이런 양상이 생겨나는 것은 교회와 목회자 양쪽 모두의 책임이다.

한 가지 요인은 겉으로 보기에 더 좋거나 규모가 더 큰 교회로 갈 수 있는 기회가 오면 섣불리 떠나려 하는 목회자이다. 옮길 때가 되면 떠나야 하는데 그 시기를 가지고 왈가왈부해서는 안 된다. 하나님이 부르시는 방법은 다양하기 때문이다. 하지만 오늘날 전반적으로 빠르게 이동하고 있는 현상에 대해서는 염려하지 않을 수 없다. 비교대상 교회의 한 목회자는 이런 말을 했다. "저는 더 푸른 초장을 찾으려는 생각에 무려 5번이나 교회를 옮겼어요. 만약 제가 초임지나 그 다음 임지에서 인내하며 목회를 했더라면 오늘날 그 교회는 훨씬 더 건강하게 성장했으리라 믿어요. 그리고 제 자신도 지금보다 더 만족했을 것 같아요. 굳이 이런 말을 하는 것은 젊은 후배들에게 이런 말을 꼭 들려주고 싶어서입니다."

다른 요인은 교회와 평신도 사역자의 문제다. 악의를 품은 건 아닐지라도

---

[4] 남침례교단에 소속된 84개 교회의 1950년 이전 자료를 검토한 결과, 교회의 목회자 평균 재직 기간은 12년 정도였다.

목회자에 대해 터무니없을 정도로 많은 것을 요구한다는 것이다. 나는 상담 사역을 하면서, 종종 평신도 사역자를 만나게 된다. 그들은 목회자를 마치 경영주 취급하면서 목회자에게 즉각적인 결과를 기대한다. 그런데 즉각적인 결과를 기대하려면 주도권을 양도해야 하는데 그렇지 않다는 것이 문제다. 그들의 기대를 채우기 위해 목회자가 무슨 일을 하려 하면 발목을 잡는 경우가 허다하다. 이렇게 되면 양쪽 다 어려움을 겪게 되면서 목회자가 압력을 견디지 못해 떠나거나, 강제로 퇴임해야 하는 돌발사태가 생기기도 한다. 장기 목회가 부진한 교회에 대한 만병통치약이나 유일한 해답은 아니다. 하지만 장기간의 재임은 교회가 평범한 상태에서 한 단계 발전하여 좋은 교회로, 혹은 더 위대한 교회로 움직이는 데 있어서 필수적이라고 생각한다.

> 우리가 조사한 모든 급성장하는 교회 목회자는 임직 기간이 길었다. 또 이들 교회가 공통적으로 가지고 있는 사항은 재임 기간 중 하나같이 갈등 단계를 겪었다는 점이다. 비교대상 교회의 많은 목회자는 갈등의 조짐이 보이면 초창기에 교회를 떠나버린다. 급성장하는 교회 목회자는 고통을 감내할지언정 떠나지 않는다. 그들에게는 불굴의 의지가 있었다. 잠시 겪는 아픔은 그들에게 지속적인 보상을 안겨주었다.

확신에 찬 겸손

텍사스 주, 앨런에 있는 은혜복음해방교회 Grace Evangelical Free Church는, 댈러스와 포트워스라는 양대 도시에 있는 대형교회들 사이에 위치하고 있다. 출석 인원이 300명 정도인 이 교회는 다른 대형교회의 입장에서 볼 때 그저 그런 교회에 불과하다. 사실, 교회의 비전이 실현된다 해도 은혜복음해방교회는 결코 대형교회로 서지 못할 것이다. 이 교회는 출석 인원이 500명을 넘을 때마다 교회를 개척하도록 내규를 정했기 때문이다.

조엘 월터스Joel Walters는 은혜복음해방교회 담임목사로 12년간 사역하는 동안 서서히 그러나 끈질기게, 교회가 이런 쪽으로 의식이 깨어나도록 했다. 한 사람만으로는 교회의 모든 사역을 책임질 수 없기 때문이다. 그는 조사팀 엘리사 라임스테드에게 이런 말을 했다. "우리는 한 사람이 출석 인원 200명을 웃도는 성도를 다 보살필 수 없다는 사실을 깨달았어요. 때문에 대부분 사역은 소그룹에서 책임을 맡고 있어요. 이 소그룹은 각 가정을 개방해서 모임을 가지고 있지요."

급성장하는 교회의 목회자와 마찬가지로 월터스 목사는 기성교회에서 새로운 방향으로 변화를 이루어내려면 시간이 필요하다는 것을 예상하고 있었다. 그의 말을 들어보면 당시 교회의 분위기를 엿볼 수 있을 것이다. "이 교회는 10년 안에 목회자가 무려 5번이나 바뀌었습니다. 우여곡절이 많았지요." 월터스 목사는 조용하고도 한 치의 흔들림이 없이 변화를 이끌 방법을 강구했다. 마침내 그 교회는 200명 출석의 장벽을 넘어서 이제는 출석 인원 300명을 돌파하겠다는 다부진 각오를 하고 있다.

연구팀이 은혜복음해방교회의 평신도를 면담했을 때, 그는 월터스 목사에 대해 성도들이 한결같이 언급하는 내용이 있음을 발견했다. 그중 한 사람의 이야기를 들어보자. "우리 목사님은 지속적으로 확신을 가지고 자신의 비전을 전달했어요. 가정교회를 만들어 성도들이 사역하도록 평신도의 자질을 키운다는 거였지요." 다른 사람의 이야기도 들어보자. "목사님의 확신에 찬 비전을 듣고 보니 우리도 마음이 움직이지 않겠어요? 하지만 우리 목사님은 그것만 있는 게 아니에요. 양 무리를 얼마나 사랑하시는지 원⋯." 우리 팀이 사도행전 6-7장의 과정에 따라 움직이는 교회 목회자의 특징을 조사했을 때, 사도행전 3장과 4장의 리더 사이에 뚜렷한 분기점이 있다는 사실에 주목했다. 사도행전 4장과 그보다 상위 수준의 리더는 자신의 능력에 대해 한 치의 흔들림도 없는 자신감을 보이고 있었다. 이들은 어떤 일을 성취하고자 할 때 거기에 대한 집중력, 결정력, 그리고 흔들리지 않는 믿음을 소유하고 있었다. 그런 교회의 평신도는 목회자의 이런 자신감을 자주 피력했다. 교회 사역에서 자신감 있는 리더십이야말로 동역자를 끌어들일 수 있는 필수 요건으로 보인다. 하지만 우리는 사도행전 5장과 6-7장을 명백히 구분하는 또 하나의 기준점에 주목했다. 두 그룹 모두 자신감이 분명히 드러난다. 그러나 사도행전 6-7장의 리더는 자신감과 더불어 꾸밈 없는 겸손을 보여주었다. 우리는 4단계와 5단계의 리더 사이에서 "내가 이 교회에 부임해왔을 때는 어떠했다"라는 표현을 자주 들을 수 있었다. 그들은 자신의 업적을 들려주고자 애썼다. 이런 말을 한다고 해서 모든 목회자가 사역을 자기중심적으로 이끄는 폐쇄형 인간이라고 흠 잡는 것은 아니다. 많은 이들이 자신의 리더십 역량을 기쁜 마음으로 들려주었다.

사도행전 6-7장의 리더에게서 우리가 보았던 것은 자신감뿐만이 아니었다. 그들의 당당한 자세는 선천적으로 타고난 자신의 역량을 과시하는 쪽이 아닌, 자신들의 삶 가운데서 일하시는 하나님의 손길에 더욱 초점을 맞추고 있었다. 교회의 업적을 자신의 공로로 인정받는 걸 꺼리는 경우도 종종 있었다. 그들의 겸손은 진심에서 우러나온 것이었다. 우리가 조사한 급성장하는 교회의 대다수 목회자는 재직 기간 동안 사역현장에서 고초를 겪었기 때문에 그동안 자아가 부서진 것으로 보인다. 하지만 그들은 자신의 리더십이 교회를 건강하게 이끄는 결정적인 요인임을 확신하고 있다. 또한 이와 동시에 자신의 리더십 역량이 그들이 전적으로 의지하는 하나님으로부터 나온 은사임을 잊지 않고 있다.

조사팀에 있는 마이클 오닐은 링컨기독교대학Lincoln Christian College과 링컨신학대학원Lincoln Christian Seminary 부학장으로 있는 돈 그린Don Green을 면담했다. 그는 위스콘신 주 벨로이트에 있는 기독중앙교회의 목회자 데이비드 클라크 목사의 사역을 익히 알고 있었다. 그가 이야기하는 데이비드 목사의 모습은 사도행전 6-7장 리더의 진수를 드러내고 있다. "데이비드 목사는 야심찬 목회자이면서도 잘난 체하지 않아요. 그는 조명을 받지 않으면서 변화와 성장을 일으키는 기폭제 같다고나 할까요? 그는 자신이 중심이 되지 않으면서 오로지 마음에 품은 그 한 길로 교회를 이끕니다. 그는 교회의 성공을 많은 사람들 앞에서 수석 직원들과 평신도 리더의 공으로 돌리고 겸허한 자세로 허심탄회한 목회를 합니다. 그러면서도 자신은 드러내지 않아요. 자기 혼자 공로를 독차지하는 법이 없어요." 돈 그린은 데이비드 클라크 목사에 대한 이야기를 마무리하면서 이렇게 결론지었다. "난 개인적으로 친분이 있는 대형교회 목회자 서너 분에 대해 잘 알고 있어요. 하지만 그에게서 풍겨나는 그런 겸손의 깊이와 종의 마음은 별로 느낄 수 없더군요."

'확신에 찬 겸손'이란 말이 처음에는 이해가 안 될 수도 있다. 그러나 이 문구처럼 사도행전 6-7장의 리더를 잘 설명해주는 것도 없다. 우리가 조사한 비교대상 교회의 대다수 목회자가 자신의 리더십 능력에 대해 애처로울 정도로 자신이 없었다. 그러나 이들 중에서도 자신감을 분명히 표명하는 사람들이 몇 명 있었다. 그런데 안타까운 것은 그런 이들 중에서 겸손이란 덕목을 보여주는 이는 극소수라는 점이었다.

책임을 감수하기

5단계 리더십에 관한 글을 쓰는 과정에서 짐 콜린스는 5단계 수준에 이르지 못한 비교대상 리더에게서 나타나는 한 요인을 지적하면서 "사태가 잘못되거나 곤란해지면 이들은 자신의 책임으로 돌리는 것이 아니라 아무런 문제가 되지 않는 애꿎은 대상들만 찔러대고 있다"라고 말한다. 반대로 5단계 수준의 리더는 자신의 내면을 바라보면서 모든 책임을 통감했다.[5] 우리가 면담한 비교대상 교회의 목회자는 산전수전 다 겪은 사람들이었다. 이 목회자들이 드러내는 감정과 의사표현은 희생양의 표본이었다. 사역의 고통을 호소하는 그들의 이야기를 담는다면 한 트럭은 족히 채우고도 남을 것이다. 다음에 인용한 내용은 그중 대표적인 것들이다.

- 우리 교회 성도들에겐 도대체 내 말이 먹히지 않아요.
- 이 지역은 발전이 없어서 사람들에게 전도할 기회가 별로 없어요.

---

5) 짐 콜린스, 『좋은 기업을 넘어 위대한 기업으로』 *Good to Great*, (Harper Collins), 34-35.

- 우리 교회 중직자들은 뭔가 바꾸려고 하면 머리를 흔들어요.
- 우리 교회는 대다수가 노년층이고 자기 틀에서 벗어나질 못해요.
- 이 교회를 돕기 위해 내가 알고 있는 것은 모두 시도해봤어요. 하지만 그들은 이전 방식 그대로가 좋다고 하더군요.
- 우리 교회 건물은 예배 장소로 부적합해요. 다 낡고 추해보여요. 교회로 오고 싶은 사람이 있다 해도 환경이 도저히 말이 아니에요.
- 소신껏 사역을 하려면 다른 교회로 옮겨야만 할 것 같아요. 여기서는 절대로 그게 안 될 거예요.
- 주변의 대형교회들이 작은 교회 성도를 빼앗아가요.

이런 식으로 나오는 비교대상 교회의 목회자를 헐뜯고 싶은 생각은 추호도 없다. 이런 교회에서 시무하는 목회자가 곤란한 상황에 처해있으며 힘든 사람을 상대하고 있다는 것을 너무 잘 알고 있기 때문이다. 그러나 면담 결과 이런 목회자는 급성장하는 교회 목회자와 비교해보았을 때 두드러진 차이를 보였다.

사도행전 6-7장의 리더십을 가진 목회자도 대다수가 오랫동안 고전을 면치 못하던 시기가 있었다. 하지만 그들의 입에서는 사역이 제대로 진행되지 않는 부분에 대한 변명이 전혀 없었다. 어떤 교회는 단일 인종의 색깔이 너무 강해서 다양한 인종을 전도할 기회를 갖지 못하기도 한다. 또 어떤 교회는 근처에 초대형교회가 자리 잡고 있어 눈에 띄지 않는 불리함이 있다. 하지만 그들은 다른 사람에게 책임을 돌리지 않는다. 그들은 리더이기 때문에 감수해야 하는 책임감으로 받아들인다.

> 우리의 연구 대상인 급성장하는 교회와 동일 지역에 자리 잡고 있었던 한 비교대상 교회에 관한 이야기다. 급성장하는 교회 목회자는 그 지역에 살면서 '교회에 나오지 않는 수백 명의 영혼들'에 관해 언급했다. 반면, 비교대상 교회 목회자는 '그 지역 사람은 거의 다 교회를 다닌다'면서 끝까지 자신의 주장을 굽히지 않았다.

낙관적인 태도에는 전염성이 있다. 이것이 사도행전 6-7장의 리더로부터 배어나온다. 이들은 하나님의 능력 안에서 교회가 극복할 수 없을 만큼 큰 장애는 없다고 여긴다. 이런 목회자와 이야기를 나누다 보면 우리도 덩달아 힘이 솟구친다. 우리 팀 연구원인 로라 크루즈가 오하이오 주 콜럼버스에 있는 케노스기독공동체의 목회자와 면담을 마치고 돌아온 후가 기억난다. 여러 날 동안 그녀는 그 교회에서 뚜렷하게 드러났던 하나님 중심의 열정에 관해 이야기를 하느라 한시도 가만히 있지 않았다.

비교대상 교회의 나약한 목회자는 걸핏하면 사람과 환경을 탓한다. 하지만 급성장하는 교회의 목회자는 책임을 감수하며 곤란한 상황에서도 하나님이시면 가능하다는 시각으로 모든 것을 바라본다.

성도를 향한 조건 없는 사랑

우리의 선별 기준에 부합하는 급성장한 교회의 대다수 목회자는 교회를 이끌면서 엄청난 고통과 가슴 아픈 사연을 겪었다. 한 사람은 사임되었다가 다시 복직하기도 했다. 많은 이들이 떠날 것을 고려한 적이 있었고, 심지어 사임을 강요받은 이들도 있었다. 많은 수의 성도들이 교회를 떠났다. 워싱턴

D.C.의 한인중앙장로교회Korean Central Presbyterian Church에서 초창기에 지역교민을 대상으로 사역하던 이원상 목사는 교인의 1/3이 떠나는 아픔을 겪었다.

그들이 겪은 아픔과 시련에도 불구하고 급성장한 교회 목회자는 자신의 사역을 위한 표상으로 예수님을 모델로 삼아 여전히 성도를 향한 깊은 사랑을 표현하고 있다. 그리스도는 십자가에 죽으심으로 자신의 사랑을 받을 자격이 안 되는 이들을 위하여 무조건적인 사랑을 실천하셨다. 어떤 목회자는 성도를 위하여 무조건적인 사랑의 마음을 달라고 지속적으로 기도하고 있다고 말했다. 비록 깊이에 있어서는 그리스도의 사랑과 비교할 수 없다 해도 모든 성도를 조건 없이 받아줌으로 그 사랑을 보여줄 수 있다.

급성장하는 교회의 한 목회자는 익명으로 자신의 이야기를 들려주었다. 그것도 반대파가 아직 그 교회에 있을 당시였다. 처음에 맥스Max는 그 목회자의 가장 무서운 대적이었다. 한 번은 그가 목회자를 사임시키려고 운동을 벌이다가 실패한 적도 있었다. 비록 그 목사가 맥스와 맞서 그의 의견에 동조하지 않았지만, 그것은 오로지 사랑에서 우러나온 것이었다.

어느 날 맥스가 개인적인 문제로 깊이 상심하고 있을 때, 목사는 그의 편이 되어 그와 가족을 보살펴주었다. 그 이후로 목사에 대한 맥스의 태도가 돌변하여 이제 그는 목사의 가장 든든한 후원자가 되었다. 그 목사의 고백을 들어보라.

"솔직히 말해서 맥스를 죽여버려야겠다는 마음을 안고 집으로 돌아간 적이 한두 번이 아니었답니다. 지금껏 목회를 하면서 저에게 그보다 더 큰 상처를 준 사람은 없었거든요. 하지만 신실한 제 아내는 그리스도가 저를 사랑하듯이 그를 사랑하라고 끊임없이 일깨워줬어요. 기도를 통해 마침내 저는 맥스에게 진실한 사랑의 감정을 느끼기 시작했어요. 그때까지도 맥스는 틈만 나면 저를 헐뜯었답니다. 심지어 하나님은 맥스의 비난을 통해 제가 배울 수 있는 것이 무언가를 보여주셨어요. 제 사역에서 맥스와의 일이 그다지 재미있는 경험은 아니었어도 배운 것이 많아요."

조사를 하는 과정에서 비교대상 교회의 목회자는 종종 성도가 가진 가지각색의 문제점을 우리에게 털어놓곤 했다. 그런데 사도행전 6-7장의 리더에게서는 성도를 비판하는 이야기를 들어본 적이 없다. 급성장하는 교회 목회자는 조건 없이 자신의 양 무리를 사랑한다.

끝까지 견뎌내기

이 리더는 자신이 섬기는 교회에서 장기 목회를 하겠다는 각오가 되어있다. 때문에 한 번에 한 걸음씩 앞으로 나아갈 힘이 생긴다. 그것은 게으르거나 나태하다는 뜻이 아니다. 오히려 정반대다. 사도행전 6-7장의 리더는 믿을 수 없을 정도로 끈질긴 면이 있다.

> 끝까지 견디는 것과 장기 목회 사이에는 명백한 유사성이 있다. 하지만 끝까지 견딘다는 우리의 입장은 장기간의 재직보다 더 광범위한 개념이다. 예를 들어, 일을 완수하는 데 필요한 시간에 관계 없이 목표를 성취하는 것도 여기에 포함된다.

앨런 포드J. Alan Ford 목사와 텍사스 주 아마릴로에 있는 남서침례교회 이야기는 인내하는 리더십에 관한 전형적인 간증이다. 앨런 포드 목사는 1976년

28세의 젊은 나이로 남서침례교회의 목회자로 부임했다. 그가 지역사회를 전도하는 일에 성도들의 관심을 이끌려고 할 때 교회는 수년간 고전했다. 전도계획은 아무런 소용도 없는 듯 보였지만, 그는 끈질기게 밀고 나갔다.

존 맥스웰이 인도하는 리더십 세미나에 참석하기 전까지만 해도 그는 교회를 떠날 궁리를 하고 있었다고 고백했다. 세미나를 통해 그의 눈이 어느 정도 열렸다. 지역사회 전도 전략에 성도를 동원해 책임지게 하는 방법을 터득한 것이었다. 그러다가 지역 경제의 침체로 인해 경제적 긴축 상황이 발생했고, 그 여파로 핵심 재정 지원자들까지 잃고 말았다. 하지만 여전히 그는 버티고 있었다. 교회는 서너 차례 출석률 정체 현상을 겪었다. 하지만 앨런 포드 목사는 그 다음 단계로 교회를 움직이려는 리더십을 보였다. 그러자 그것이 정체 현상을 돌파하는 계기가 되었고, 악전고투 끝에 마침내 급성장이 일어났다. 하지만 교회의 열악한 시설로 인해 그 성장이 얼마 못 가 정체될 형편에 놓였다. 그때 그는 부지를 사서 건축을 시작했다. 신축 건물로 이전했을 때 교회는 다시 출석 인원이 급하락했다. 앨런 포드 목사는 교회 조직을 재정비해야 한다고 결론내렸다. 모든 성도가 도움과 섬김을 받을 수 있도록 하기 위해서였다. 이런 식의 구조 개편을 통해 다시금 정체기를 벗어나자 그때부터 교회는 성장 단계로 접어들었다. 현재 그 교회는 평균 예배 출석 인원이 1천 300명 이상이다. 그러나 앨런 포드 목사도 한때는 이 교회에 계속 있어야 하는지를 고민한 날들이 있었다.

> 우리가 연구한 급성장하는 교회 대부분이 하루아침에 급성장을 경험하지는 않았다. 느리면서도 꾸준했고, 그러면서도 질서정연하게 움직였다. 물론 곳곳에 장애물이 있었지만, 인내로 감수하며 절대로 절망의 소리를 입 밖에 내지 않는 리더십이 핵심 도구로 작용했다. 하나님은 바로 그것을 사용하셔서 이 교회를 다음 단계로 성장시켜주셨다. 포기하고 싶은 유혹이 언제나 도사리고 있었지만 그것은 결코 좋은 선택이 될 수 없었다.

장기 목회와 끈기가 만나면 하나님이 사용하시는 강력한 연합이 이루어지는 것 같다. 하나님은 그러한 연합으로 이런 교회를 위대한 교회로 성장시켜주신다. 비교대상 교회의 목회자는 어려움에 부딪힐 조짐이 보이면 교회를 떠나려는 양상을 보였다. 하지만 사도행전 6-7장의 리더는 가장 가까이 있는 고난 너머에 교회 성장을 위한 가장 위대한 날들이 기다리고 있다는 것을 인정한다.

외부에 초점을 두는 비전

많은 목회자가 비전에 대한 개념을 명확하게 표현하지 못하는 것 같다. 하지만 우리가 연구해온 여느 사람들뿐만 아니라 급성장하는 교회 목회자 역시 이 점을 잘 포착하고 있었다. 6장에서 나는 급성장하는 교회의 비전을 철저히 조사해 두었지만 이 시점에서 유의해야 할 한 가지 사항이 있다. 사도행전 6-7장의 리더는 비전을 포착하는 것으로 끝나지 않았고, 그것을 현장에서 실행하고 있었다. 그들이 일관성 있게 갖고 있었던 것은 외부에 초점을 둔 비전이었다. 다시 말해서, 그들이 가진 비전의 핵심 요인은 아직 교회의 일원이 되지 못한 자들을 향해 나아가는 것이었다. 하지만 이들을 복음 전파에 초점을 둔 자라고 정의하는 것은 이들의 사역을 과소평가하는 격이 될 것이다. 왜냐하면 그들은 길을 잃은 자와 교회에 발을 내딛지 못한 자를 전도하는 일에 모든 열정을 불태웠기 때문이다. 따라서 그들이 전달하는 비전에는 여기에 대한 우선순위가 반영될 수밖에 없었다.

영적 유산을 지속시키고자 하는 간절한 소원

『좋은 기업을 넘어 위대한 기업으로』에는 '회사에 바치는 야망: 성공을 겨냥한 후계자 세우기'라는 제목이 있다. 짐 콜린스의 의견을 들어보자. "5단계의 리더는 회사가 다음 세대에 훨씬 더 승승장구하기를 바라고, 그 성공의 뿌리에 자신들의 노력이 자리 잡고 있다는 것을 대부분의 사람들이 알지 못할 거라는 생각에 편안해한다."

마찬가지로, 사도행전 6-7장의 리더에게도 뚜렷이 구별되는 특징 하나가 있다. 바로 자신이 현재의 사역에서 물러난 후에도 교회가 잘되고 성장과 변화를 거듭하는 모습이 지속되기를 간절히 바란다는 점이다. 우리가 인터뷰한 비교대상 교회의 목회자는 전혀 그렇지 않았다. 어느 누구도 자신이 현재의 사역에서 물러난 후의 교회 문제를 논의하지 않았다.

어느 한 목회자에게 초점을 맞추기보다는 사도행전 6-7장의 리더십을 갖고 있는 서너 명의 견해를 들어보도록 하자. 다음 세대에게 남겨주어야 할 영적 유산에 대해 그들이 가지고 있는 메시지를 분명히 접하게 될 것이다.

- 은퇴한 후 혹은 그 전에 적임자를 후임으로 세우기 위해 나는 교회의 리더들과 함께 동역하고 있습니다. 그것이 좋은 계획이라고 확신합니다.
- 나는 지금부터 50년 후에 천국에서 이 교회를 내려다볼 수 있게 해달라고 하나님께 기도합니다. 우리가 이루어놓은 열매가 지속적으로 열리는지 확인하고 싶어서죠.
- 뭔가 새로운 일을 하고 있는 것을 본다거나 변화의 조짐이 있을 때, 우리는 지금부터 25년 후에 이것이 어떤 식으로 교회에 영향을 미칠지 늘 확인한답니다.
- 몇 가지 아이디어 중에서 빨리 결정해야 할 경우에는 장기적으로 볼 때 어느 것이 효과적인가를 놓고 하나님께 기도합니다.
- 언젠가 내가 떠나고 난 후에 후임자가 오겠지요. 그러면 후임자가 이 교회를 더욱 부흥 발전시키기를 기도합니다.

이런 리더들이 가지고 있는 야망과 의욕은 부인할 수 없다. 하지만 그 야망은 자신의 개인적인 성공에 묶여있지 않다. 그들은 자신의 사역을 넘어서 심지어는 목숨이 다한 후에도 교회가 번성하고 건강한 모습으로 일어서기를 열망한다.

사도행전 6-7장의 리더: 만들어지는 것인가, 타고나는 것인가?

어떤 사람은 태어날 때부터 다른 사람들보다 사도행전 6-7장의 리더가 될 확률이 더 높다. 그들은 은사와 특성이 남다르기에 6-7장의 리더십의 수준에 이를 가능성 또한 더 높을 수 있다. 그러나 급성장하는 교회를 이룬 목회자들로부터 간증을 들은 후에 나는 확신하게 되었다. 그들의 습성 중에서 많은 부분이 배움을 통해 얻어진 것이며, 그것은 더욱 예리하게 다듬어질 수 있다는 사실이다.

이 책을 읽는 독자라면, 이미 사도행전 6-7장의 리더의 수준에 도달하기 위해서 자신이 어떤 능력을 가져야 되는지에 대해 관심을 가지고 있을 것이다. 급성장하는 교회의 목회자는 리더십의 자질을 연마해나가는 과정이 힘들고 고통스러웠다고 말할 것이다. 그러나 그것은 해볼 만한 가치가 있는 일이라는 말도 잊지 않을 것이다. 그들은 우리에게 이런 말도 해주었다. 그들은 인간 중심이라기보다는 하나님이 부어주시는 능력에 초점을 두는 지도력을 행사하였다. 사실, 하나님이 불러주신 리더의 모습을 갖추고자 고심했던 목회자는 깊이 있는 기도생활에 많은 시간을 할애한다고 말했다.

『좋은 기업을 넘어 위대한 기업으로』의 5단계 수준을 다루는 내용의 마지막 부분에서 짐 콜린스는 이렇게 말한다. "우리는 몇 퍼센트의 사람들이 몸속에 5단계 리더십의 씨앗을 품고 있다거나 그들 중 얼마나 많은 사람들이 그것을 배양할 수 있는지에 대해서는 분명하게 말할 수 없다."[6]

우리가 분석한 내용의 마지막 결론은 이렇다. 사도행전 6-7장의 리더십 중 어떤 것이 천부적이며 어떤 것이 후천적으로 계발되는 것인지는 알지 못한다. 하지만 이들이 여러분에게 알려주는 것은, 더 나은 리더가 되는 일에

---

6) Ibid., 38.

있어서 장족의 발전을 이루어낼 수 있다는 사실이다. 그들의 간증이 바로 그것을 말해주지 않는가. 급성장한 교회의 리더에 관한 특성을 읽는 여러분에게 바라는 것이 있다. 여러분의 삶 속에서도 그와 동일한 특성이 열릴 수 있다는 것을 믿음의 눈으로 바라보라는 것이다.

우리가 살펴본 목회자 중, 사역 초기부터 사도행전 6-7장의 리더십을 발휘했다고 말하는 이는 아무도 없었다. 우리는 오히려 정반대의 사실을 발견했다. 교회와 목회자 모두가 새로운 방향으로 이동하려면 깨어나야 한다는 강력한 부름을 경험했던 적이 있었다. 그런 경종의 소리를 우리는 'ABC 모멘트'라고 이름 붙였다. 이제 우리가 발견한 그 놀라운 부분으로 방향을 돌려보자.

핵심 내용 요약
사도행전 6-7장의 리더십에 대한 8가지 열쇠

❶ 비교대상 교회와 급성장하는 교회 목회자의 특성을 주시하는 가운데, 우리는 두 그룹을 구분짓는 8가지 중심 특징에 주목했다.

❷ 급성장한 교회의 목회자는 성경에 관한 확고부동한 믿음을 보여준다. 이들은 교리의 핵심 진리에 지적으로 동의할 뿐만 아니라, 이런 신념을 실천하고 있다. 설교, 가르침, 리더십, 그리고 사역에서 이런 부분이 자연스럽게 배어나온다.

❸ 사도행전 6-7장의 리더십을 가진 목회자는 한 교회에서의 재직 기간이 평균 21.6년이다. 반면, 비교대상 교회의 평균 재직 기간은 4.2년이다. 장기 목회는

결정적 차이를 가져온다. 왜냐하면 위대한 교회로 옮겨가는 과정에서 오랜 기간을 요하는 많은 변수가 있기 때문이다.

❹ '확신에 찬 겸손'은 사도행전 6-7장에서 볼 수 있는 목회자의 태도를 잘 설명해주는 말이다. 이들은 높은 수준의 자신감을 가지고 있지만 그 속에서 거만함이나 잘난 체하는 모습은 전혀 보이지 않는다.

❺ 우리가 비교대상으로 삼고 있는 교회의 목회자는 걸핏하면 사람이나 환경을 탓한다. 사도행전 6-7장의 리더는 자신의 사역에 대한 책임을 받아들였다. 일이 잘못되었을 경우, 다른 사람을 비난하지 않았다.

❻ 사도행전 6-7장의 리더는 자신의 성도에게 조건 없는 사랑을 가지고 있으며, 그것을 보여준다.

❼ 사도행전 6-7장의 리더에게는 인내심이 있다. 이들은 한 발 물러나는 것을 결코 실패로 보지 않는다.

❽ 사도행전 6-7장의 리더가 지향하는 비전들은 언제나 복음 전파에 관한 열정을 내포하고 있다.

❾ 사도행전 6-7장의 리더는 자신의 재직 기간 이후나 심지어는 세상을 떠난 후에도 자신의 사역이 어떻게 될지 염려하고 있다. 이들을 가리켜 '영적 유산을 남기는 리더'라고 부르는 이유도 바로 이 때문이다.

❿ 사도행전 6-7장의 리더가 갖고 있는 특성들은 배워서 적용할 수 있는 부분이라고 확신한다.

Get the facts, or the facts will get you. And when you get them, get them right, or they will get you wrong. All things are difficult before they are easy

Thomas Fuller

4장
ABC 모멘트

> 현실을 받아들이도록 하라. 그렇지 않으면 현실이 네 발목을 붙잡게 될 것이다. 그리고 현실을 받아들일 때는 그것을 제대로 이해하도록 하라. 그렇지 않으면 현실이 너를 엉뚱한 곳으로 끌고 갈 것이다. 모든 일이 익숙해지기 전에는 어렵기 마련이다
>
> **토마스 풀러**

『좋은 기업을 넘어 위대한 기업으로』에서 짐 콜린스와 그의 연구팀은 리더십의 행동양식을 밝혀냈다. 그는 그것을 다음과 같이 명명했다. "냉혹한 사실을 직시하라, 그러나 믿음은 잃지 말라." 이 책에서 우리도 『좋은 기업을 넘어 위대한 기업으로』의 내용을 참고하여 여기에 그대로 옮겨놓았다.

좋은 교회는 냉정하게 현실을 직시하기 전까지는 급성장하는 교회가 되지 않으며, 대다수의 목회자는 현실을 직시하지 않거나 그런 의지가 없다.

2001년 봄, 나는 내가 운영하는 컨설팅 팀인 레이너 그룹Rainer Group을 이끌고 자랑스러운 유산을 가진 한 교회를 철저히 분석하기 시작했다. 그 교회는 지역사회에서도 좋은 교회로 정평이 나 있었다. 그런데 부임한 지 갓 1년이 된 그 교회 목회자가 상담차 내게 전화를 했다. 자신의 교회를 업그레이드하기 위해 우리 팀의 도움이 필요하다는 생각에서였다. "외부의 견해가 필요한가요? 이유가 뭔가요?" 내가 물었다. 잠시 주저하더니 그가 입을 열었다.

"확실한 것은 아니지만, 뭔가 잘못 돌아가고 있는 것 같아요. 우리 교회는 이 지역에서 가장 훌륭하다는 말을 들어왔습니다. 솔직히 말해서 이곳에 온 지 1년이 된 지금, 저는 어디서부터 손을 대야 할지 감이 전혀 오지 않네요."

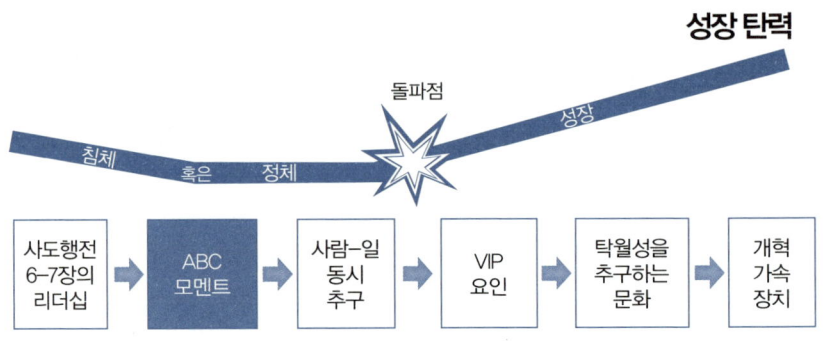

표 4-A ABC 모멘트

나는 프로젝트를 맡겠다고 약속한 후 컨설팅에 참여할 팀을 모았다. 그런 다음 우리는 중소 도시로 자리를 옮겨 작업에 들어갔다. 물론 도착하기 전에 미리 그 교회에 관한 정보를 모조리 수집했다. 우리는 수십 명의 사람을 면담했다. 설비 분야의 최고 전문가를 대동해서 부지와 건물까지 살피게 했다. 지역 통계 조사를 미리 해두었기 때문에 그 교회가 위치한 지역을 철저히 분석했다.

   이런 식으로 초기 작업을 하는 데 꼬박 사흘이 걸렸다. 루이스빌로 돌아왔을 때 팀원들이 만나 서로의 정보를 한데 모아 비교해보았다. 컨설팅 팀을 이끌 때 먼저 대강의 틀을 만들고 그 다음 그것을 지지하는 세부사항에 초점을 맞추는 식으로 순서를 잡아가는데, 이번에도 같은 방식으로 접근했다.

전체적인 면모

"좋아요, 그렇다면 전체적인 면모를 어떻게 보았습니까?" 내가 질문을 던졌다. 우리 팀원들은 항상 그것이 첫 질문이라는 걸 예상하고 있었다. "이번에는 시간을 2분 줄 테니까 각자 답변을 적어보도록 해요." 나는 그런 다음 6명의 의견을 취합했다. 난 지금까지 그 의견서를 보관하고 있다. 많은 교회가 어떤 상태에 있으며 어디로 가고 있는지를 잊지 않도록 메모하기 위해서다. 컨설팅 팀원들의 대답을 보자.

- 이 교회는 서서히 죽어가고 있다. 그런데도 성도는 자신이 속한 교회가 여전히 전성기를 누리고 있다고 생각한다.
- 이번에는 힘든 컨설팅이 될 것 같다. 사람들은 현재 그 교회가 서서히 내려앉고 있다는 걸 알려고 하지 않는다.
- 내가 인터뷰한 내용은 그 교회에 관해서 파악한 실태조사와 맞지 않는다. 사람들이 마치 다른 나라에서 살고 있는 듯하다.
- 그 교회 사람들은 자신들의 교회가 성장하고 있다고 여긴다. 하지만 통계 수치는 죽어가고 있다고 말한다.
- 그 교회 사람들은 지금이 1977년도가 아니라는 것을 믿으려 하지 않는다.
- 시정하라고 제안하면 적의를 품을 것 같다. 도움이 필요하다는 걸 외면하는 교회를 어떻게 도울 수 있을지 난감하다.

팀 멤버들의 평가는 정확하게 맞았다. 어느 주일 저녁에 나는 500여 명의 성도들 앞에서 우리가 발견한 것을 보고할 기회가 생겼다. 이런 보고를 먼저 제의한 것은 목회자 측이었다. 처음에는 소개말 형식으로 의견을 말하고 그 다음 파워포인트로 슬라이드 자료를 설명했다. 표를 보니 지난 10년간의 예배 출석률은 1천 100명에서 900명으로 감소했다.

이런 기본적인 정보에 대해 토론할 필요가 없다고 지레짐작한 나는, 다음 슬라이드를 넘길 준비를 하고 있었다. 그런데 갑자기 20명이 넘는 성도들이 손을 들고 야단이었다. 사실 난 그게 질의 응답시간이라는 것도 모르는 상황이었다. 맨 처음 손을 든 사람은 내 수치가 틀렸다고 항변했다. 나는 그 교회 사무원이 건네준 수치를 메모해놓았기 때문에 그 자료를 근거로 부드럽게 응수했다. 두 번째 사람은 자기네 교회가 성장하고 있다고 우겼다. 매주 사람들이 등록한다는 것이었다. 들어오는 수보다 나가는 수가 더 많다고 말했지만 그는 도저히 받아들이지 않았다. 세 번째는 여자 성도였다. 그녀가 언성을 높였을 때 그 밤이 길어질 것을 예감했다. "우리는 이 교단에서 가장 잘 나가는 교회입니다. 내 생각엔 이런 컨설팅 같은 것은 다 쓸데없는 짓 같군요." 3시간 후 나의 예감은 현실로 드러났다. 그것은 내가 맡은 컨설팅 중 가장 최악이었다. 나는 무척 실망한 나머지 풀이 죽어 집으로 돌아왔다. 그 교회는 지금도 서서히 가라앉고 있다.

경고음과 냉혹한 현실

『좋은 기업을 넘어 위대한 기업으로』의 내용 중 "냉혹한 현실을 직시하라, 그러나 믿음은 잃지 말라"는 부분을 처음 읽었을 때, 나는 위대한 교회로 전환하는 중간 단계인 이 부분이 교회의 운명을 결정짓는 요인이 될 것이라고 짐작했다. 그럼에도 불구하고 내가 크게 실수한 것이 있다면 이것이 얼마나 중대한 문제인지를 과소평가했다는 점이다. 현대의 많은 교회가 느리지만 치명적인 침체상태로 내려앉고 있는 데는 중요한 이유가 있다. 교회가 곤란한 지경에 빠져있어 즉각적인 변화가 필요한데도 사람들이 그 부분을 인정하지 않기 때문이다.

비록 현실이 냉혹하다 해도 나는 여전히 미국 교회에 관해 눈총을 받을 정도로 낙관적인 태도를 견지하고 있다. 그리고 나의 상담과 연구를 거친 대다수 교회는 평범한 상태가 만연해있지만 그중 위대한 교회로 부상할 수 있는 가능성이 있는 교회를 많이 보았다.

이 책을 발간하게 된 참 목적은 험난한 과정을 거쳐 위대한 교회로 성장한 교회를 실례로 보여주자는 것이었다. 우리의 엄격한 기준에 합격한 모든 교회는 'ABC 모멘트'를 경험했다.

> 짐 콜린스의 『좋은 기업을 넘어 위대한 기업으로』를 보면 "냉혹한 현실을 직시하라, 그러나 믿음은 잃지 말라"라는 내용이 나온다. 그 책을 읽어본 독자라면 이 단계가 위대한 모습을 이루는 데 있어서 세 번째로 중요한 부분임을 이미 간파했을 것이다. 급성장하는 교회에 관한 우리의 연구를 보면, 순서를 두고 볼 때 'ABC 모멘트'는 사도행전 6-7장의 리더십을 제외한 다른 모든 단계들보다 앞에 나온다. 기업의 세계와는 달리, 교회가 자신의 '현실'을 관찰하는 예는 드물다. 때로 시간을 할애하여 교회가 진보하거나 쇠퇴하는 형편을 살펴보지 않는다. 특히 쇠퇴의 형편을 살펴보는 것은 더 어렵다. 교회는 서서히 죽음을 향해 가지만 누구도 '그 환자'가 아프다는 현실을 인정하지 않는다.

ABC(Awareness: 인식, Belief: 신념, Crisis: 위기) 모멘트는 잠자는 자를 깨우는 기상나팔 신호와 같다. 뭔가 잘못되어 있으니 이전처럼 계속 진행하면 안 된다는 것을 일깨우기 위한 경고음이다. 전형적으로 이 경고음은 3가지 절차를 밟아가는 순서로 나타난다. 우리가 찾아낸 급성장하는 교회는 이 패턴과 딱 맞아떨어진다.

인식 Awareness	목회자와 중직자들은 교회가 하나님이 의도하신 것과는 전혀 다른 쪽으로 가고 있다는 것을 인식하게 된다. 이 단계에 이르면 교회 목회자는 외부의 관점을 수용하려는 자세를 보인다. 세미나에 참석한다거나 교회와 연관된 사항을 다루는 책들을 열심히 탐독한다. 혹은 재정을 투자해서 외부에 컨설팅을 의뢰하는 것이 일반적인 현상이다. 거기에는 배워서 개선해야겠다는 강렬한 열망이 깔려있다.
신념 Belief	목회자는 교회의 현실이 냉혹하다는 사실을 직시한다. 이 단계는 종종 변화의 필요성을 일깨우는 경고 역할을 한다. 목회자는 요구되는 변화에 대해 절망하지 않는다. 오히려 하나님이 개입하시면 바람직하지 못한 현 상황을 변화를 통해 좋게 만들 수 있다는 강력한 확신을 가지고 나아간다.
위기 Crisis	일단 변화가 시작되면 목회자의 마음속에 위기감이 생긴다. 이런 현상은 교회 성도들 안에서도 일어나며 심지어는 목회자에 대한 교인들의 태도에서조차 나타난다. 더러 가슴 아픈 사연을 안고 많은 목회자가 떠나는 단계가 바로 이 시기이다.

표 4-B ABC 모멘트의 A-B-C의 실체

급성장한 교회에서 나타나는 ABC 모멘트를 살피기 전에, 오늘날 대다수 교회의 현 위치가 어디인지 잠시만 살펴보기로 하자.

미국 교회: 평범한 상태가 만연해있다

미국 교회에 대한 나의 시각은 사람들의 눈총을 살 정도로 낙관적이다. 하지만 성도들에 대해서는 아직도 염려를 떨칠 수 없다. 다음의 내용이 너무 스트레스가 되지 않았으면 한다. 나의 의도는 일반 성도들의 기를 죽이겠다는 것이 전혀 아니다. 다만, 자만에 빠져서 안일한 자세로 살아가는 교회의 성도들을 일깨울 자료를 제공하는 것이다.

교리를 모르고 있다

미국 교회에 관해 내가 염려하는 가장 큰 문제는 많은 그리스도인의 신앙이 잘 정립되어 있지 않다는 점이다. 자신의 신앙을 분명하게 이해하지 못한다면 구별된 삶을 살 수 없고 존재의 이유를 상실하게 되며 또한 방향이나 목적도 잃어버리게 된다. 조지 바너 George Barna 는 그리스도인들 사이에서 기본 신앙을 토대로 신앙생활을 하는 이들의 숫자가 무섭게 하락하고 있다는 것을 상세히 보도하고 있다.[1]

교회를 대상으로 컨설팅을 할 때면 우리는 교인을 대상으로 표본 조사를 한다. 이것은 교회의 건강도를 조사하기 위한 160개 항목에 답변하는 것이다. 마지막 10개 항복은 그리스도인이라면 동의할 수 있다고 여겨지는 기본 교리에 관한 질문이다. 154번 문제는 이런 내용이다. "천국으로 가는 유

---

[1] 미국인들이 다양한 관점을 가진 신학적인 교리에 이끌리는 것을 우려하는 조지 바너의 2002년 10월 8일자 간행물인 "Americans Draw Theological Beliefs from Diverse Points of View" www.Barna.org 참조.

일한 길은 그리스도를 통해서만 가능하다." 5년 전만 해도 이 진술에 동의하거나 강력한 찬성을 보낸 이의 평균률이 97%였다. 그런데 우리의 최근 조사에 의하면 83%에 불과했다.[2] 우리가 컨설팅 일정을 잡는 대부분의 교회는 근본주의에 입각한 정통파다. 따라서 당연히 보수적인 성경관을 채택하고 있다는 것이 전제된다. 하지만 최근에 우리가 조사한 자료를 보면 5명 중 1명은 예수 그리스도 밖에서도 천국 가는 길이 있다고 믿는다. 다양한 방법을 통해 구원을 얻는 것이 아니라고 예수님이 직접 분명하게 말씀하셨는데도 말이다요 14:6. 이런 현상에 대해 교리를 모른다고 일축해서는 안 될 것 같다. 어쩌면 성도들이 교리를 불신하는 것일지도 모른다.

전도에 관심이 없다

미국 교회는 성장 추세가 아니다. 1990-2000년대까지 미국의 인구는 2억 4천 8백만 명에서 2억 8천 1백만 명으로 증가했다. 13% 증가한 셈이다.[3] 하지만 같은 기간에 미국 교회의 예배 출석은 1%를 약간 밑도는 수준으로 증가하였다.[4] 교회가 인구 증가율을 따라잡기에는 역부족이다.

지금 추세로는 1년에 1명을 전도해 그리스도인으로 개종시키려면 85명의 교인이 덤벼들어야 한다는 말이 된다.[5] 또한 지난 1년 동안 누군가를 만나

---

2) www.ChurchCentral.com에 접속하면 교회 건강 설문조사에 관한 더 많은 정보를 얻을 수 있다.
3) 1990-2000년대 사이의 미국 인구통계 자료에서 인용.
4) 레이너 그룹이 2003년 미국의 1천522개 교회를 대상으로 조사한 수치이다.
5) 레이너 그룹이 2000-2003년에 걸쳐 4년간 미국의 1천337개 교회를 대상으로 조사한 수치이다.

자신이 어떻게 그리스도인이 되었는가를 간증한 경우는 교인들 중 15%도 채 안 된다는 결론이다.[6] 사정이 이렇다 보니 10개 교회 중 8개 교회가 퇴보하거나, 성장률이 지역 인구 성장률보다 더 낮아지고 있는 실정이다.[7] 전도하기를 꺼려하는 그리스도인이 점점 늘어나고 있는데, 사람들에게 자신의 신앙을 강요하는 것 같아 거북하다는 것이 그 이유였다.

사역에 관심이 없다

급성장한 교회의 공통점은 그들의 지역사회에서 변화를 만들어보려는 열정이 있었다는 것이다. 이 문제는 6장에서 상세히 다루기로 하겠지만, 비교대상 교회에서는 그런 열정이 없었다. 자신들의 교회가 지역사회에 어떤 의미있는 사역을 하고 있는지, 목회자가 분명히 언급하는 경우가 하나도 없었다.

안타까운 것은 현재 비교대상 교회의 수준이 전체 미국 교회의 표준치라는 사실이다. 이들 교회는 대부분의 사역이 기존 교인들에게 초점이 맞추어져있다. 지역민들의 관점에서 보면 교회는 자신과 아무런 상관이 없는 존재다. 주민들 대다수가 그 교회가 존재하고 있는지조차 모르는 것이 전혀 이상한 일이 아니다.

교인들 간의 갈등이 심각하다

내가 운영하는 컨설팅 회사는 교회의 갈등을 관리하거나 해결하는 데 연

---

6) 레이너 그룹이 2002-2003년에 걸쳐 2년간 미국의 877개 교회 성도를 대상으로 조사한 수치이다.
7) 레이너 그룹이 2003년에 미국의 1천522개 교회를 대상으로 조사한 수치이다.

루되기를 원하지 않는다. 그 분야의 전문 기관은 얼마든지 있다. 이런 유형의 상담을 회피하는 이유는 나에게도 있다. 갈등이 일어나면 흔히 야기되는 예리한 비판이나 고발에 관여하는 문제 등으로 내 감정이 지나치게 많이 소진되기 때문이다.

지난 1년 동안 우리는 컨설팅하는 중에 우리가 의도한 것은 아니지만 서너 교회의 갈등에 얽힌 적이 있었다. 처음에는 다른 이유로 컨설팅을 제의 받아서 자료를 넘겨주기로 했었는데, 교회의 갈등 문제를 다루기 전에는 그런 문제를 논의할 수 없다는 것을 나중에야 깨달았다.

교회 안에는 어느 정도의 갈등은 있기 마련이므로 그다지 놀랄 일은 아니라고 생각한다. 교인들의 관심이 안으로만 집중될 때 섬김을 받으려 하고 교회가 자신들을 위해 무엇을 해주는지 따지기 시작한다. 이런 식으로 초점이 내부로 향하는 성도는 자기 방식이 받아들여지지 않을 때는 거룩함이라는 이름으로 포장된 짜증을 내면서 핏대를 올린다. 예를 들어 예배 스타일이나 목회자의 관심, 음악의 선택, 그리고 카펫의 색깔에 대한 부분에 이르기까지 불평을 한다.

이런 식으로 이유를 읊어대는 불만거리라면 수십 페이지도 넘게 기록할 수 있겠다. 사실 우리가 보유하고 있는, 미국 교회의 궁색한 형편을 드러내는 자료만도 수백 가지가 넘는다. 하지만 그 자료를 제공하는 것이 이 책의 목적은 아니다. 우리의 목적은 이런 난국을 극복하고 놀라운 성장을 이룬 교회를 보여주는 것이다. 하지만 예상 외의 이런 정보를 제공하는 데는 이유가 있다. 경고음이나 ABC 모멘트가 왜 굳이 순서대로 정렬되어야 하는지에 대해 여러분이 이해할 수 있도록 하기 위해서다.

우리가 연구한 급성장하는 교회의 세부적인 사항을 살펴보기 전에, 중요한 질문 한 가지를 생각해보아야 한다. 많은 교회가 겪고 있는 궁색한 형편을 스스로 인식하지 못하는 이유는 무엇인가? 나아가 그보다 훨씬 더 많은 교회가 ABC 모멘트를 갖지 못하는 이유는 무엇인가? 사탄에게는 우리를 향한 치명적인 무기가 있다. 그것은 교회의 분열이라든가 교회 목회자의 도덕적인 해이보다 더 강력한 힘이 있다. 우리는 그것을 '완만한 침체'라고 이름 붙였다.

완만한 침체: 죽음의 길

표 4-C의 정보에는 시사성이 있다. 다음의 수치는 우리가 연구한 39개의 비교대상 교회의 평균 예배 출석률을 나타낸다. 10년 전부터 가장 최근에 이르기까지의 자료를 기초로 작성한 것이다. 출석률이 서서히 내려가고 있다는 점을 유심히 살펴보기 바란다.

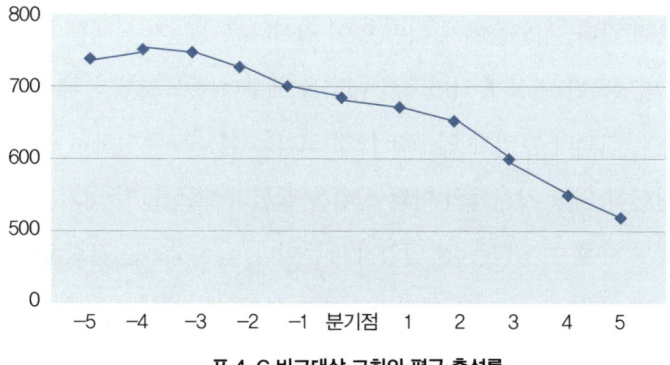

표 4-C 비교대상 교회의 평균 출석률

우리 눈에는 비교대상 교회의 출석률이 내려가고 있다는 것이 확실하게 보인다. 그런데도 이런 교회의 교인들은 부정적인 추세를 거의 인식하지 못하고 있다는 것을 발견할 때가 더러 있다. 11년째 되는 해에는 출석 인원이 221명 줄어든다. 11년 만에 30%가 감소한 셈이다. 이것이 표를 통해 우리가 내린 결론이다. 이번에는 매주 출석하는 신실한 성도 쪽으로 시각을 돌려보자. 표를 기초로 해서 세부적으로 계산하면 2주 반 만에 1명이 줄어든다. 이 정도의 감소 추세라면 교회 안에 있는 사람들이 파악하기에는 무리다.

이런 상황에서 경고음이나 ABC 모멘트는 대단히 미심쩍은 문제가 된다. 그런데 미국 전역에 있는 수만 개의 교회가 출석률에 있어서 비교대상 교회와 유사한 상황이다. 교회에서는 기업체처럼 연간 보고서를 작성해서 돌리는 일이 드물다. 어떤 교회는 해마다 통계치를 내서 교단으로 보내기도 하지만 서서히 감소하는 출석률에 관심을 두는 이는 거의 없다. 믿기지 않을 정도로 부정적인 추세지만, 침체가 너무 더디기 때문에 그 부분을 놓치기 십상이다.

우리가 고생을 하면서까지 굳이 이런 유형의 급성장한 교회를 찾아낸 까닭은 다음과 같다. 성도들에게 어떤 일이 일어나고 있는지 실태를 파악하려 하고, 이런 냉혹한 현실에 직면해서 대책을 세우려는 목회자가 극소수라는 점 때문이다. 그러나 우리가 연구한 13개 교회는 현실을 부인하지 않았으며 마음을 단단히 먹고 자신들의 나쁜 상황을 살폈다. 자신들이 섬기는 하나님은 어떤 것도 하실 수 있다는 걸 믿었기 때문이다. 급성장하는 교회 안에서 나타나는 ABC 모멘트는 용기와 영감과 인내가 녹아있는 생생한 간증거리다.

인식: 깨어 일어나 현실을 직시한다

기독중앙교회의 데이비드 클라크 목사의 사역은 롤러코스터 타기 그 자체였다. 클라크 목사는 1981년에 위스콘신 주 벨로이트에 있는 교회로 부임했다. 그는 변화의 바람을 일으키면서 교회 일을 급속도로 진행했다. 교회는 작았고 결정권은 교회 중직자 두세 명의 손에 있었다.

> 비교대상 교회의 많은 목회자는 사실을 직면하려는 마음이 없었다. 즉 그들은 첫 번째 단계인 인식을 거부하고 있었다. 왜 그랬을까? 목회자의 고백을 들어보면 사정을 짐작할 수 있다. 현실을 직면하면 어쩔 수 없이 교회를 변화시키는 쪽으로 이끌어야 한다는 것을 그들도 잘 알고 있었다. 그러나 사역하는 과정에서 이미 모든 것이 소진된 상태인지라 변화로 인해 발생하는 갈등을 직면하고 싶지 않았던 것이다. 그들에게는 잠재적인 유익보다 현재의 고통이 더 컸던 것이다.

본인이 인정한 바이지만, 클라크 목사는 교회 내의 실력자들의 확신과 신뢰를 얻고자 노력하지 않았다. 그는 변화를 일으키기 위해 자신이 계획한 바를 열정적으로 밀고 나갔다. 그러자 교회 중직자들은 그가 기독중앙교회에서 사역한 지 6개월 만에 그를 사임시켰다.

하지만 클라크 목사에게는 후원자들이 있었다. 나이든 권사 한 분이 젊은 목사의 재청빙을 위한 탄원운동을 벌였다. 그 운동은 성공을 거두었지만, 클라크 목사의 입장에서 보면 사역에는 그다지 진전이 없었다. 그 다음 4년 동안 그는 갈등으로 상처 입은 교인을 치유하고자 애썼다. 그러자 이번에는 감정적인 고갈이 찾아왔다. 당시에 그는 수십 번도 넘게 모든 것을 포기하고 싶었다고 고백했다.

1981-1988년까지 교회 출석은 250명을 오르락내리락하는 수준이었다. 그러나 적어도 우리가 연구해온 대다수 교회 목회자와 비교했을 때 클라크 목사에게는 독특한 면이 있었다. 그는 결코 현상유지에 만족하지 않았다. 실제로 그는 교회의 상황을 조사해서 냉혹한 현실을 직면했다. 그리고 현 상태가 교회가 반드시 갖추어야 할 모습이 아님을 깨달을 때마다 규칙적으로 '인식'의 시간을 가졌다.

외부의 영향력에 대한 클라크 목사의 개방성은 유의해볼 만하다. 기독중앙교회 소속의 몇몇 중직자는 교회성장세미나에 관한 말을 우리에게 들려주었다. 그들에게 있어서 그것은 인식을 위한 경고음이 되었다. 클라크 목사는 바로 그의 사역 모델이 릭 워렌 목사의 『목적이 이끄는 교회』라고 터놓고 말한다.

클라크 목사에게 있어서 인식의 중요한 시점은 1986년에 일어났다. 그는 기독중앙교회가 길을 잃은 자들을 찾지 않는다는 사실을 깨달았다. 그리고 교인들 역시 자신들의 교회가 이웃에 있는 지역민들만 상대하는 폭이 좁은 교회임을 인식하게 되었다. 클라크 목사는 자기 자신과 교회를 위해 애처로운 파티를 벌이지 않았다. 그는 비전에 집중하도록 교회를 이끌었고, 남부 위스콘신 전 지역을 샅샅이 뒤져서 길을 잃은 자와 중간에 낙심한 자를 찾아가는 전도 사역을 시작했다.

연구 조사팀 마이클 오닐Michael O'Neal은 이 교회의 중직자와 성도들을 면담했다. 1986년의 경고음 소리에서 깨어난 지 수년이 지난 후였다. 그때 그는, 이 비전이 얼마나 많은 사람의 마음을 깊이 찔렀는지 그 영향력을 확인하고는 깜짝 놀랐다. 성도들의 입에서 나온 몇 가지 의견을 들어보자.

- 우리의 초점은 교회 다니지 않는 자를 전도해서 그리스도께로 인도하는 것이에요.
- 우리의 비전은 지역사회의 등불이 되는 것이에요.
- 우리가 하는 모든 것은 지역사회와 접촉하려고 노력하는 것이에요.
- 우리는 구원받지 못한 자들에게 집중적으로 다가가서 전도해요. 그 일이라면 물불을 가리지 않죠.
- 우리 교회는 신앙 낙심자들을 끌어들이는 은사가 있어요.

기독중앙교회는 클라크 목사의 리더십 밑에서 수년간 고전을 면치 못했다. 1981-1988년까지 평균 출석률은 227-257명을 맴돌았다. 전형적인 정체양상이다. 그러나 2002년이 되면서 출석률은 1천 400명을 넘었다. 이 교회는 변화가 필요하며 앞으로 전진해야 한다는 사실을 인식하고 있었다. 그리고 목회자 또한 현상유지는 용납할 수 없다는 결단을 내렸다. 기적이라고까지 말할 수는 없지만, 이 교회가 단지 2-3년 만에 이루어낸 변화는 믿을 수 없을 정도로 놀라웠다.

나는 기업체를 컨설팅하는 친구들과 종종 만난다. 그들은 내가 비영리단체 특히 교회와 손을 잡고 일하는 것을 의아해했다. 그들의 입장에서 보면, 충분히 그럴 만하다. 교회라는 조직체는 전통에 기반을 두고 있다. 따라서 상담원이 변화를 요구하는 안건을 제시하면 거센 항의가 들어온다는 것쯤은 알고 있다.

여러 면에서 교회의 비판에도 일리 있는 부분이 있다. 우리는 수천 개의 교회를 조사해서 그중 13개만이 급성장한 교회라는 사실을 밝혀냈다. 그렇다면 이 교회는 어떻게 해서 그 많은 군단을 꺾을 수 있었는가? 대부분의 교회가 내리막길을 타고 서서히 침체하고 있는 상황에, 대체 그들은 어떤 경로를 통해 성장할 수 있었는가?

인식이 얼마나 결정적이며 중요한 부분인지 말로는 다 표현할 수 없다. 대다수는 아닐지라도 많은 교회의 목회자는 서서히 가라앉고 있는 자신의 교회를 건져낼 궁리를 하지 않는다. 현재 어떤 일이 벌어지고 있는지, 상황을 눈으로 확인하고 현실을 분별해야 하지 않겠는가? 그런데도 그럴 의지도, 능력도 없이 그저 보고만 있다. 앞서 캘리포니아 주 비살리아에서 힘들게 사역하고 있는 한 목회자를 만난 내용을 언급한 적이 있다. 그에게 인식이 첫 단계라고 말하자 그는 질문같지 않은 질문을 했다. "어떻게 하면 인식할 수 있나요?" 그의 반응을 보고 깨달은 것이 있다. 즉, 교회 목회자에게 인식해야 한다고 말해주는 것만으로는 부족할 수도 있다는 것이다. 그러므로 어떻게 인식해야 하는지를 이해할 수 있도록 도와줄 필요가 있다.

> 13개의 급성장한 교회에서 우리는 명백한 방향 지시를 발견할 수 있었다. 다시 말해서 대부분의 목회자는 3단계를 따라간다는 것이다. 이 부분은 다음에 읽게 될 것이다. 13개 교회의 모든 목회자는 첫 번째 단계와 맞닥뜨려 '가슴 아픈 현실을 받아들인' 적이 있었다. 또한 그들 모두 '정신을 바짝 차려야 한다'는 두 번째 단계의 가르침을 따랐다. 적어도 13개의 급성장한 교회의 목회자는 3단계인 '외부의 적극적인 영향력'에 강한 충격을 나타냈다.

급성장하는 교회의 목회자가 자신의 교회 상황을 인식하고 거기에 따라 절차를 밟는 과정을 명확히 검토해보았다. 그 결과 목회자가 현실을 더욱 분명하게 파악하고자 할 때 3가지 단계가 뚜렷하게 나타났다. 자신의 교회에 관한 실상을 파악해야겠다는 강한 의지가 있다면 이 3가지는 결정적인 구성요인이 될 것이다.

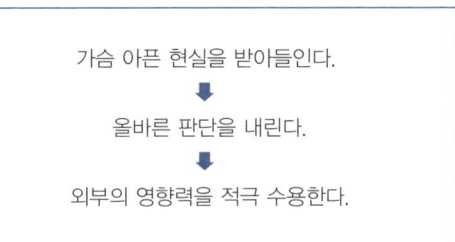

가슴 아픈 현실을 받아들인다

고전을 면치 못하는 사람과 고전을 면치 못하는 교회 사이에는 유사점이 있다. 사람들 중에는 신체적·감정적으로 문제가 있는데도 그 사실을 인정하지 않으려는 이들이 더러 있다. 당면한 모든 것들이 올바른 상태는 아님을 인정할 때까지 문제는 더욱 악화된다. 교회에서 수년에 걸쳐 일어나고 있는 더딘 침체도 마찬가지다. 목회자와 교인이 교회의 현 상태에 문제가 있다는 것을 인정하지 않으면 개선할 여지조차 없어진다. 침체가 깊어지면 깊어질수록 교회가 망가질 확률도 높아진다.

가슴 아픈 현실을 받아들이는 이 첫 단계가 진행되지 않는 것이 미국 교회의 전반적인 추세다. 미국에 있는 4만 개 이상의 교회가 성장 추세에 있다는 사실은 놀랍지만, 30만 개 이상의 교회가 성장하지 않고 있다는 사실은 별로 놀랍지 않다.

> 세례를 받는 사람들의 수가 복음 전파에 있어서의 교회의 건강도를 측정하는 궁극적인 기준은 아니다. 세례 받는 수가 줄어드는 데에도 나름의 이유가 있을 수 있다. 예를 들어, 이 사람 저 사람 가리지 않고 숫자를 올리기 위해 세례를 베푸는 교회도 있을 수 있다. 이런 경우에는 세례 받는 수가 감소하는 것이 오히려 개종자의 진실성을 드러내는 정확한 잣대가 될 수도 있다.

우리는 한 교회를 선별해 비교해보았다. 지금부터 편의상 그 교회를 마운틴교회Mountain Community Church라고 부르겠다. 이 교회는 1990년에 대단한 소망을 품고 활기차게 첫 예배를 드렸다. 1993년에 이르자 예배에 출석하는 평균인원이 550명이 되었다. 정말 짧은 기간에 괄목할 만한 성장을 이루어 낸 것이다. 그 교회에 대한 우리의 마지막 자료를 보면, 2003년 예배 출석 인원이 410명이다. 대단히 미미하긴 해도 1993년에 550명에 이른 이후 해마다 조금씩 인원이 줄었다는 뜻이다. 게다가 1993-2003년까지 10년 동안 4개의 중요한 교회 사역이 중단되었다. 개종한 성도 수는 1993년에 88명에서 2003년도에는 21명으로 감소했다.

우리는 이 교회의 평신도 7명과 교역자 3명을 면담했다. 위에서 언급한 사항들을 밝히지 않고 일반적인 질문으로 면담을 시작했다. "현재 당신의 교회 형편이 어떻다고 생각하나요?" 여기에 대한 7가지 답변을 들어보자.

- 우리는 믿을 수 없을 정도로 승승장구하고 있어요. 지역사회에서 우리

교회의 영향력은 대단해요. 그리고 성도들도 참된 주님의 제자로 양육되고 있어요.
- 사실 우리의 힘은 복음 전파에서 나온다고 할까요? 우리 교회는 거기에 초점이 맞추어져있어요. 그리고 그 분야의 실적도 훌륭하고요.
- 우리 교회는 믿기지 않을 정도로 성장하고 있어요. 1990년에 시작했는데 지금 우리 교회 모습 좀 보세요.
- 우리 교회는 정말 사랑이 많아요. 사람들이 계속 우리 교회로 와서 등록하는 것도 바로 그 때문이죠. 등록한 이들이 우리 교회를 자랑해서 또 다른 사람을 초청하고 있을 정도예요. 매주 등록교인 수만 보더라도 우리 교회의 성장을 한눈에 파악할 수 있을 거예요.
- 마운틴교회 이야기는 한 마디로 기적 그 자체예요. 우리처럼 성장한 교회를 찾아보기가 그리 흔치는 않을 거예요.
- 내가 다른 교회 교인이라는 것은 상상할 수 없어요. 나는 우리 교회 소모임과 정말 가까이 지내고 있어요.
- 이 교회는 정말 대단한 일을 하고 있어요. 우리는 매주 살아계신 하나님의 말씀을 먹고 있으니까요. 그게 우리 교회가 가진 진정한 힘이라고 생각해요.

나는 이 사람들이 진심으로 이런 반응을 보였다는 것을 의심하지 않는다. 사실 그대로 정직하게 이야기하고 있다는 것이 느껴졌다. 그러나 실제로 성도 수는 지난 10년 동안 20% 이상 감소했다. 그리고 지역사회 안에서의 중심 사역들도 중단된 상태였다. 전도를 통해 등록하는 교인 수도 해마다 급속도로 떨어지고 있었다.

급성장하는 교회의 목회자는 숫자를 통해 드러나는 교회의 현실이 고통스러워도 외면하지 않는다. 그들은 교회의 실태를 명확히 인식하기 위해 지속적으로 고민한다. 공격이나 비판을 피하려는 생각도 없다. 지역사회의 사역들은 정기적인 평가를 받아야 한다는 게 그들의 소신이다. 그들은 교인들의 영적 성장 여부를 간파하기 위해 여러 가지 대책을 세우고 있다. 또한 길을 잃은 자와 중간에 낙심한 자들을 전도하는 일이 잘 진척되고 있는지 다양한 방식으로 확인한다. 그들은 자신의 설교와 가르침이 효과적으로 전달되어서 성도들이 교리를 잘 이해하고 있는지 알아본다. 이럴 경우 드러난 그림이 좋지 않을 때는 인식한다는 것 자체가 불편할 수도 있다. 오늘날 교회 목회자가 첫 단계인 고통스러운 현실을 받아들이려 하지 않는 것도 바로 이 때문이다.

> 급성장하는 교회의 목회자 중에는 숫자에 너무 치중한다고 비난을 받는 일이 더러 있다고 한다. 거기에 대해 한 목회자는 이렇게 말했다. "결코 숫자가 목표가 아닙니다. 하지만 숫자를 보면 교회가 건전하게 나아가고 있는지 여부를 가늠할 수 있지 않겠어요?" 그는 찰스 스펄전의 말을 인용했다. "잘 생각해 보면, 숫자를 거부하는 자들은 만족스럽지 못한 보고서를 통해 겸손의 미덕을 닦아야 할 형제들인지도 모릅니다."[8]

---

8) 찰스 스펄전Charles Haddon Spurgeon, 『사람 낚는 어부: 죄인을 구세주께로 인도하는 방법』 *The Soul Winner; How to Lead Sinners to the Saviour*, (Grand Rapids: Eerdmans, 1963), 17.

올바른 판단을 내린다

이러한 유형의 많은 목회자 가운데 우리가 유심히 살펴본 인식의 두 번째 단계가 있다. 그것은 교회의 현 상태가 건강한 방향으로 가고 있지 않다는 것을 명확하게 인식하는 것이다. 목회자는 교회가 어떤 지경에까지 이르렀는지, 그런 가슴 아픈 현실을 직시하는 것에 그치지 않았다. 교회가 어디로 향해야 할지에 대한 분명한 아이디어를 가지고 있었다.

한 목회자가 익명으로 비밀을 털어놓았다. "어느 날 아침, 눈은 떴는데 어두운 생각 때문에 몸을 뒤척이고 있었어요. 정말 이대로 살아야 될지 자신이 없었어요. 자살까지는 생각하지 않았지만 정말 죽고 싶은 심정이었어요." 그는 지난밤에도 오랫동안 생각에 사로잡혀 잠을 설쳤다고 한다. 그의 고백은 이어졌다. "저는 우리 교회와 가까운 곳에 있는 친구 목사와 이야기를 나누었어요. 그의 교회는 7년 만에 두 배로 성장했지요. 우리 교회는 7년 전에 비해 줄었는데 말이죠. 도대체 이게 어찌 된 일일까요? 저는 우리 교회의 상태를 알고 있었고, 또한 앞으로 어떤 방향으로 가야 하는지가 머릿속에 그려져있는데 말이에요."

비록 경고음 소리가 사람을 놀라게 하지만 리더는 그런 때에 용기를 잃지 말아야 한다. 그것은 도움의 손길이 다가오고 있다는 신호다. 올바른 판단을 내려야 하는 상황은 내적 확신에서 나오기도 하고 외부의 영향력에 의해 발생하기도 한다. 하나님은 리더로 하여금 변화가 필요하다는 것을 확신시키기 위해 이것을 계획하신다. 이 세 번째 단계를 우리는 '긍정적인 외부의 영향력'Positive Outside Influences이라 불렀다.

외부의 영향력을 적극 수용한다

아마릴로의 남서침례교회는 입당예배를 드린 1973년부터 2003년까지 성도들끼리 예배를 드리는 독립교단으로 존재했다. 그러던 중 투표를 통해 그 교회는 남침례교단Southern Baptist Convention과 독립교단에 동시 가입하여 활동해왔다. 초창기 앨런 목사의 사역은 불안정했다. 예배를 인도하던 부목사 시절에는 그런대로 인정을 받았다. 하지만 1976년에 담임목사직을 맡았을 때 그의 나이가 문제가 되었다. 28세의 어린 목사는 교회 내의 중직자들을 상대하기에 역부족이었다. 교회의 갈등도 만만치 않은데 지역사회 경제마저 하향세로 돌아섰다. 경제난이 심각해지자 출석 인원이 줄고 그 결과 사례비 예산 책정도 내려가기 시작했다. 앨런 목사는 교회를 떠나는 문제를 진지하게 고민했다.

그러나 앨런 목사와 다른 급성장한 교회 목회자를 주의 깊게 살펴본 후 한 가지 특성을 발견했다. 그것은 배움에 대한 갈망과 개선에 대한 집요한 욕구였다. 젊은 목사는 자신의 사역에 도움이 될 만한 곳을 다방면으로 찾아다녔다.

> 사도행전 5장의 리더와 사도행전 6-7장의 리더 사이에는 어떤 중요한 차이가 있을까? 한 가지 분명한 차이는 '확신에 찬 겸손'이다. 두 번째 중요한 차이는 사도행전 6-7장의 리더에게는 외부의 영향력을 적극 수용하고자 하는 갈망이 있었으나 사도행전 5장의 리더는 세미나, 서적, 상담이나 기타 다른 유사한 영향력을 외부에서 찾는 일이 드물었다는 것이다.

남서침례교회를 떠날 궁리를 하고 있을 즈음 그는 존 맥스웰John Maxwell의 세미나에 참석했다. 그는 자신의 동기를 이렇게 설명했다. "저는 출신 배경이 침례교의 독립교단이에요. 그래서 제 사역의 모델은 목회자 혼자 모든 일을 다 해내는 거였죠. 그런데 맥스웰의 세미나에서 제 눈이 열렸어요. 평신도를 키워 교회 사역을 감당하도록 해야 할 필요를 깨닫게 되었어요."

앨런 목사의 삶과 사역에 두 번째로 긍정적인 영향력을 준 것은 릭 워렌이 표현한, 목적을 향하여 달려가는 교회 모델Purpose Driven Paradigm이었다. 그는 교회를 이끌 때 평소와 같은 구식 패러다임으로는 불가능하다는 것을 분명히 깨달았고 앞을 향해 전진해야 할 필요를 명확하게 인식하게 되었다.

그러나 영향력은 거기서 끝나지 않았다. 그는 『높은 기대치』High Expectations를 읽고 엄청난 충격을 받았다는 말을 연구 조사팀원인 데보라 모턴에게 전했다. "레이너 박사님의 저서를 읽고 정말이지 한 방 걷어차인 기분이었어요. 처음 그 책을 읽게 되었을 때는 별것 아니라고 생각했어요. 그래서 차의 뒷좌석에 던져놓고는 잊고 있었죠."

그러나 하나님은 앨런 목사와 그 책을 향한 다른 계획을 갖고 계셨다. 계속해서 그가 말했다. "어느 날, 아내와 함께 휴가를 떠났어요. 그런데 읽을 게 아무것도 없지 뭐예요? 그래서 뒷좌석에 처박혀있던 그 책을 다시 읽게 된 거죠. 그런데 이번에는 시간 가는 줄도 모르게 읽었어요. 메시지는 분명했어요. '여러분은 사람들로부터 기대하는 것만큼 얻게 된다.' 이 말이 제 삶과 제가 교회를 바라보던 방식을 바꿔놓았어요. 그리고 제가 교회와 교인들로부터 어떤 것을 기대하고 있는지 다시금 생각하게 만들어줬어요."

급성장한 교회 13개 중 11개 교회 목회자는 사역에 도움을 받은 중요한 외부의 영향력을 몇 가지 발견할 수 있었다. 그렇다면 비교대상 교회 목회자는 어떨까? 그들 역시 외부의 영향력을 언급하지 않았는가?

39개의 비교대상 교회 목회자 중 절반 이상이 자신의 사역에 영향을 미쳤던 외부의 도움을 언급했다. 그렇다면 이 요인이 급성장한 교회의 목회자에게만 나타나는 독특한 요인이라는 말은 어폐가 있지 않은가? 조사팀의 도움으로 나는 두 그룹 간의 차이점을 볼 수 있게 되었는데 이를 분명히 드러내기 위해 아래와 같이 제시해보았다.

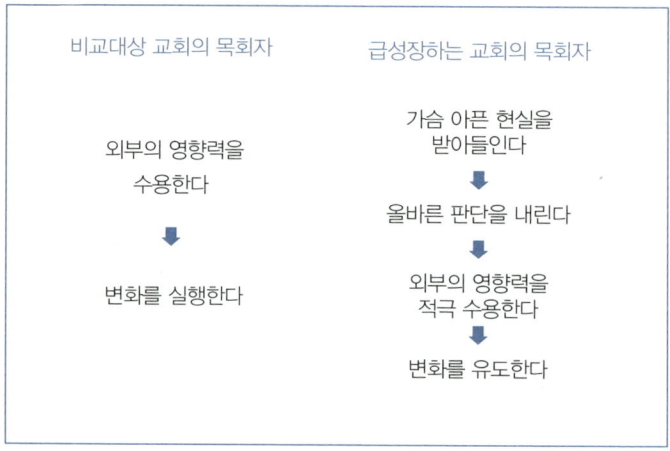

비교대상 교회 목회자는 세미나에 참석하거나 책을 읽고 감동을 받기도 한다. 이런 외부의 영향력이 교회를 위한 가장 좋은 대안이라고 생각해서 자신의 현재 상황이나 교인들의 능력을 현실적으로 평가하지 않고 덤벼든다. 이런 행동이 때로는 과격한 변화를 초래한다. 이런 목회자는 자신의 문화적인 상황을 이해하지 못하고, 새롭게 시작한 일이 지역에서 어떤 작용을 나타낼지에 대한 개념이 없다.

따라서 비참한 결과를 초래하기도 한다. 교회의 중요한 갈등과 적지 않은 분열이 바로 이런 식의 변화를 일으키는 중에 생기는 뼈아픈 결과물이다. 이들은 새로운 아이디어에 열광하며 교회에 즉시 도입하지만 성도들의 반응이나 지역사회의 문화에는 생각이 미치지 못한다.

하지만 급성장한 교회의 목회자는 필요를 발견할 때까지 외부의 영향력을 찾아다니지 않았다. 그 필요는 뼈아픈 현실을 받아들여서 올바른 판단을 내린 다음에야 분명하게 드러났다. 그들은 새로운 것을 도입해서 실천에 옮기려 할 때 맹목적으로 덤벼들지 않았다. 또한 다소 완전치 못한 교회의 현실을 분명하게 인식하고 있었다. 그들에게는 교회가 나아가야 할 방향을 볼 수 있는 안목도 있었다. 그 단계까지 갔을 때에만 외부의 영향력을 적극 수용했다. 심지어 그 시점이 되어서도 신중하게 판단하고 움직였다.

ABC 모멘트 중 처음 밟게 되는 것이 인식 모멘트다. 이런 경고음들이 실제 적용 과정에서 어떤 모습인지 보여주고자 한다. 그러면 좀 더 명확한 그림이 그려질 것이다. 그러나 반드시 이해해야 할 것이 있다. 이런 급성장한 교회의 목회자는 일단 교회의 상황을 인식하게 되면 부정적인 부분에 마음을 빼앗기지 않았다. 그들의 태도는 무기력한 게 아니었다. 오히려 흔들림이 없는 믿음의 자세를 생생하게 보여주었다. 우리는 ABC 모멘트 중 그 부분을 신념이라고 불렀다.

신념: 역경 중의 믿음

『좋은 기업을 넘어 위대한 기업으로』에서 짐 콜린스와 그의 팀은 '스톡데

일 역설'The Stockdale Paradox이라는 대단한 아이디어를 밝혀냈다. 이 명칭은 이전에 미군 최고위 장교였던 제임스 스톡데일James Stockdale 장군의 이름에서 따왔다. 스톡데일 역설은 동전의 양면처럼 이중성을 가지고 있다. 한편으로는 역경에도 불구하고 최종 승리에 대한 흔들림 없는 믿음을 견지하면서 다른 한편으로는 냉혹한 현실을 냉정하게 받아들인다.[9)]

1장에서 다룬 테네시 주 네쉬빌에 있는 템플교회 이야기를 기억하는가? 마이클 그레이브스 목사는 자신이 목회하던 교회가 하나님이 의도하신 모습이 아니라는 사실을 통감하게 되었다. 그 비전은 모든 경제여건에 관계없이 다인종·다민족 교회를 세우는 것이었다. 그러나 젊은 목사는 회심하여 새로 입교하는 멤버들이 거의 다 중산층과 중·하류층의 흑인계 미국인임을 알아차렸다.

교회의 모습을 바꿔보려던 목사의 시도가 쓸데없는 짓이 되고 말았다. 교회에서 헌신하는 중요 인물들 300명가량이 다른 그룹을 전도하려는 그레이브스 목사의 시도를 위협할 조짐을 보였다. 이 실력자 그룹은 목사와 수차례 대면해서 떠날 것을 종용하고 심지어는 재정지원을 묶어버리겠다고 협박했다. 이러한 갈등으로 그레이브스 목사는 장시간 병원 신세를 져야 했다.

그레이브스 목사의 많은 친구와 동료 사역자는 꿈을 포기하라고 권했다. 그들은 그레이브스 목사가 하나님이 이미 주신 축복에 만족하지 못하고 있다고 책망했다. 그레이브스 목사의 주치의는 그가 모든 사역을 접어야 한다고 경고했다. 그러나 그레이브스 목사는 하나님이 템플교회를 위해 그에게

---

9) 짐 콜린스, 『좋은 기업을 넘어 위대한 기업으로』 *Good to Great*, (Harper Collins), 86.

허락하신 비전에서 물러나려고 하지 않았다.

비교대상 교회의 목회자 중 소수는 ABC 모멘트의 진행 과정에서 첫 단계를 밟았다. 그러나 여기에 속한 소수의 목회자들도 너무 현실에 스트레스를 받은 나머지 모든 것을 부인해버리고 변화 이전의 모습으로 돌아갔다. 하지만 급성장한 교회의 목회자는 좋은 날이 앞에 있다는 것을 믿었다. 나쁜 뉴스에 직면했을 때도 꿈을 포기하지 않았고, 그들의 교회를 위해 하나님이 허락하신 비전을 내동댕이치지 않았다.

절망적인 소식에도 결코 흔들림이 없는 믿음은 급성장한 교회의 목회자의 대표적인 특성이 되었다. 그렇다고 해서 그들이 강심장이거나 철면피라서 반대파의 감정 따위는 개의치 않는다는 말이 아니다. 이들은 사역에서 받은 깊은 상처와 마음 아픈 사연을 많이 들려주었다. 그들은 소리 없이 참고 있었던 것이다.

마음 아파 몸부림치는 목회자에게 한 가지 충고를 한다면 여러분도 히브리서 11장의 위대한 믿음의 주인공들 속에서 하나의 간증거리로 등장하게 될 것이라는 점이다. 히브리서 11장을 읽고 또 읽어보라. 바울 서신서와 사도행전에 나오는 바울의 선교 여정을 읽어보라. 남녀 그리스도인들의 신앙 이력을 다룬 기사를 읽어보라. 그들은 극심한 환란과 고통 가운데서도 하나님이 예비하신 더 좋은 날들이 오리라는 것을 믿음의 눈으로 바라보았다. 우리가 연구한 교회들 중 나쁜 소식과 갈등에서 제외된 곳은 한 군데도 없었다. 하지만 급성장한 교회의 목회자에게는 하나님이 승리하게 하실 것이라는 흔들림 없는 믿음이 있었다.

비교대상 교회 중 극소수가 첫 단계인 인식의 과정을 받아들였다. 하지만

그걸 받아들인 극소수 중에서도 좋은 날이 기다리고 있을 것이라는 믿음을 표현한 사람은 아무도 없었다. 하나님이 역경을 승리로 바꾸실 것이라는 믿음을 그들에게서 찾아볼 수 없었다.

하지만 급성장한 교회 목회자들은 자신에게 닥친 절박한 순간을 이야기할 때조차 불가능이라는 단어를 입에 올리지 않았다. 자신과 교회에 힘든 시기가 닥쳐왔을 때 그들 역시 아팠음을 인정했다. 하지만 얼마 지나지 않아 하나님이 다음에는 어떤 식으로 승리하게 하실지를 기대하기 시작했다. 그들은 전진했지만 그 행군은 불가피하게도 다음 단계에서 그들을 기다리고 있는 위기를 재촉했다.

위기: 승리의 대가

지금까지 이 책을 읽었다면, 엄청난 시련에도 끝까지 인내한 수많은 목회자의 간증을 통해 상당히 감동을 받았을 것이다. 한편으로는 새로운 단계에 올라서기 위해 그 목회자가 치러야 했던 값비싼 대가에 겁이 나는 사람도 있을 것이다. 지금까지 읽은 내용 중에는 목회자의 고통이 다양하게 진술되어 있다. 사임을 강요당한 이도 있고 스트레스를 참다못해 병원 신세를 지는가 하면, 한때 후원자였던 친구가 분노로 대적하는 경우도 있었다. 안타까운 것은 위대한 교회로 나아가기 위해서는 많은 고난이 따른다는 사실이다. 교회에 변화를 가져오려고 시도했던 목회자는 내적 위기를 감지하기도 했다. 이런 위기는 성도들 안에서 많이 일어난다. 그런데 문제는 위기를 경험한 성도들이 그 난국을 모두 목회자의 탓으로 돌리는 경우가 비일비재하다는 데 있다.

급성장한 교회의 목회자가 치러야 하는 대가

레넥사침례교회는 캔자스에서 가장 큰 군 단위 지역에 자리하고 있다. 가까이에 있는 임마누엘침례교회가 레넥사침례교회를 개척했다. 당시 많은 사람이 모여들면서 급속하게 성장하고 있던 지역인지라 전도가 쉬울 것이라는 큰 기대를 갖고 시작했다. 1990년에 이 교회는 처음으로 단독 목회자를 모셨는데, 바로 스티브 다이턴Steve Dighton이었다. 목회자를 모셔온 그해에 레넥사침례교회의 출석 인원은 160명이었다.

스티브 목사는 전도에 강한 열정을 가진 목회자였다. 그는 교회 사역을 새롭게 신설했다. 과감한 전도 방식으로 지역사회에 침투하도록 교회를 이끌었고 1992년에 예배 출석 인원이 200명을 돌파했다. 그가 레넥사에서 사역을 시작한 지 2년 만에 이루어낸 성과였다. 교회의 성장과 과감한 사역 방식은 상반된 2가지 현상을 초래했다. 한쪽 그룹은 성도 수와 출석 인원의 증가로 인해 고무되었다. 다른 쪽 그룹은 전도 방식이 너무 거칠다고 공공연히 비난하면서 옛날 '우리 교회'로 돌아가자는 강렬한 열망을 표출했다.

두 번째 그룹은 비밀 모임을 가지기 시작했고 거기서 밀실회의가 진행되었다. 1993년, 그들은 스티브 목사에게 담임목사직을 사임하라고 요구하기 시작했다. 그는 교회의 유익을 위해 사임문제를 두고 고심했다. 갈등을 겪는 동안 차라리 다른 데서 기회가 오면 그게 더 낫지 않을까 고민하면서 수차례 옮길 생각을 하고 있었다. 어디서 청빙 건이 온다 해도 현재 자신의 처지보다는 훨씬 좋을 거라는 생각을 멈출 수가 없었다. 하지만 하나님은 그를 그 교회에서 놓아주실 생각이 없었다. 그는 자리를 지켰고 성도들이 가족 단위로 떠나는 상황까지 참고 견뎠다. 1994년의 출석 인원은 100명까지 줄었다. 지난 2년간 최고 수준에서 절반으로 떨어진 수치였다. 교회가 나누어지는 것은 남아있는 자나 떠나는 자 모두에게 뼈를 깎는 아픔이었다.

그 후 2년 동안 스티브 목사는 분열된 교회의 깊은 상처를 치료하는 일에 대부분 시간을 보냈다. 그는 레스토랑, 가정, 커피숍을 방문하면서 교회의 중직자와 만나 솔직하게 터놓고 이야기를 나누었다. 그 시기는 목회자를 위한 성찰의 시간이기도 했다. 그는 자신이 목양하는 양 무리를 사랑하는 것이 사역보다 더 중요하다는 것도 깨닫게 되었다.

마침내 교회는 감정적·영적·수적인 면에서 회복의 기미를 보였다. 1996년 예배 출석 인원이 이전의 최고치를 능가하게 되었다. 성도가 줄어 전전긍긍하던 교회가 2003년 말에는 약 1천 400명의 성도가 고정적으로 출석하고 있었다. 대단한 결실이었다. 하지만 그들이 견뎌야 했던 지난날의 고통은 실로 컸다.

위기와 고통은 정녕 피할 수 없는 것인가?

급성장하는 교회에 관한 이야기마다 위기가 들어가야 한다는 것은 예상하지 못했던 부분이다. 또한 내 선입관 때문에 이 책에 이런 정보를 싣고 싶은 생각도 없었다. 솔직히 말해서 많은 리더가 이 책에 실려있는 갈등과 고통의 이야기를 읽으면, 위대한 교회로 성장하기도 전에 낙심하지 않을까 염려되기도 한다. 혹시라도 이런 식으로 반응한 사람이 있다면 2가지 중요한 답변을 들어보기 바란다.

첫째, 급성장 범위 안에 들어선 대부분의 교회는 평범한 상태로 머물러 있는 성도들과 교세가 기울어지는 모습이 분명히 드러나는 교회였다. 이런 교회를 성장과 건강이라는 저울에 올려놓으려면 어떤 변화를 일으키려 해도 교회의 중요한 제도가 와해되기 마련이다. 변화는 힘든 것이다. 중요한 조직을 바꾸게 될 때 전쟁터의 울음소리가 들리는 경우도 더러 있다.

둘째, 실제로 성경상의 모든 리더는 살아생전 어떤 형태로든지 갈등을 감내했다. 그리스도를 따라가는 데에는 엄청난 대가가 따르기 마련이다. 갈등을 피하려고 현상유지에 만족할 수는 없다. 우리는 이끌고 가야 한다. 변화가 사람들에게 더 큰 고통을 가져올 때라도 그들을 사랑하고 위로해주며 이끌어야 한다. 비문에 이런 글이 올라와서야 되겠는가. "이 목회자는 갈등을 잘도 피해갔다…." 인생과 사역을 안일한 방식으로 이끌어갈 수는 없는 일이다.

'확신에 찬 겸손'이라는 역설적인 표현을 기억하라

다시 한번 급성장하는 교회의 목회자가 구비한 중요한 특징 중 한 가지를 되새겼으면 한다. 그것은 바로 하나님이 주신 리더십 자질을 분명히 확신하고 있을 때도 그들은 겸손을 잃지 않았다는 점이다.

나는 이 시점에서 겸손에 관해 언급하고자 한다. 그 이유는 갈등이 위대한 교회로 부상하는 하나의 방법인 것처럼 오해하지 않도록 하기 위해서다. 우리가 연구한 목회자 그룹들 중 갈등을 원한 사람은 아무도 없었다. 그들 모두 갈등을 피하기 위해 여러 가지 대안을 고려했다. 그러나 최종 분석에서, 다른 대안이 여의치 않을 경우 갈등을 피하지 않았다.

만약 이런 교회 목회자를 한 사람씩 만나 이야기를 나눈다면 여러분은 그들의 마음을 더 잘 헤아릴 수 있을 것이다. 그들은 진실로 겸손한 목회자이다. 그들은 성도들에게 '마이웨이' 또는 '하이웨이'를 외치지 않는다. 그들의 사역 방식에는 교만이라고는 찾아볼 수 없다. 의견의 불일치로 성도가 떠나갈 때마다 그들은 마음 깊이 상처를 받는다.

나는 '밀실 집회'에 대해 자랑스레 떠들어대는 사람들을 많이 만나보았다. 이런 목회자는 의견을 달리하는 자들이 떠나가는 것을 하나의 명예처럼 생각하는 것 같았다. 하지만 급성장하는 교회의 목회자는 그런 사례가 전혀 없었다. 그들 모두 성도가 떠나가는 일을 겪었다. 하지만 한 사람을 잃어버릴 때마다 여러 해가 흘러도 생생하게 떠올릴 정도로 깊은 상처를 받았다.

ABC 모멘트, 그 다음엔 어떻게 할 것인가?

급성장하는 교회는 정체를 드러내는 단계에 머물러 있거나 평소대로 밀고 나가는 것에 동의하지 않았다. 교역자나 평신도 리더 그 어느 쪽도 더 이상 현상유지에 만족할 수 없었다. 변화는 반드시 일어나야 하는 필수요건이 되었다.

이러한 경고음은 그것을 받아들이는 자들에게 삶을 변화시키는 계기가 된다. 그래서 그들의 삶과 사역이 결코 이전과 같을 수는 없다. 이 책의 나머지 부분을 보면, ABC 모멘트 후에 어떤 일이 일어났는지를 알 수 있다. 변화를 이루어낸다는 것이 벅찬 일일지라도 믿을 수 없는 간증이 실려있다. 다음 장에서 경고음이 울린 후에 밟아야 하는 가장 중요한 첫 번째 단계를 함께 살펴보기로 하자. 우리는 이 첫 단계를 '사람-일 동시 추구'라고 부른다.

핵심 내용 요약
ABC 모멘트

❶ ABC 모멘트는 우리가 연구한 급성장한 교회 목회자의 특징이 잘 드러나며 다른 교회의 목회자를 일깨우는 경고음이다. 이것은 인식, 신념, 위기라는 3단계로 구성된다.

❷ 미국 교회의 전체 분위기가 평범한 상태에 머물러있기 때문에 변화가 힘들고 때로는 갈등을 초래하기도 한다.

❸ 비교대상 교회의 목회자는 인식 단계를 회피하려는 경향이 있다. 이유는 교회의 변화를 주도해나가는 것이 두렵기 때문이다.

❹ 급성장한 교회 중 13개 교회의 목회자는 모두 '고통스럽지만 인식을 받아들이는' 첫 단계와 '정확한 판단을 내려야 하는' 두 번째 단계를 거쳤다. 이들 목회자 중 11명은 '외부의 영향력을 적극 수용하는' 세 번째 단계의 조짐을 보였다.

❺ 비교대상 교회의 목회자는 변화를 위해 외부의 자원을 자주 활용했다. 하지만 급성장하는 교회의 목회자는 외부의 영향력을 포용하기 전에 자신의 현 실태를 파악하고자 고심했다.

❻ 급성장하는 교회의 목회자는 좋지 않은 소문 속에서도 흔들림 없는, 보통 사람으로서는 이해하기 힘든 믿음의 모범을 보여주었다.

❼ 위대한 교회로 성장하려는 몸부림 속에는 대가가 따른다. 그것은 위기로 나타나기도 하고, 때로는 난국의 고비를 넘겨야 할 때도 있다.

Mediocrity knows nothing higher than itself, but talent immediately recognizes genius

Sir Arthur Conan Doyle

5장

사람–일 동시 추구

> 평범한 사람은 자신보다 더 높은 위치에 있는 사람을 전혀 알아보지 못한다. 하지만 인재는 천재를 즉시 알아본다
> **아더 코난 도일 경**

『좋은 기업을 넘어 위대한 기업으로』에서 짐 콜린스와 그의 연구팀은 사람 먼저, 다음에 할 일이라는 한 가지 원칙을 밝혀냈다. 콜린스는 사람의 중요성을 강조하고 있다. "그래요. 우리는 이 버스를 어디로 몰고 가야 하는지 정말 모릅니다. 하지만 우리가 적합한 사람을 버스에 태워 적합한 자리에 앉히고 부적합한 사람을 버스에서 내리게 한다면, 이 버스를 멋진 곳으로 몰고 갈 방법을 알게 되리라는 것은 압니다."[1] 매일같이 우리에게는 전화나 이메일이 많이 온다. "레이너 박사님, 우리에겐 젊은 목회자가 필요해요. 누구 추천하실 분 없으신가요?" "우리 교회에서 전도 사역을 이끌어갈 사람이 필요한데요. 소지하고 계신 이력서가 있다면 좀 보내주세요." "우린 최고의 예배 인도자를 물색 중이에요. 사례비는 제한이 없어요."

---

1) 짐 콜린스, 『좋은 기업을 넘어 위대한 기업으로』 *Good to Great*, (Harper Collins), 41.

요즘 들어 부쩍 교회 리더가 난감한 상황에 처해있는 것이 눈에 띤다. 평신도나 교역자 할 것 없이 리더 자리에 앉힐 만한 인물을 찾느라 정신이 없는 것 같다. 이들 중 올바른 사람을 찾는 절차에 회의를 품지 않는 사람은 드물다. 그리고 자신이 찾아낸 올바른 인물이 마음에 든다고 생각하는 이 또한 극소수다.

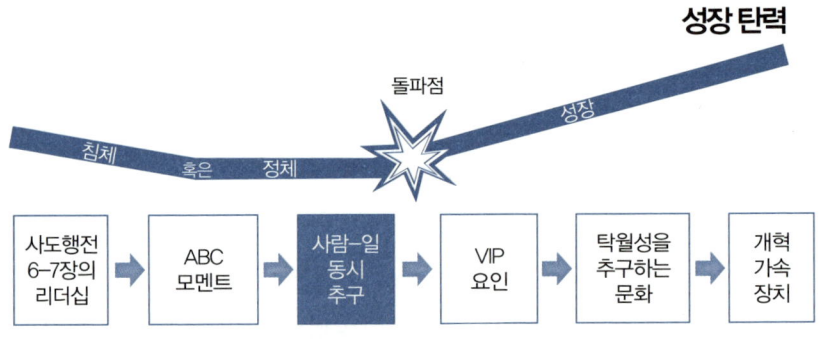

표 5-A 사람-일 동시 추구

하지만 급성장하는 교회는 그들의 사역팀에 합류할 우수한 인물을 찾는 데 문제가 없는 듯하다. 여기에는 2가지 이유가 있다. 첫 번째, 이런 교회는 명확하고 강력한 비전 때문에 최고의 사람을 끌어들이는 매력이 있다. 두 번째, 급성장하는 교회의 목회자는 빈자리를 공석으로 두고 우선 사람을 데려와서 교역자로 앉히거나 평신도에게 섬길 자리를 제공했다. 만약 유망한 인물이 눈에 띄면, 현재 그 사람에게 적합한 자리가 없어도 우선 팀에 합류시킨다. 그렇게 되면 능력 있고 의욕이 넘치는 대부분의 사람들은 하나님이 허락하신 은사와 재능을 사용하게 되고, 그 교회에서 눈에 띄는 변화를 만들어내게 된다.

우리는 급성장한 교회가 대부분 올바른 사람을 찾아내서 올바른 구조로 발전시킨다는 것을 발견했다. 그것은 경고음이 들린 직후 혹은 ABC 모멘트를 겪은 뒤였다. 교회를 위해 상당한 변화가 필요하다는 것을 인식하면, 얼마 안 되서 목회자는 교회에 올바른 사람과 하부 조직의 2가지 측면을 다 구비하고 있었다. 우리는 이 현상을 '사람-일 동시 추구'라고 이름 붙였다.

동시 추구란 정확히 무슨 의미인가?

동시 추구는 동시에 2개의 노선을 따라잡는 것이다. 급성장한 교회의 목회자는 평범한 상태에 있는 교회를 재빨리 움직여야 한다고 생각한다. 사람이 즉시 필요한 것뿐만 아니라 교회의 구조 전반 역시 철저히 조사할 필요가 있다. 그러므로 목회자는 다양한 각도로 질문을 던지면서 2가지 프로젝트를 동시에 붙들고 씨름하기 시작한다. 그들이 접근하는 방식은 마치 철도 레일과도 같다. 한 레일은 올바른 사람을 찾는 것이고, 또 다른 레일은 올바른 구조를 추구하는 것이다.

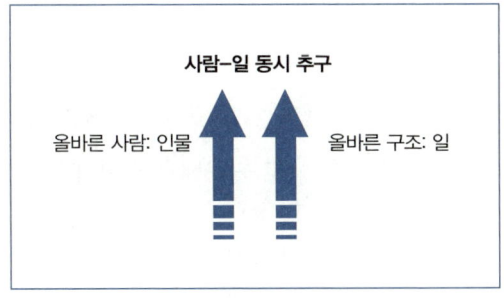

2가지 접근법에 대한 이야기

　급성장한 교회와는 대조적으로 비교대상 교회는 특별한 의미를 가진 구조변화를 좀처럼 시도하지 않았다. 39개의 비교대상 교회 중 3곳만이 '적임자'를 찾는 방법과 거의 유사한 경로를 택했다.

　인디애나 주 에번즈빌에 있는 벧엘템플교회는 올바른 사람을 찾아야 할 필요를 분명하게 이해했던 급성장한 교회 중 하나였다. 그 교회 목회자는, 우리가 그 교회를 연구할 때, 이미 콜린스의 『좋은 기업을 넘어 위대한 기업으로』의 영향을 받고 있었다. 우리는 여러 명의 리더가 콜린스의 원칙을 인용하는 말을 들었다. "좋은 회사에서 위대한 회사로의 전환에 불을 붙인 경영자는 버스를 어디로 몰고 갈지 먼저 생각하고 난 다음에 버스에 사람을 태우지 않는다. 반대로 적합한 사람을 먼저 버스에 태운 다음(부적합한 사람은 버스에서 내리게 하고) 버스를 어디로 몰고 갈지 생각했다."[2) 이 '버스' 토론은 벧엘템플교회의 성장과정에서 중요한 역할을 했다. 목회자 중 한 사람이 말하기를 그들은 적임자를 가려내는 지혜의 눈을 가졌으며, 사역할 장소에는 '본 교회에서 성장한' 사람을 목회자의 자리에 앉힌다고 했다.

　스데반 쉬밤바크Stephen Schwambach 담임목사는 그 교회가 '버스' 문제로 인해 200명의 성도가 떠났다는 슬픈 보고를 했다. "그것으로 인해 동력, 자신감, 헌금이 모두 떨어졌어요." 그러나 그 결정은 그를 슬프게 한 만큼 교회의 유익을 위한 것이기도 했다. 지금도 스데반 목사가 아쉬워하는 것은 결

---

2) Ibid.

단을 내리지 못하고 머뭇거리다 상황이 더욱 악화되었다는 점이다.

콜린스는 『좋은 기업을 넘어 위대한 기업으로』에서 이 문제를 지적하고 있다. "결국에는 교회내에서 살아남지 못할 사람들이 다른 자리를 찾아 옮겨가는 데 쓸 수 있는 귀중한 시간을 빼앗긴 채 불확실성 속에서 몇 달, 몇 년씩을 풀죽어 살게 하는 것이야말로 비정한 일일 것이다. 곧바로 버스에서 내리게 함으로 사람들로 하여금 스스로의 삶을 꾸려가게 하는 것이 비록 고통스러운 일이라 할지라도 피차에게 유익하다."[3] 스데반 목사는 하나님이 벧엘템플교회를 이렇게 성공시켜준 이유가 바로 자신의 리더십 팀에 있다고 칭찬한다. 그중에서도 특히 브렛 니콜슨 Bret Nicholson 행정목사가 진가를 발휘했다고 힘주어 말했다. 브렛은 오랫동안 그 교회를 다닌 성도였는데 스데반 목사가 현재의 자리로 영입한 인물이었다. "브렛 목사의 임명은 그야말로 탁월한 선택이었습니다." 그는 칭찬을 아끼지 않았다. "브렛 목사는 인내심을 갖고 모든 일을 꼼꼼하게 처리합니다. 그는 제가 제시하는 비전을 해석하고, 그것들을 실천합니다."

대조적으로, 벧엘템플교회와 비교하기 위해 선정한 3곳의 교회는 교역자를 선별할 때 전통적인 방식을 따랐다. 자리가 공석이 되면 똑같은 업무를 맡을 수 있는 사람들로 채우려고 했다. 교회의 역사가 진행되는 흐름 속에서 그 자리에 그 사람을 채용하는 것이 최선인가를 결코 따지지 않았다. 만약 교육부서가 공석이 되면 바로 교육담당 사역자를 찾았다. 또 협동목사 자리가 비었으면 그 자리를 채우고자 협동목사를 찾았다.

---

3) Ibid., 53.

더군다나 3곳의 비교대상 교회 모두, 누군가가 '적임자'라고 생각했기 때문에 성장을 내다보고 미리 교역자로 앉힐 사람을 데려오거나 혹은 사역담당 부서에 교역자를 추가 모집하는 예는 한 번도 없었다. 혹시 직무 부서가 그 당시에 공석이 아니라면 제아무리 적합한 인물이 있다 해도 팀에 합류시킬 생각은 꿈도 꾸지 못했다. 그들은 평소대로 일을 처리했으며 그 결과 완만한 침체 현상이 확실한 노선으로 자리 잡게 되었다.

구조에 관한 문제

사람과 일을 동시에 추구할 때 양면 중 한쪽은 구조다. 여기서 말하는 구조란 포괄적인 용어로, 날마다 교회를 움직이는 데 꼭 필요한 기본 설비, 프로그램, 조직 체계 같은 하부조직까지 다 포함하는 말이다.

> 『좋은 기업을 넘어 위대한 기업으로』에 친숙한 독자는 짐 콜린스의 '사람 먼저, 다음에 할 일'이라는 분석이 급성장하는 교회의 '사람-일 동시 추구'의 접근 방식과 어긋난다고 생각할지 모른다. 하지만 그렇지 않다. 콜린스의 '일'이란 조직체의 비전이고, 이 책에서 다루는 '일'은 구조를 가리킨다. 교회를 보면 구조 면에서 열악한 곳이 너무 많다. 그러므로 리더십은 사람을 다룰 때 이 문제도 동시에 처리해야 한다. 이 2가지 사안을 개선하지 않으면 건강하게 성장하는 위대한 교회로 나아갈 수 없게 된다.

이원상 목사는 1977년, 워싱턴에 있는 한인중앙장로교회 담임목회자가 되었다. 그가 부임했을 당시 교회 구조는 개선해야 할 곳이 너무 많았다. 예를 들어, 당회는 성경적인 장로의 기능을 다하지 못했다. 이 목사는 변화를 시도했고 결과적으로 장로들의 책임과 권한이 축소되는 듯했다. 그러자 장로 서너 명이 교회를 떠났다(사람과 일을 동시에 공략한 셈이다).

처음 이 교회는 버지니아 주 알링턴에 있는 트리니티장로교회Trinity presbyterian Church에서 모임을 가졌다. 그러나 1981년 한인중앙장로교회 성도가 많아지자 임대 건물로는 수용이 불가능했다. 교회 부지를 찾아 건축하기까지 꼬박 4년이 걸렸다. 그리고 1985년 11월, 신축 건물에서 입당예배를 드렸다. 이후, 교회는 계속 부지를 확보하고 건물을 신축해서 2003년에는 출석 인원이 4천 명을 육박했다.

계속해서 한인 2세대가 증가하자 또 다시 구조개편이 시급한 상황이 되었다. 미국에서 태어난 세대는 통상적으로 영어식 예배를 더 좋아한다. 하지만 한국에서 온 이민자는 한국어 예배를 더 선호했다. 영어식 예배와 한국식 예배를 신설해야 할 필요성을 느끼게 되었을 때, 이 목사는 모든 것을 충족시킬 수 있는 방향으로 교회를 이끌었다. 2003년부터 한인중앙장로교회는 주일날이면 7부 예배를 드렸다. 오전 예배는 7시 45분, 9시 15분이었는데 9시 15분에는 2곳에서 동시에 예배를 드렸다. 그 다음 시간대는 오전 10시 45분, 오후 12시 30분, 오후 3시 30분이었다.

한인중앙장로교회가 구조 개편을 통해 그렇게 추진할 수 있었던 이유는 교회의 비전을 따라간다는 명분이 있었기 때문이다. 하지만 비교대상 교회는 하부 조직 개편을 다른 방식으로 접근했다. 39개 교회 중 30개 교회가 변화를 결정하면 뒤따르게 될 직접적인 갈등 혹은 잠재적 갈등 때문에 구조 개편의 필요가 절박한데도 단행하지 못했다. 비교대상 교회 중 한 교회에서는 기존 건물 4에이커acre 면적으로는 현재 출석 인원 500명을 수용하기에 역부족인데도 건축 이전이 부결되었다. 더 많은 부지를 확보하려는 시도 역시 실패했다.

이 교회는 옮겨야 할 이유가 명백함에도 왜 거부하고 있는가? 교회의 중직자들이 115년의 전통을 가진 예배당에 대해 강한 애착을 갖고 있기 때문이다. 만약 그런 시도를 한다면 목사가 사임을 하든지 아니면 재정을 줄이겠다고 협박했다. 그 교회는 이미 완만한 하락의 조짐을 드러내고 있다. 출석 인원이 지난 3년간 거의 100명이나 줄었다.

어떤 비교대상 교회는 교회의 진짜 필요와는 관계가 없어 보이는 곳에 구조 개편을 하고 있다. 한 교회는 예배당을 신축했는데 구건물이 공간이나 사용 면에서 훨씬 더 적합했다. 왜 그런 결정을 내렸을까? 교회에서 영향력을 행사하는 사람들이 그런 발상을 했다. 예배 장소를 새로 만들면 교회가 더 돋보일 거라는 생각에서였다. 뭐가 돋보이는지 우리는 확실히 모르겠지만 지난 7년간 출석률은 줄어들고 있다.

> 비교대상의 교회 중 여러 교회가 구조 개편을 했다. 하지만 교회의 비전이나 장래의 필요에 대해 이렇다 할 생각도 없이 추진한 일이었다. 한 교회는 새로운 집사 임명을 반대하여 지난 15년간 집사 8명만이 계속 그 자리를 차지하고 있다. 직분자 임명을 한 번도 하지 않았던 것이다. 새신자가 들어와도 몇 사람의 손 안에서 교회가 움직인다는 사실을 알게 되면 결국은 떠나가고 만다. 그 교회는 12년간 계속 출석률 감소를 보이고 있다.

사람과 일을 동시에 추구하는 문제에 있어서
사도행전 5장과 6-7장의 리더 비교

　우리는 사도행전 5장과 6-7장에서 보여주는 리더 중 가장 높은 수준에 있는 이들의 차이점을 구분하는 데 특별히 더 관심을 가졌다. 사도행전 6-7장의 영적 유산을 남기는 리더와 사도행전 5장의 담대한 리더를 비교했을 때, 이들은 사람과 일을 동시에 공략하는 이 문제에 어떻게 접근한 것인가? 첫째, 우리는 차이점보다는 유사점이 더욱 많다는 것을 인정해야 했다.

　구조 개편의 문제들에 관해, 사도행전 5장의 리더는 사도행전 6-7장의 리더만큼 신속하게 움직였다. 구조를 급하게 갈아치우는 대담한 시도를 하는 것은 사도행전 5장의 리더들에게서 보이는 전형적인 방식이었다. 두 타입의 리더 모두 필요한 변화를 이루고자 하는 각오와 열망이 있었던 반면, 변화를 시도할 때 회중에 대한 양쪽 리더의 반응이 각기 달랐다.

　각각의 리더를 면담한 결과 중요한 구조를 바꿀 때 뒤쳐져있다고 여겨지는 성도들이 있다면 그들에 대해 더 많은 염려를 표하는 쪽이 사도행전 6-7장의 리더였다. 예를 들어, 앞에서 설명했듯이 중요한 변화 때문에 성도를 놓친 적이 있었던 스데반 쉬밤바크 목사의 탄식하는 모습이 그러하다. 마찬가지로 1상에서 다룬 네쉬빌에 있는 템플교회의 마이클 그레이브스 목사의 간증도 동일하다. 이 담임목사는 교회 내의 분열그룹을 만나서 목회자가 진행하려는 변화에 그들의 동의를 구하고 그들을 합류시키기 위해 다양한 시도를 반복했다.

> 이 시점에서 분명하게 드러나는 중요한 사항은 '순서'라는 것이다. 사도행전 5장의 리더와 비교대상 교회 목회자는 동일 인물이 아니다. 또한 비교대상 교회 중에 사도행전 5장의 목회자는 한 사람도 없었다. 기억하라. 우리가 연구한 모든 목회자 중 이 자격 요건에 적합한 인원은 겨우 3%였다. 비록 그것이 가장 높은 수준은 아닐지라도 이 정도 수준의 리더십을 갖고 있는 사람을 만난다는 것은 드문 일이다. 사도행전 6-7장의 리더는 우리가 연구한 모든 목회자들 중 1%에도 못 미쳤다. 우리가 사도행전 5장과 6-7장의 리더를 비교한다는 것은 본질적으로 좋은 리더와 탁월한 리더를 비교하는 셈이다.[4]

반대로, 우리는 사도행전 5장의 리더가 서로 화해하기 위해 특별한 노력을 기울이는 것을 보지 못했다. 조사팀 중 한 사람도 이런 목회자를 냉정하다거나 무정한 자로 묘사한 적은 없다. 하지만 그들은 의도적으로 교회 내의 반대 그룹을 붙들지 않겠다는 결정을 내리고 있다. 그들의 사역 철학은 분명했다. 적극적으로 해야 할 일도 많은데 소중한 시간을 비난하는 자들을 달래기 위해 소비할 수 없다는 것이다.

우리는 사도행전 6-7장의 리더의 태도가 우리의 직관에 반하는 것처럼 보였다는 것을 인정해야 했다. 왜 그들은 바뀔 것 같지 않은 사람들에게 제한된 시간과 에너지를 쏟아부으려고 했는가? 왜 그들은 교정의 기미가 전혀 보이지 않고, 집요하게 비난만 하는 그룹을 붙들려고 노력했는가?

이런 질문에 대한 답변은 미리 준비된 자료에서 나올 수 없다. 드러난 자료로 설명할 수 없는 부분이지만 목회자가 겪은 위기가 충격이 되어 가장 큰 소리로 비난하는 자까지도 수용하려는 마음을 갖게 만드는 것 같다. 급

---

[4] 리더십 수준의 백분율을 산출해낸 연구결과에 대한 설명을 보려면 2장을 참조하라.

성장하는 교회 목회자 중 한 사람의 이야기를 들어보자. "제 말이 비현실적이라는 걸 저도 알아요. 그러나 저는 한 사람도 뒤처지게 내버려두고 싶지 않아요." 그가 이런 말을 하자 우리는 이구동성으로 "왜죠?"라고 물었고, 그는 이렇게 대답했다. "저는 이 교회에서 사임을 요구받은 적이 있어요. 그래서 치유와 소망의 장소가 되어야 하는 교회에서 상처받는 심정을 잘 알아요. 저는 누군가가 제가 느꼈던 그런 아픔을 겪는다는 걸 생각만 해도 견딜 수 없어요."

사람을 다루는 문제에서는 사도행전 6-7장의 리더나 5장의 리더 사이에서 발견된 사항이 있었다. 예를 들어, 급성장한 교회에서 사역하는 목회자의 평균 재직 기간은 12.5년이었지만 사도행전 5장의 리더가 있는 비교대상 교회 교역자의 평균 재직 기간은 6.8년이었다.[5]

급성장하는 교회의 사역담당 교역자는 전형적으로 자신의 교회에서 그들을 지지했던 3가지 요인을 주장했다. 첫째, 그들은 자신이 섬기는 교회가 소유한 강력하고 분명한 비전에 대해 이야기했다. 둘째, 그들은 그들이 섬기는 담임목사의 역동적인 리더십을 분명하게 언급했다. 셋째, 우리가 이야기를 나눈 대부분의 교역자들은 담임목사가 얼마나 탁월하게 성도들을 돌보는가에 대해 말했다.

사도행전 5장의 리더를 두고 있는 교회의 사역자는 전형적으로 그들을 그

---

[5] 다시금 강조하거니와 상대적으로 협소한 우리의 자료를 가지고 독단적인 결론을 낼 수 없다는 사실을 미리 인정하고 들어간다. 급성장한 교회 가운데서 38명의 교역자로부터 재직 기간에 관한 자료를 입수할 수 있었다. 사도행전 5장의 리더가 있는 교회에서는 71명의 교역자로부터 자료를 얻었다.

교회에 묶어두고 있는 요인으로서 첫 번째, 두 번째 사항을 인정했다. 그러나 담임목사가 얼마나 돌봄의 사역을 잘하는가에 대해서는 들어본 적이 거의 없었다. 하지만 사도행전 5장의 목회자가 무정하다고 받아들여지지는 않았다. 단지 그들은 우리가 사도행전 6-7장 목회자의 삶 가운데서 보았던 부분인 한 개인에 투자하는 돌봄에 시간을 투자하지 않았을 뿐이다.

> 우리가 연구한 이 시점에서, 평균 재직 기간이 21.6년인 급성장한 교회에서 '인물'에 관한 이 정보를 읽을 때 명심하기 바란다. 사도행전 6-7장에 속한 지도자들은 그들이 교회에서 장기재직함으로 많은 실수를 하게 되었고, 그것을 수정할 기회가 되었다고 느낀다. 그들 모두는 초창기의 사역 때보다 지금 '사람'을 다루는 문제가 훨씬 더 나아졌다는 것을 허심탄회하게 인정한다.

'사람'에 관하여 급성장한 교회에서 배운 핵심 교훈들

급성장한 교회가 '사람'이나 '일' 중 어느 한 곳에 우선순위를 두었다는 뚜렷한 양상은 나타나지 않는다. 우리가 교회의 운영방안에 대해 결론을 내릴 때 일과 사람 양쪽을 동시에 공략하는 것으로 결론을 내린 것도 바로 이러한 이유에서다.

그러나 사람과 구조에만 연관시켜 거기서 나타나는 두드러진 특징을 살펴보았을 때, 몇 가지 결정적인 결론을 낼 수 있었다. 먼저 급성장한 교회에서 우리가 배운 교훈을 살펴보도록 하자.

『좋은 기업을 넘어 위대한 기업으로』에서 짐 콜린스는 3가지 실천 지침을 뽑아냈다.

1. 의심스러울 때는 채용하지 말고 계속 지켜보라.
2. 사람을 바꿀 필요가 있다는 것을 알게 되면, 즉시 시행하라.
3. 최고의 인재를 문제가 가장 큰 곳이 아니라 기회가 가장 큰 곳에 배치하라.

이 3가지 지침 중 지침 1, 2를 차용해서 살펴보도록 하겠다.

의심스러울 때는 채용하지 말고 계속 지켜보라

급성장한 교회는 종종 힘든 길을 통해 교훈을 얻었다. 가능한 한 빨리 빈자리를 채우고자 했던 지난 경험의 결과는 말하기조차 끔찍했다. 과거에 그들은 사람을 찾고 있던 부서의 지도자가 교회에 꼭 필요한지에 대한 올바른 판단을 내리지 못했다. 뿐만 아니라 빈자리를 채우는 일에만 급급했던 적도 있었다. 그들이 배웠던 중요한 교훈은 잘못된 사람을 앉히기보다는 공석으로 두는 것이 더 낫다는 것이다. 어느 급성장한 교회의 목회자는 사역 초창기에 얻었던 뼈아픈 교훈을 들려주었다.

"제가 그 교회에 2년 정도 재직했을 때의 일입니다. 그때 부교역자 자리가 공석이었습니다. 교회 중직자들은 그 자리를 채워야 한다고 했습니다. 이유는 언제나 부목사가 있었기 때문이라고 했습니다. 저는 부목사가 왜 필요한지, 그리고 그에게 어떤 일을 맡겨야 좋을지 생각을 못했습니다."

그러던 중 다른 교회 성도가 한 사람을 추천했다. 자신이 잘 알고 있는 사람인데 운이 좋지 않아 쉬고 있다는 것이다. 정말 좋은 사람이라는 말에 목회자는 얼른 찾아가서 만나보고, 교회의 승인을 받아 사역팀으로 데려오도록 주선했다.

그 목사는 탄식을 했다. "재난은 불 보듯 뻔한 일이었습니다. 저는 그가 갑작스럽게 사임을 했던 이전 교회에 전화를 했습니다. 이전 교회 목회자의 평가에 따르면 사람은 좋지만 적임자는 아니었다고 했습니다. 그런 말을 들으면 뭔가 깨닫고 바뀌는 부분이 있어야 했는데…. 만약 그가 그렇게 좋은 사람이라면 자기 교회에 붙들어두지 사람을 시켜서 우리 교회에 추천했겠습니까?"

그 목사는 계속 말을 이어갔다. "다른 교회에서 왜 적임자가 아니라고 말했는지 3주가 지나자 느낌이 왔습니다. 그는 게으르기가 이루 말할 수 없었답니다. 그리고 도무지 자기가 맡은 일을 하는 법이 없었습니다. 하는 일이라고는 오로지 사람들을 상담하는 것이었고, 거기서 자기만족을 얻는 것 같았습니다. 그러나 상담은 그에게 맡겨진 일이 아니었습니다."

급성장한 교회는 잘못된 사람을 팀에 합류시키기보다는 기다리는 게 더 낫다는 것을 배웠다. 또한 일단 인사문제에 관련해 착오가 발생하면 어떻게 처리해야 할지에 대해서도 중요한 교훈을 얻었다.

즉시 실행하되 비정하게 대하지 말라

물론 그 목회자의 이야기는 잘못된 사람을 사역팀에 합류시켰다는 것을 발견하는 선에서 그치지 않았다. 이제 목회자와 교회 중직자는 사람을 잘못 세운 문제를 어떻게 처리해야 할지에 대해 고민하게 되었다.

당시를 회상하며 그는 이렇게 말했다. "우리도 대부분의 다른 교회처럼 아무런 손을 쓰지 못했습니다. 그 점에 대해 이야기를 나누고 초조한 마음에 부산하게 돌아다니다가 결국 그를 만나 우리의 입장을 털어놓았습니다. 하지만 그때까지도 손을 쓸 수 있는 상태는 아니었습니다. 어떤 갈등이 야기될지 알고 있었기 때문에 어떻게든 문제는 피하고 싶었습니다. 어느 날 아침에 일어나면 기적처럼 문제가 해결되어 있기를 상상하기도 했답니다."

그러나 상황은 악화되었다. 새로 부임한 부목사는 그때까지도 자신이 해야 할 기본적인 업무를 하지 않았다. 자신의 업무에 상담 영역은 하나도 없다는 사실을 알고 있으면서도 보란 듯이 상담에 더욱 박차를 가했다.

"뭔가 조치를 강구해야겠다는 결정을 내리게 되었을 무렵 우리는 실제로 난감한 입장에 처했습니다. 이 부목사는 자신이 상담해준 성도와 그들의 가족을 상대로 대단히 친밀한 관계를 형성했습니다. 그를 사임시켜야겠다는 뼈아픈 결정을 내렸을 때 우리는 많은 성도를 잃었습니다. 대대적인 실수를 회복하는 데도 꼬박 2년이 걸렸습니다."

급성장한 교회의 목회자는 인사 문제가 원활하지 못할 때 즉각적이면서도 인정을 베푸는 쪽으로 처리하는 법을 배웠다. 만약 사임이 유일한 해결책이라고 여겨진다면 사임하는 사람에게 해직 수당을 넉넉히 주는 경우가 있었다. 어떤 교회는 사임 후에도 일정 기간 동안 일이나 사역 혹은 상담을 맡길 정도로 후한 대우를 했다.

담임목사가 우리에게 들려준 말이다. "우리 역시 이 교훈을 힘들게 배웠답니다. 혹시 주의가 요구되는 어떤 상황을 계속 방치한다면 상황은 더 나빠질 뿐입니다. 처리하는 모든 과정은 그리스도께서 보여주신 방식대로 해야 합니다."

교회에서 사람을 잘못 임명했을 때 해결하기 위한 평신도에게도 동일한 철학이 적용되지 않을까? 급성장한 교회에서는 몇 가지 조건이 붙지만 그렇게 한다는 말을 들었다. 통상적으로 교회 리더십은 평신도가 관련된 원만하지 못한 사역 상황에는 사사건건 간섭하지 않는다. 하지만 평신도가 핵심적이고 영향력을 행사하는 지위에 있을 때는 직접 나선다. 그 대가는 종종 엄청나지만 속수무책으로 있는다면 희생은 더욱 커질 뿐이다. 급성장한 교회의 여러 목회자들로부터 이야기를 들은 후, 조사팀은 적재적소에 배치하지 못한 사람을 다룰 때 대단히 비슷한 패턴이 있다는 점에 주목했다. 우리는 교회의 3가지 접근법을 함구Closure, 동정심Compassion, 전달Communication이라 하고 이것을 3C라고 부르겠다.

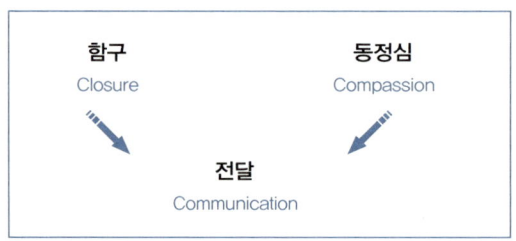

첫째, 급성장한 교회는 문제의 소지가 있는 사람의 안건을 계속 떠벌리지 않았다. 그런 결정을 내리는 것이 힘들다 해도, 그들은 조용하게 일단락을 지었다. 그러나 관계된 개개인에 대해서는 동정심을 갖고 대했다. 일부 기업체의 결정권자(그리고 그 문제와 관련해서 많은 교회들의 결정권자)와 달리 급성장한 교회의 목회자는 '예수님이라면 이 상황을 어떻게 조정하셨을까?'를 생각하면서 판단을 내렸다. 그러면 당연히 사랑과 동정의 자세로 나

아가게 된다.

급성장하는 교회가 보여주는 독특한 특성으로 분명한 의사전달을 꼽아야 할 것 같다. 핵심 부서에 있는 사람들에게 영향을 미치는 결정은 어떤 것이든 명백하게 밝혀야 한다는 것이 그들의 계속되는 주장이다. 해고나 전출의 이면에 있는 이유를 분명하고 빠르게 알리지 않으면 여기저기서 온갖 소문이 끊이지 않을 것이다. 물론 기밀 문제를 드러내서는 안 되겠지만 왜 그런 결정을 내리게 되었는지 성도들이 충분히 납득할 만한 정보를 주어야 한다.

능력Competency만큼 중요한 것이 화합Compatibility이다

급성장한 교회는 팀에 합류시킬 사람을 구할 때 최고의 자격요건만 따지지 않았다. 사역에 임할 때 적합한 인성과 목회철학을 가진 사람을 찾았다. 이런 교회에서는 '팀'이라는 개념이 대단히 중요하다. 팀으로 하는 운동경기를 관찰해 보건대 우리는 가끔 특출한 선수들이 많은데도 서로의 호흡이 맞지 않아 경기를 불리하게 이끄는 것을 보게 된다. 교회에서도 같은 일이 일어날 수 있다. 급성장한 교회는 협동 사역을 잘하는 고도의 능력을 갖춘 인물이 얼마나 중요한지 잘 알고 있다. 사실 이런 교회의 평신도와 교역자 그룹은 사역의 팀워크를 설명할 때 수십 번도 넘게 공감이라는 단어를 사용했다. 그들의 몇 가지 견해를 살펴보자.

- 우리 목회자들은 믿을 수 없을 정도로 마음이 서로 맞습니다. 다음번에는 각자 어떻게 움직일지 예상할 수 있을 정도로 우리는 서로의 마음을 읽을 수 있습니다.

- 하나님이 우리 교회를 축복하시는 방식에 대해 자신의 공로라고 말할 사람은 아무도 없습니다. 그건 순전히 팀원들의 노력입니다.
- 우리 교역자들은 마음이 너무 잘 통한답니다. 우리들 대부분은 10년 동안 함께 생활했습니다. 이 교회에서 사역하는 것은 즐겁고 기쁜 일입니다.
- 저는 우리 중 누구도 슈퍼스타라고는 생각하지 않습니다. 우리는 하나 같이 무명의 개인이지만 함께 일을 해낼 때는 엄청난 일이 일어납니다.
- 다른 교회로 갈 수 있는 기회가 수십 번도 더 있었습니다. 하지만 저는 이 교회처럼 마음이 하나 되어 일하는 곳은 어디에서도 찾을 수 없다고 생각합니다. 제게는 여기보다 더 좋은 곳은 이 세상에 없는 것 같습니다.

> 비교대상 교회 사역자를 대상으로 인터뷰한 결과, 교역자의 능력에 관해 급성장하는 교회보다 더 많이 언급하는 것을 보고 적잖이 놀랐다. 급성장하는 교회의 교역자를 비교대상 교회와 대조해보았을 때, 그보다 더 우위는 아닐지라도 그들만큼은 유능하지 않나 생각한다. 하지만 급성장하는 교회의 목회자는 끊임없이 교역자의 화합에 동일한 비중을 두거나 그보다 더 높은 점수를 매기는 경우도 종종 있었다.

교역자에 대한 심한 간섭은 실패로 가는 지름길이다

나는 최근에 레이너 그룹에 컨설팅 서비스를 의뢰한 한 교회의 평신도 중직자들과 초기 면담을 마쳤다. 토론을 하던 중에 우리 팀원들은 평신도들이 목회자-평신도 연합모임에 대해 여러 번 언급하는 걸 들었다. 그런 말이 다섯 번이나 나오자 이 컨설팅을 선두 지휘하는 존 에워트John Ewart가 단도직입적으로 물었다. "왜 목회자-평신도 연합모임 기구 같은 게 있는 겁니까?"

그런 질문을 던지자 교회의 일부 목회자가 놀란 듯한 인상을 지었다. 한 평신도 중직자가 소리를 높였다. "목회자-평신도 연합모임은 목사님이 해명도 하고 설명도 할 수 있는 모임입니다. 목사님은 매주 우리를 만나 자신이 현재 무슨 일을 하고 있는지, 그의 사역에 관한 정보를 우리에게 계속 알려줍니다. 그리고 우리는 성도들 가운데 어떤 반응이 있는지를 알려드립니다. 목사님에 대한 부정적인 의견도 이야기할 수 있어서 즉시 그 문제를 처리할 수 있도록 해드립니다."

존 에워트와 나는 서로를 바라보면서 단 한 마디로 반응을 나타냈다. "오, 예!" 우리 두 사람이 각기 사역한 교회를 합치면 7개 교회인데, 매주마다 평신도 중직자 모임에 보고를 한다는 것은 상상조차 할 수 없는 일이었다. 그리고 그때마다 사사건건 트집을 잡힌다면 아마도 미쳐버릴 것이다.

급성장한 교회의 목회자는 누구의 관할하에 있다는 것에 개의치 않았다. 그러나 사사건건 간섭받는 것은 몹시 싫어했다. 그 정도의 간섭이 필요하다고 여겨진다면 직접 겪는 입장에서는 오히려 하던 일도 제대로 못하게 될 것이다. 급성장하는 교회의 담임목회자는 사사건건 간섭받지 않는다. 그리고 그들 역시 함께 동역하는 자들을 간섭하지 않는다. 이런 교회에서 사람을 관리하는 양상은 일관성이 있다.

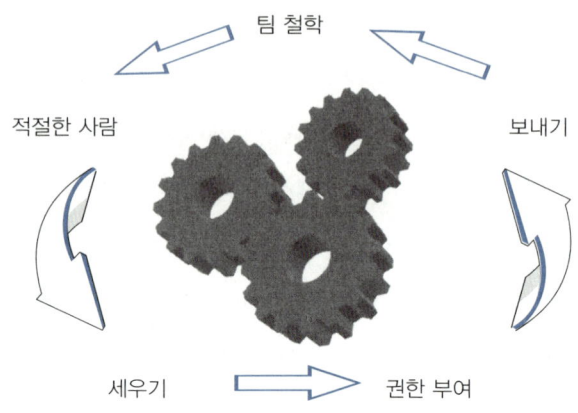

표 5-B 사람 관리 패턴

급성장하는 교회 안에 강력하게 자리 잡고 있는 문화는 교역자와 평신도 중직자 간의 동료의식과 따뜻한 마음이다. 이러한 풍토는 적절한 사람을 발견해서 감당해야 할 사역의 역할을 완수할 수 있도록 사람을 세우는 바탕이 된다. 이렇게 해서 일단 세워지면, 그들은 권한을 부여받아 자신이 맡은 일을 실행한다. 그때가 되면 어떤 감시 체제나 감독자에 대한 염려 없이 자유로이 사역할 수 있는 여건이 조성된다.

이런 신뢰와 자유의 분위기가 조성되면 교회는 적임자를 영입할 수 있는 기회가 많아진다. 데이비드 코브David Cobb는 캘리포니아 주 새크라멘토 근처에 있는 나사렛 교단인 페어필드새생명교회에서 예배 및 예능 담당 목사로 일하고 있다. 코브 목사는 담임목사인 존 해리스Jon Harris에 대한 찬사를 아끼지 않는다. "이 교회에 끌리는 것은 담임목사의 비전 때문입니다. 여기 앵글로 계에 속한 교회가 저를 받아들인 것이 약간 의외였습니다. 저는 흑인계 미국인이지 않습니까?"

페어필드새생명교회에서 코브 목사는 어떤 경험을 했는지 그의 말을 들어보자. "저는 오전 예배의 모든 프로그램을 총괄 감독하고 있습니다. 거기에는 미디어, 음악, 그리고 드라마까지 다 포함됩니다." 이 교회의 환경은 일단 사람을 세웠으면 목회자들이 재량껏 일할 수 있도록 신뢰와 자유의 분위기가 확실히 보장해준다. 코브 목사의 말을 들어보면 그는 소그룹도 맡고, 장년부 사역도 담당하고 있다고 했다.

이런 자유와 신뢰의 문화에서 그는 자신의 역량을 키워낸 것이다. 교회 역시 성장해왔다. 1992년 해리스 목사가 교회에 도착했을 때 예배 출석 인원은 94명이었다. 그 후 1997년까지 그 교회는 전혀 성장하지 못했다. 그런데 2003년에 접어들자 출석 성도가 712명으로 뛰어올랐다.

두말할 것도 없이 우리 조사팀은 급성장하는 교회가 사람을 다루는 모든 '인사' 결정에 대해 진한 감동을 받았다. 하지만 이러한 교회가 '사람'과 '일', 이 2가지 모두를 동시에 추구하고 있었음을 다시 한번 생각하기 바란다. 우리는 '일'에 대해서도 중요한 교훈을 얻었다.

'일'에 관하여 급성장하는 교회에서 배운 핵심 교훈들

오하이오 주 클리블랜드에 있는 은혜교회는 기독교선교연맹에 소속되어 있으며 38년간 도널드 쉐퍼donald Schaeffer 담임목사가 이끌고 있다. 1998년부터는 아들 쉐퍼 목사가 그의 뒤를 이었다. 이 부자의 리더십으로 교회의 평균 예배 출석 인원이 58명에서 1천 663명으로 뛰어올랐다. 그러나 은혜교회는 1979-1990년대까지 전혀 성장이 없었다. 도널드 쉐퍼 목사는 1985년 교회성장세미나에 참석하면서 ABC 모멘트를 겪었다. 평소대로 해나간다는 철학은 더 이상 수용할 수 없었다. 일일이 간섭하지 않아도 스스로 할 수 있는 재능을 구비한 교역자를 찾는 '인사' 문제가 계속 강조되곤 했다. 목회자의 채용 방식은 직선적이었다. "저는 교역자를 세울 때 언제나 자극을 주어야 하는 온순한 말보다 길들여야 하는 야생마를 채용할 궁리만 하고 있었어요." 이번에 쉐퍼 목사가 단행한 변화가 있다면 교역자를 세워 사역 초창기에 그들과 더욱 긴밀한 관계 속에서 사역을 진행하는 것이었다. 그 시기가 지나면 아무런 방해를 받지 않고 일할 수 있기 위한 조치였다.

필요한 영역이 많이 있었기 때문에 '일'이라는 구조적인 사항은 문제의 소지가 더 컸다. 소그룹이 부족했다. 리더는 그 부분을 위해 자원 할당을 늘릴 것을 강조했다. 리더십 개발을 위한 방식과 구조를 설립한 후 새신자가 교회에 적응할 수 있도록 새로운 수단을 모색해 실천에 옮겼다. 예를 들어, 은혜교회는 새신자나 리더나 직급에 상관 없이 그들에 대한 기대치를 높였다. 그렇게 시도한 결과 성도들의 일체감이 한층 높아졌다. 지금 이 교회는 새로 등록하는 성도마다 연락과 친교를 목적으로 하는 '인 터치'In Touch 코스를 12주간 밟도록 규정하고 있다.

구조적인 변화에는 설비, 시설 분야의 개발도 다수 포함되어 있다. 개발 분야에서 가장 인상적인 변화는 1996년 예배당을 새로 건축하여 이전한 것이었다. 하지만 교회의 리더는 일을 좀 더 크게 벌이지 못한 것을 아쉬워한다. 팀원인 크리스 본츠Chris Bonts는 그들의 기분을 이렇게 표현했다. "교역자마다 한 마디씩 던지는 말이 예배당 건물을 처음 지을 때 공간을 훨씬 더 넓게 잡았어야 했는데 그 실수가 안타깝다고 하더군요. 비록 1996년에 건물을 신축해서 이사했지만 급속하게 공간이 좁아지고 있기 때문에 그들은 지금 800만 달러가 드는 대공사를 진행 중입니다."

다른 모든 급성장하는 교회와 마찬가지로 은혜교회 또한 ABC 모멘트 후에 즉시 '사람'과 '일', 2가지 모두 쇄신시키는 작업을 시도했다. 이루어야 할 일이 너무 많았기 때문에 동시 추구를 하는 이 노선만이 유일한 선택이었다. 앞서 '사람'의 중요성에 대해 이미 서너 가지 교훈을 다루었으므로 '일'에 관련된 핵심 교훈을 살펴보도록 하자.

교회는 존립의 목적이 무엇인지를 알아야만 한다

너무 단순하게 들릴지도 모르지만 교회가 무엇을 해야 하는 곳인지 알려면 교회가 왜 존재하는지 그 이유를 알아야 한다. 구조에 관련된 어떤 결정을 내리더라도 교회의 목적에 기반을 두고 있어야 한다.

성경적인 관점에서 보면 교회의 분명한 목적은 하나님께 영광을 돌리는 것이다. 하지만 급성장하는 교회가 발견한 것은 '어떻게'라는 요인들이었다. 우리가 사역을 하는 동안 어떻게 하면 그 일들을 통해 하나님께 영광을 돌리게 될까?

목적이 이끄는 모델의 영향력과 특징이 이 질문에 대한 명백한 해결책이라는 것이 분명하게 드러났다. 릭 워렌이 이 모델을 발표하자 찬성과 반대의 양극단으로 흐르는 여론도 생겼다.[6] 하지만 비난의 목소리를 높이는 많은 사람이 오해하는 부분이 있다. 그것은 목적이 이끄는 모델이 새로운 프로그램이나 최신식 접근 방식이 아니라는 것을 파악하지 못한 데서 비롯된다. 오히려 이 모델은 '교회는 무엇을 하도록 되어 있는가?'라는 질문으로 시작하는 사역의 철학으로 보아야 할 것이다.[7]

구조적인 사안은 구조가 필요한 이유를 이해하는 것에서부터 시작된다. 새로운 설비를 가지고 무슨 일을 해낼 것인지, 사실 파악이 안 된 상태에서 건물에 수백만 달러를 투자하는 교회를 수없이 많이 보았다. 이것만이 아니다. 어느 교단이나 잘 나가는 사역 단체에서 제공하는 새로운 프로그램이 나오면 무조건 그것을 수용하는 교회가 수두룩하다.

존재 이유[8]를 표현하기 위해 목적에 이끌리는 패러다임을 채택하는 교회들[9]이 있는 반면 어떤 곳은 사역을 위한 뼈대로 지상명령을 종종 인용하는데, 그중에서도 대표적인 것이 마태복음 28:18-20이다. 하지만 본질적인 문제는 구호를 외치거나 프로그램을 채택하는 데 있는 것이 아니라 교회가

---

6) 여기서 내가 원조originator라는 용어 대신에 개념을 밝혀낸 사람articulator이라고 쓴 이유는 릭 워렌의 모델이 성경에 근거를 두고 있기 때문이다. 특별히 사도행전 2:42-47에 이 개념이 잘 드러나고 있다. 그렇다고 해서 워렌 박사가 교회에 제시한 놀라운 통찰력을 훼손시킬 의도는 조금도 없다.
7) 목적이 이끄는 모델The Purpose Driven model은 수년간 카메오CAMEO: Contemporary Approaches to Ministry, Evangelism and Organization, 사역, 전도, 조직체에 대한 새로운 접근 방식이라는 명칭으로 표현해서 사용해오던 문구다. 그것이 릭 워렌의 저서인 『목적이 이끄는 교회』The Purpose Driven Church와 『목적이 이끄는 삶』The Purpose Driven Life라는 영향력 있는 책을 통해 더욱 유명세를 타게 되었다. 이 책들은 수백만 부가 팔렸으며 현재도 전 세계에 있는 지역교회에 엄청난 영향을 미치고 있다.
8) 목적이 이끄는 모델은 예배, 전도, 제자화, 사역, 친교라는 교회의 5가지 목적을 분명히 밝히고 있다. 나는 사도행전 2:42에 분명히 명시되어 있는 기도를 교회의 여섯 번째 목적이라고 주장했다.
9) 대 위임명령을 교회의 존재 근거가 되는 사명 선언문으로 사용하는 대부분의 교회는 마태복음 28:18-20은 복음 전도의 촉진제라고 진술한다. 하지만 그것은 분명히 그보다 훨씬 더 깊은 의미를 갖고 있다. 그 구절이 전하려는 내용은 모두 제자화, 예배, 사역이다. 다시 말해서 목적이 이끄는 모델이나 대 위임명령 모델이 교회에 적용되는 방식은 대단히 유사하다고 본다.

그 일을 하는 이유와 목적이 무엇인지를 이해하는 데에 있다. 교회가 이런 실상을 파악하지 못해도 굳이 해가 될 것은 없겠지만 구조적인 변화 자체가 무의미한 것이 되고 말 것이다.

설비와 교회의 위치는 목적은 아니지만 대단히 중요하다

급성장하는 교회는 교회의 위치나 훌륭한 설비가 교회의 문제를 해소하는 만병통치약이 아니라는 인식을 갖고 있었다. 그러나 궁색한 위치, 좁은 면적, 그리고 열악한 시설이 성장에 방해가 될 수 있다는 사실 역시 고려하고 있었다.10) 비교대상 교회는 성도들 사이에서 일어나는 욕구에 기반을 두고 설비나 위치를 결정짓는 경향이 있었다. 만약 성도 중 영향력 있는 인물이 자신이 원하는 것을 충족시키기 위해 더 멋진 친교실을 갖기 원한다면, 그쪽으로 방향을 돌리곤 했다. 급성장하는 교회 역시 성도의 열망을 무시하지는 않았다. 하지만 설비문제에 대한 결정이 잃은 자와 교회를 다니다 낙심한 영혼들을 전도하는 일에 긍정적인 영향을 주는지에 대해 집요하게 평가했다.

비교대상 교회 성도는 설비와 위치를 자신의 욕구와 소원의 문제로 간주했기 때문에, 변화를 주어야 하는 근본적인 이유를 제시하면 거세게 반발했다. 교회를 이전해야 하는 시급한 상황에 처한 비교대상 교회의 평신도 중직자와 면담을 가졌다. 그중 한 사람이 이런 말을 했다. "우리 교회는 아마

---

10) 『불신자를 교회로 이끄는 신선한 전도혁신』으로 번역된 원제 *Surprising Insights from the Unchurched* 는 불신자들에 관한 나의 연구서인데, 이 책에는 비그리스도인들을 전도하려면 설비가 대단히 중요하다는 사실을 지적하고 있다. 이 책의 후속편으로 불신자들에 관해 좀 더 깊이 조사한 것이 『우리가 교회에 안 가는 이유』 *The Unchurched Next Door*, (Grand Rapids: Zondervan, 2003)이다.

제가 죽어야 다른 곳으로 옮기게 될 겁니다." 그 교회는 최근 교회 이전 문제에 대한 제안을 부결시켰다.

급성장하는 교회는 설비와 위치를 수단으로 보되 매우 중요한 것으로 간주한다. 반면에 비교대상 교회는 종종 이런 요인을 목적 그 자체로 본다.

소그룹은 교회의 활력소가 되는 필수요인이다

급성장하는 교회는 성도들의 건강한 영적 성장과 교회 사이에 연결고리를 갖게 하는 요인이 소그룹이라는 사실을 간파하고 있다. 혼자서 예배만 드리고 가는 성도는 무기력하게 교회를 떠돌기 쉽다.[11] 급성장하는 교회는 그것이 어떠한 형식의 모임이든 간에, 소그룹에 중점을 두었다. 그들은 소그룹에서 이루어지는 관계 맺기의 중요성을 이해하고 있었다.

비교대상 교회도 모두 소그룹 형태의 구조로 편성되어 있었다. 그러나 비교대상 교회 39개 중에서 8개 교회만이 소그룹의 목적을 분명하게 수립하고 운영하면서 그 부분을 강조하고 있었다.

> 교회 소그룹의 구조를 조사할 때, 우리는 폐쇄형 소그룹과 열린 소그룹에 특별히 초점을 두고 관찰했다. 배타성을 띤 폐쇄형 소그룹은 마치는 시간이 정해져있고 중간 등록이 허용되지 않는 경우가 종종 있었다. 반면, 열린 소그룹은 시간이나 회원 변경이 자유로웠고, 새로운 사람이 언제나 들어올 수 있도록 개방되어 있었다. 이런 그룹의 특징은 구성원간에 지속적인 관계가 이루어진다는 점이다.

---

[11] 이 문제를 연구한 내 저서 『높은 기대치』 *High Expectations*를 참고하기 바란다.

지도계층의 직급이 분명하게 규정되어 있다

급성장하는 교회에서 우리는 교역자, 집사, 장로와 같은 핵심 중직자 그룹의 역할을 즉시 구분할 수 있었다. 비교대상 교회 39개 중에서 24개는 각 직급에 대한 구체적인 역할에 대해 상당한 혼선이 빚어지고 있었다.

어느 비교대상 교회를 조사하는 과정에서 우리는 장로와 집사가 동석한 가운데 면담을 하게 되었다. 특별한 역할이 무엇인지 물었을 때, 그들은 무질서하게 많은 책임을 열거하기 시작했다. 그런 다음 의견이 엇갈리자 서로 언성을 높였다. 고함 소리가 커졌고 결국 우리가 싸움을 말려야 할 지경이 되었다. 이 교회는 지난 5년간 출석 인원이 37%로 감소했다.

사람과 일에 관한 마지막 관찰:
진지하면서도 재미있는 문화

『좋은 기업을 넘어 위대한 기업으로』에서 짐 콜린스는 이렇게 말한다. "좋은 회사를 위대한 회사로 키운 팀의 멤버들이 전환기 이야기를 하는 걸 듣고 있노라면 참으로 인상 깊다. 시절이 암울하고 임무가 막중했을지라도 이 사람들은 즐겼다!" 신기하게도 우리 역시 이와 동일한 현상을 발견했다. 조사팀이 관찰한 내용 중 일치하는 의견을 들어보면, 급성장하는 교회의 교역자와 평신도 모두가 기뻐하는 모습이 유난히 인상적이었다고 한다. 그중 한 명이 이런 말을 했다. "이 사람들은 그저 즐기는 것 같아요."

그렇다고 해서 그들이 사역을 진지하게 받아들이지 않는다는 말은 아니다. 우리는 다음 장에서 이들의 열정을 살펴보게 될 것이다. 이들은 하나님이 불러서 시킨 일에 대해 정말 진지한 태도로 사역에 임하고 있었다. 그러면서도 성심성의껏 사역을 한다는 것과 즐겁게 일한다는 것이 서로 동떨어진 개념이라고 생각하지 않았다. 그들이 반복해서 들려준 말은 자신이 무엇을 하도록 부름받았으며 그것을 왜 해야 하는지를 이해한다면 사역이 즐거워진다는 것이었다.

진지하면서도 재미있는 이런 구조나 문화는 앞으로 이 교회의 교역자나 성도가 될 사람들에게는 일차적인 매력이다. '일'이 '사람'을 끌어당기는 것이다. 사람들은 목적을 가지고 살아가기를 원하며 자신의 교회 역시 목적을 갖기 원한다. 날마다 방황하면서 이리저리 헤매기에는 인생이 너무 짧다. 그러므로 즐길 수 있는 교회는 위대한 교회에 사람들이 쉽게 생각할 선택 사항 중 하나가 아니다.

하나님이 불러서 성취하도록 하신 특별한 비전을 더욱 분명하게 이해하는 이런 분위기 속에서 교회의 환경이란 더할 나위 없이 중요하다. 그러므로 사람과 일을 동시에 추구하면 비전은 더욱 분명히 드러난다. 그것이 어떤 방식으로 진행되는지 다음 장에서 살펴보자.

핵심 내용 요약
사람-일 동시 추구

❶ 급성장한 교회는 ABC 모멘트를 경험한 후 올바른 하부구조와 적절한 사람을 찾는 노선을 동시에 추구했다.

❷ 우리가 정의하는 하부구조는 설비, 위치, 리더십 그룹, 조직 방법, 그리고 소그룹이 다 포함되어 있다.

❸ 급성장하는 교회는 부적합한 사람을 앉히기보다는 장기간이라도 공석으로 두는 경우가 있었다. 그들은 의심스러우면 기다리는 것이 더 낫다고 귀띔해주었다.

❹ 인사문제에서 실수가 있거나 사람을 잘못 앉힌 사실이 명확히 드러날 때, 급성장하는 교회는 민첩하면서도 동정 어린 자세로 대처했다. 비교대상 교회는 그런 상황에서 민첩하게 행동하지 못하는 경향이 있었다. 그 결과 상황이 더욱 악화되었다.

❺ 삐걱거리는 인사문제에 대한 대책을 강구할 때 민첩하고 애정어린 태도로 접근하는 과정을 종결, 동정심, 의사 전달이라는 용어를 써서 3C로 설명했다. 특별히 의사 전달은 급성장하는 교회에서 뚜렷하게 드러나는 요인이었다. 인사결정이 이루어질 때, 교역자 측에서는 그런 결정을 하게 된 이유를 회중들에게 분명하게 전달했다. 반대로 비교대상 교회는 회중들이 모르게 진행한 예가 있었다.

❻ 교회는 사역할 교역자를 선정할 때, 능력을 화합보다 더 중요시했다.

❼ 급성장하는 교회는 담임목사와 교역자의 세세한 간섭을 실패의 지름길로 간주했다.

❽ 급성장하는 교회에서 뼈대를 탄탄하게 구축하는 가장 중요한 비결은 교회의 목적을 이해하는 것이었다. 릭 워렌이 밝혀낸 목적이 이끄는 방식은 몇몇 교회에 상당한 영향력을 끼쳤다. 급성장하는 교회에서 시설이나 위치는 목적이 아닌 수단이지만 대단히 중요한 것이다.

❾ 급성장하는 교회는 화합과 전도의 활성화를 위해 소그룹에 자원을 쏟아부었다.

❿ 대다수의 비교대상 교회와 달리, 급성장하는 교회는 장로, 집사, 교역자와 같은 핵심 지도층의 역할을 명확히 이해하고 있었다.

⓫ '진지하고 재미있는' 문화는 급성장하는 교회에서 흔히 접할 수 있는 현상이었다.

I don't know the key to success, but the key to failure is to try to please everyone

Bill Cosby

6장
VIP 요인

> 나는 성공의 열쇠가 무엇인지 모른다. 하지만 실패의
> 열쇠는 모든 사람의 마음에 들기 위해 애쓰는 것이다
> **빌 코스비**

『좋은 기업을 넘어 위대한 기업으로』에서 짐 콜린스는 '고슴도치 컨셉'(3가지 범주에서 추출한 단순한 개념)이라는 중요한 개념을 설명하고 있는데 이 장에서 다루게 될 내용은 그 부분을 모방했다. 짐 콜린스의 '고슴도치 컨셉'이 3가지 원의 교차 지점에서 생겨나는 것과 마찬가지로 우리도 이번 장에서 3가지 원의 교차점을 축으로 하여 내용을 전개했다.

급성장하는 교회는 각자의 교회에 필요한 비전을 발견하는 일에 그다지 관심이 없다. 오늘날에는 교회를 이끄는 목회자가 비전을 발견하는 데 도움을 주는 유용한 책자들이 엄청나게 쏟아지고 있는데 어떤 이에게는 그런 진술들이 우스꽝스러워 보일 수도 있다.

이 말을 주의 깊게 새겨듣기 바란다. 우리가 급성장하는 교회로 선별한 13개 교회는 각자에게 적합한 비전에 대해 깊은 관심을 기울인다. 이들은 그 비전을 정말 중요하게 생각한다. 또한 그들은 그저 비전을 발견하는 차

원에서 멈추지 않는다.

나는 세계 곳곳에 있는 목회자와 교회의 중직자를 대상으로 공동 사역을 하는 가운데 공통점을 발견할 수 있었다. 다수의 목회자가 개교회에 적합한 비전을 발견하지 못해서 안달이었다. 그것을 인식하지 못하니 전달할 수도 없고 전달할 비전이 없으니 교회를 이끌어갈 구심점이 없었던 것이다.

한 비교대상 교회 담임목사의 푸념을 들어보라. "저는 지난 5년 동안 이 비전을 확립하고자 무던히 애를 썼습니다. 책을 보고 세미나도 참석했습니다. 그리고 저에게 자비를 베풀어 달라고 하나님께 간구했습니다. 그런데 이제 와 생각해보니 도대체 제가 5년 동안 뭘 했는지 모르겠습니다. 저는 지금 혼란과 좌절의 늪으로 빠져드는 기분입니다."

급성장하는 교회의 목회자가 이런 식의 비명을 지르는 것을 우리는 들어본 적이 없다. 또한 비전을 발견하고자 어떤 노력을 기울였다는 소리도 듣지 못했다. 하지만 현재 그들은 명백하고도 강력한 비전을 품고 있다. 어떻게 그것이 가능했을까?

어떤 비전도 없이 교회로 일어서다

오하이오 주 컬럼버스에 있는 케노스기독공동체는 강점을 지닌 교회다. 내가 의미하는 강점이란 전통을 현대식으로 바꾼 그런 측면이 아니다. 오히려 이 교회의 목회자와 교인들은 세상과 구별되는 근본주의 기독교를 신봉하고 있다.

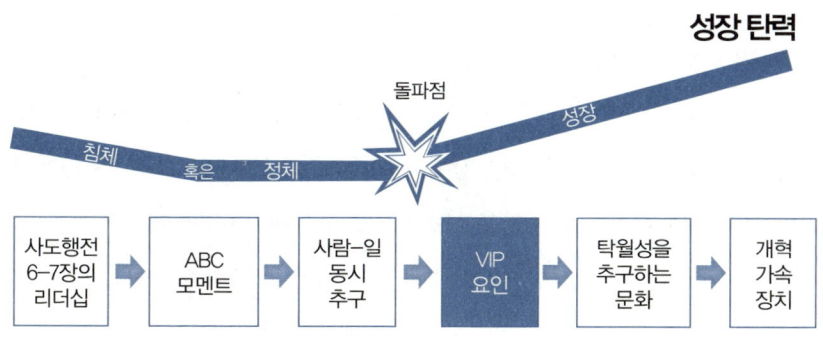

표 6-A VIP 요인

1970년 오하이오 주립대학 학생 몇 명이 하숙집 지하실에서 비밀 신문을 인쇄하기 시작했다. 신문의 명칭은 피쉬The Fish로 정했다. 물고기fish를 뜻하는 헬라어 익투스Ichthus가 초대 교회 시절에 예수 그리스도는 '하나님의 아들이며 구세주이다'라는 의미로 사용되었다는 것을 알고 있었기 때문이었다.

이 모임은 곧 정기적으로 모이는 말씀 양육센터가 되었다. 피쉬하우스펠로우십The fish house fellowship으로 알려진 이 모임은 1970년대 초반 사상적으로 어수선한 시기를 겪으면서 여기에 대한 해결책을 찾는 학생을 끌어당겼다. 초창기부터 이 모임은 사람을 끌어당기는 강력한 힘을 갖고 있었는데, 이곳의 특징은 교회를 다니다가 쉬고 있거나 마음이 상한 자들이 모여 신앙을 회복하거나 주님을 영접한다는 점이었다.

1982년이 될 때까지 그 모임은 교회로 발전하지 못하다가 그해에 케노스 기독공동체라는 이름을 달게 되었다. 명칭만 보아도 비전을 짐작할 수 있었다. 교단의 색깔 없이 복음 전파에 중심을 둔 이 교회는 이제 출석 성도 4천 명에 150명의 교역자를 둘 정도로 눈부신 성장을 이루었다. 그들의 교회사를 보면 이런 내용이 진술되어 있다. "케노스_{Xenos}라는 명칭은 교회의 모습을 이루기 위해 우리가 고심하는 많은 부분을 아우르고 있다. 헬라어 케노스는 '비어있는'의 뜻인데 이방 땅에서 유숙하는 나그네인 그리스도인에게 있어서 마지막 본향이 천국임을 성경적으로 나타낸 것이다. 이 명칭은 나그네를 친절히 대접하는 사람에게도 적용된다. 우리는 우리가 몸담고 있는 세상과 하나 되기를 원하는 한편, 사랑과 희생을 통해 세상과 구별되는 삶을 살고자 한다."

방금 언급한 이 문구는 분명하고도 강력한 비전이다. 그러나 케노스기독공동체는 이 비전을 찾느라 고심하지 않았다. 이 교회보다 좀 더 전통적인 대부분의 다른 급성장하는 교회들 역시 그 문제로 고민하지 않았다. 13개 교회에서 나타난 공통적인 현상은 하나님의 특별한 계획을 발견하기 위해 힘들게 헤매기보다는 오히려 비전이 그들을 '찾아냈다'는 점이다.[1] 조사를 통해 우리는 수수께끼 같은 이 비전에 대해 급성장하는 교회들 간에 흥미로운 유사점이 있다는 것을 알아냈다.

VIP 요인을 발견하다

비교대상 교회 중 한 교회는 비전을 설명하는 소책자를 갖고 있었는데 그

---

[1] 이 장을 통해 이런 용어를 보충 설명하겠지만 지금 내가 사용하고 있는 단어의 의미를 명확하고 구체적으로 밝히고자 한다. 비전이란 특정 시간에 특정 교회를 향한 하나님의 특별한 계획이다. 사명은 모든 교회를 향한 하나님의 목적이다. 거기에는 예배, 전도, 제자화, 기도, 사역 및 친교가 다 포함된다. 따라서 비전은 개 교회마다 독특한 특성을 가진 반면, 사명은 모든 교회가 공통적으로 다루어야 할 사항이다.

것은 마치 공학 기술 관련 학교에서 출판한 매뉴얼처럼 보였다. 이와 대조적으로 급성장하는 교회의 놀라운 특징 중 하나는 문제의 핵심을 파악해서 명료하게 전달하는 것이다. 즉, 급성장하는 교회는 간단하고 직선적인 표현을 더 선호한다.

이들은 비전을 발견하고 전달하기 위해 계획안을 정교하게 수립하지 않았다. 그렇지만 이들 안에서 드러나는 공통적인 패턴이 있었다. 우리는 그것을 VIP 요인이라고 부르는데 '비전 교차도'Vision Intersection Profile의 첫 글자를 딴 것이다.

만약 VIP가 짐 콜린스의 고슴도치 컨셉과 유사하다는 생각을 하고 있다면 그것은 우연의 일치가 아니다. 우리는 3개의 원이 교차하는 고슴도치 컨셉에 관한 짐 콜린스의 설명을 교회에 적용하면 멋질 것이라고 생각했다. 그리고 우리는 본래 그가 배치해놓은 이 3개의 원에서 고슴도치 컨셉의 '경제 엔진'Economic Engine을 '지역의 필요'Community Needs로 바꾸기로 했다.

표 6-B는 급성장한 교회의 비전 개념을 깔끔하게 그려내고 있다. 하나의 원은 지도층의 열정을 나타낸다. 도약을 이룬 목회자는 모두 사역에 대한 명백하고도 강력한 열정을 소유한 인물이었음을 생각해보자. 2장에서 다룬 리더십의 6단계 중 열정은 사도행전 4장 리더십의 핵심 요인이었다. 두 번째 원은 회중의 열정과 은사를 보여준다. 될 수 있으면 이 부분은 짤막하게 끝내려 한다. 세 번째 원은 회중이 몸담고 있는 지역사회를 나타낸다. 급성장하는 교회는 지역사회가 있다는 것을 인식하는 차원을 넘어서서 지역사회의 필요, 갈망, 상처에 민감하게 반응한다.

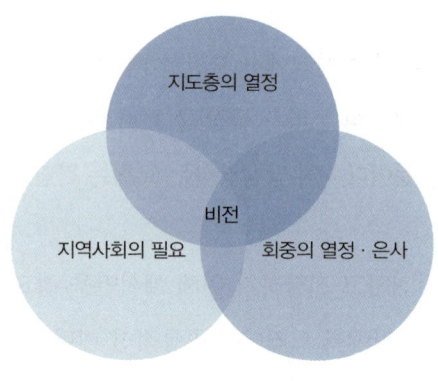

표 6-B 비전 교차도

비전 교차도의 3가지 영역을 분명히 설정해놓은 교회는 비전도 분명하게 드러났다. 리더의 모든 열정이 회중의 열정이나 은사와 동일한 것은 아니지만 부분적으로 서로 교차하는 영역이 있다. 지역사회의 모든 욕구가 리더와 회중의 열정이 만나는 영역과 동일한 것은 아니지만 여기에도 교차하는 지점이 있다. 이처럼 3개의 원이 겹치는 부분에서 교회는 비전을 알게 된다.

『좋은 기업을 넘어 위대한 기업으로』에서 짐 콜린스는 이런 말을 한다. "좋은 회사에서 위대한 회사로 도약한 기업과 비교대상 기업의 본질적인 전략 차이는 다음과 같은 2가지 근본적인 특징에 있다. 첫째, 도약에 성공한 기업은 3가지 핵심 범주, 나중에 우리가 3개의 원이라고 부르게 된 것에 대한 깊은 이해를 바탕으로 전략을 세웠다. 둘째, 그들은 그 이해를 단순 명쾌한 개념, 고슴도치 컨셉으로 바꾸어 모든 활동의 지침으로 삼았다." 2)

3개의 원이 겹치는 부분을 파악하기만 하면 되는 이 단순성은 급성장하

---

2) 짐 콜린스, 『좋은 기업을 넘어 위대한 기업으로』 Good to Great, (Harper Collins), 95.

는 교회가 가진 두드러진 특징이다. 6장을 시작할 때 케노스기독공동체를 부각시켰기 때문에 이 교회가 어떻게 분명한 비전을 포착하게 되었는지, 그 과정을 철저히 살펴보기로 하자.

> 우리가 조사한 결과 급성장하는 교회는 문서로 작성해놓은 비전 선언문 같은 것이 별로 없었다. 반대로, 비교대상 교회의 70% 이상이 비전 선언문을 문서로 작성해두고 있었다. 비교대상 교회의 목회자는 회중 앞에 걸어놓을 수 있는 아이디어만 포착하면 사람들이 따라올 것이라고 생각하는 모양이다. 기록한 내용을 가지고 따지자면, 도약을 달성한 급성장하는 교회의 목회자는 문서로 작성하기 오래전에 비전을 발견했다.

케노스기독공동체에서는 VIP 요인이 어떤 식으로 작동했을까?

2장의 내용을 떠올려보면 알겠지만, 케노스기독공동체는 현재의 교회의 모습을 갖추기까지 고민이 많았다. 1991-1994년 사이에 출석 인원이 3천 800명에서 2천 400명으로 감소했다. 이 교회의 갈등을 이런 식으로 분석하는 것이 문제를 지나치게 단순화시킨다고 생각할지 모르지만, 문제의 본질을 파고 들어가 보면 혼란스러운 비전이 갈등의 한 요인이었다.

상당수의 성도가 떠난 것은 교회가 조직적이고 세속화되어가기 때문이라고 생각했다. 그들은 허물없이 정을 나누던 피쉬하우스펠로우십 시절을 그리워했다. 그들은 부지를 구입하여 건축하려는 지도층의 움직임에 반대했다. 물론 필요한 기금조성에도 동조하지 않았다.

케노스기독공동체에는 교회를 상담하는 장소로 생각하는 무리들이 상당한 비율을 차지하고 있었고, 1990년대 초기까지 상담 사역이 주축을 이루고 있었다. 그러나 그 밖의 많은 성도는 상담 사역이 이상한 방향으로 흘러가는 것을 우려했다. 그들이 보기에 그 사역은 성경과 다소 거리가 있었고, 오히려 세속적인 방식을 더 많이 도입하는 것 같았다.

그 속에서도 윌로우크릭공동체교회Willow Creek Community Church를 모델로 전략을 개발해보자는 미약한 시도가 이루어졌다. 특별히 사역 네트워킹 쪽으로 전환해보자는 움직임이었다. 교회의 지도층은 윌로우크릭공동체교회가 전개하는 사역을 마음으로 지지하고는 있었지만 그 모델이 케노스기독공동체에 적합하다고는 생각하지 않았다.

이때쯤 또 다른 분파가 생겨났다. 이들은 이적 위주의 은사 사역이 교회의 비전을 가장 잘 나타낼 수 있다고 생각하는 것 같았다.[3] 이런 유형의 은사파는 가정 모임을 할 때마다 우후죽순처럼 번져서 세력이 점점 더 확산되었다.

이 정도면 교회 안에 어떤 종류의 갈등이 난립하고 서로 부딪쳤는지 충분히 상상할 수 있을 것이다. 하지만 그런 와중에도 지도층은 땅을 매입하고 시설을 확장하는 쪽으로 사역을 진행했다. 그리고 급속도로 불어나서 강력한 세력을 구축하고 있던 상담 사역을 중단시켰다. 극단으로 흐르던 은사파

---

3) 대체로 이적은 방언, 방언 통역, 기적(종종 치유 예배에서 보여짐) 및 예언의 말씀으로 나타난다. 케노스기독공동체 안에 있는 이 그룹 또한 빈야드교회의 영향을 받았는데 그들이 드리는 예배는 일명 '토론토 블레싱'이라고 불리는 약간 특이하면서도 비성경적인 부분이 나타난다고 한다.

가 공식적으로 비판받았다. 분리파들이 성도들의 투표로 지도부 교체를 시도했지만 실패로 끝났다. 그것을 계기로 교회를 떠난 성도는 1천 200-1천 500명이라는 엄청난 숫자를 기록했다.

케노스기독공동체는 갈등에서 헤어나오고자 몸부림쳤다. 하지만 이 교회만 유별나게 갈등을 겪은 것은 아니다. 지도층과 성도가 팽팽하게 맞서다가 서로 마음이 상하게 되면 대다수 교회의 목회자는 스스로 교회를 떠난다. 꼭 그렇다는 것은 아니지만 성도의 1/3정도가 떠나버리면 교회가 온전히 회복되지 않는 것이 일반적인 현상이다. 하지만 케노스기독공동체는 회복되었을 뿐만 아니라 지금은 더 활기차게 뻗어나가고 있다.

비전을 재발견하다

교회마다 대개 그렇듯이 케노스기독공동체 역시 사명 선언문을 가지고 있다. 그리고 대다수의 교회처럼 그 내용 역시 어느 교회나 적용할 수 있을 정도로 개념의 폭이 넓다.

교회는 그리스도의 사역을 확장시키는 도구로서 세상 사람들을 하나님과 화목하게 만들기 위해 존재한다 고후 5:19. 그러므로 케노스기독공동체는 하나님께 가까이 나아갈 수 있도록 사람들을 도와주는 역할을 한다. 이 사역은 먼저 사람들을 권유하여 예수 그리스도께서 예비해두신 용서의 선물을 받아들이도록 한다. 우리는 하나님의 사랑에 반응하도록 모든 사람을 격려함으로써 영적 성장을 일으키도록 헌신하는 자들이다. 그것을 위해 우리는 하나님과 사람들을 향해 예배와 사랑의 섬김으로 나아간다. 특히 우리는 교회의 식구들과 그리스도를 알지 못하는 지역사회 및 국내에 살고 있는 비그리스도인들에게 우리의 자원을 활용한다. 뿐만 아니라 범위를 넓혀 열방의 기독 공동체를 섬기는 일에도 우리가 가진 것을 나누고자 한다.

광범위한 영역을 다루는 이 선언문은 어떤 교회에서도 사용할 수 있을 것이다. 그것은 오하이오 주 콜럼버스에 있는 케노스기독공동체의 역사와 독특한 상황에만 국한되지 않지만 이 교회는 다른 교회가 흉내낼 수 없는 독자적인 비전을 분명하게 제시하고 있다. 탐방 결과 성문화된 특별 선언서 같은 것은 없었지만, 우리 팀은 이 교회의 명확하고 강력한 비전을 간파했다. 우리는 이 비전에 '사람 낚는 제자들'이라는 명칭을 붙였다.

> 여기서 사명이라고 말하는 것은 일반적인 진술이다. 교회의 목적을 포괄적으로 진술한 것이 사명이다. 반면, 비전이란 교회가 설립된 특정 시기에 그 교회를 향한 하나님의 특별한 계획을 의미한다는 것을 명심하기 바란다.

우리는 케노스기독공동체의 이 비전이 그 교회의 역사와 현재를 아우르는 토대가 된다고 믿는다. 비전 교차도로 돌아가서 이 비전이 어떻게 사용되는지를 살펴보자.

VIP: 지도층이 깊은 열정을 가진 일

지도층이 품고 있는 사역의 열정을 보면 비전을 결정짓는 중요한 구성

요인 한 가지가 있다. 데니스 맥컬럼Demis McCallum과 그레이 들래쉬무트Gray DeLashmutt는 케노스기독공동체의 지도급 목회자이다. 맥컬럼은 본래 물고기라는 기독교 지하 신문을 시작했던 오하이오 주립대학 학생시절부터 이 교회에 몸담고 있었다. 소란한 시대에 대한 해답을 찾는 학생들로 붐비게 되었을 때, 이들에게 복음을 전하여 주님의 제자로 삼아야겠다는 무리 가운데 맥컬럼도 있었다. 들래쉬무트도 주님을 모르는 상태에서 이들의 모임장소로 우연히 발길을 향한 학생들 중 하나였다. 그는 복음을 듣고 제자가 되었고, 그 역시 길 잃은 자를 전도하며 갓 태어난 그리스도인을 제자 삼는 일에 열정을 갖게 되었다.

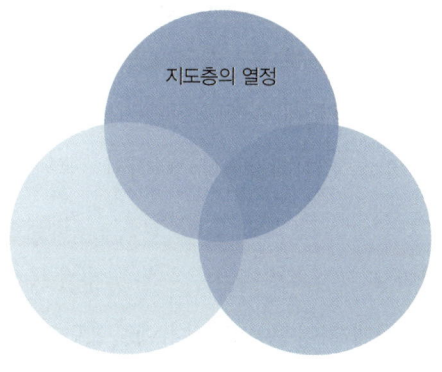

비전 교차도

지도층이 깊은 관심을 품고 있던 열정은 우리가 케노스기독공동체를 찾아갔을 때 명백하게 드러났다. 교역자와 평신도를 면담했을 때 연구팀원인 로라는 맥컬럼 목사에게 사역에 대한 열정을 말해달라고 직접 부탁했다. 그는 조금도 망설이지 않고 이렇게 답했다. "한 사람을 제자 삼아 그가 또 다른 제자를 낳는 것입니다. 만약 한 사람을 그리스도인 제자로 양육하면 복음을 전하게 될 것이고 그러면 교회 성장은 저절로 이루어지는 거죠." 맥컬럼 목사는 1970년부터 케노스기독공동체에 몸담고 전임자들과 함께 일했다. 30년이 지난 지금까지 한 사람을 제자 삼는 그의 열정은 식지 않았다.

들래쉬무트 목사 역시 동일한 열정을 품고 있다. 그가 책임을 맡고 있는 많은 사역 중에는 주말마다 본부에서 가르치는 성경공부와 설교 시간이 있다. 1991-1994년에 일어났던 교회 갈등에 관한 질문을 던지자 그는 회복의 열쇠가 비전에 초점을 맞추는 것이었다고 대답했다. 즉, 초신자를 훌륭한 리더로 양성해서 직접 복음을 전할 수 있도록 만드는 것이었다.

케노스기독공동체를 답사한 거의 모든 영역과 지도층에서 다음의 주제가 계속해서 나왔다. 만약 성경대로 그리스도인을 훈련한다면, 삶 속에서 복음 전하는 일이 자연스럽게 몸에 배어 참된 신자로 양육된다는 것이다.

VIP: 회중이 열정과 은사를 갖고 있는 일

1994년 남침례신학교 학장으로 오기 전까지 나는 목사로 4개의 교회를 섬겼는데, 당시 내 자신의 리더십이 얼마나 아둔했던가를 생각할 때마다 탄식이 절로 나온다. 지난 목회 생활 동안 나는 성도가 자신의 영적 은사를 발견하고 개발하는 일에 사역의 상당부분을 할애했다.[4]

---

[4] 영적 은사를 발견하는 이 과정에는 영적 은사에 관한 성경적인 설교와 가르침 후에 평신도를 촉구하는 시간이 있다. 또한 교회의 지도자를 대거 소집해서 영적 은사에 관한 세미나를 이틀 동안 개최하는가 하면 수백 명의 교인에게 영적 은사 목록을 배부해서 자신이 가진 은사를 체크하도록 한다.

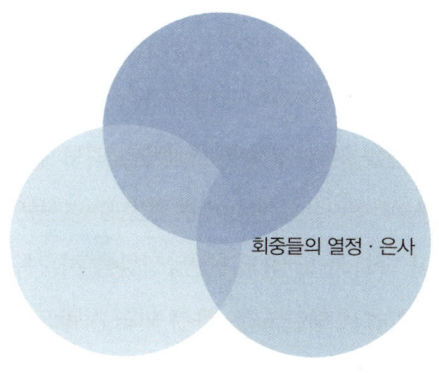

비전 교차도

광범위하고 긴 절차를 거치고 많은 회중이 자신의 영적 은사를 파악한 후, 나는 이제 그들이 자신의 은사를 활용할 때가 되었다고 선포했다. 하지만 그들의 역량을 펼칠 수 있는 장소에 대한 계획이나 절차도 없었다. 강단이나 여러 모임에서 종종 말하던 사역을 위해 내 자신의 열정을 보충할 수 있는 방향성도 제시하지 못했다. 진작 케노스기독공동체를 알았더라면 많은 것을 배울 수 있었을 텐데 그게 몹시 아쉽다.

급성장하는 교회가 비전을 발견하는 두 번째 핵심 요인은 회중이 열정과 은사를 갖고 있는 일을 파악하는 것이다. 이 요인은 VIP 도형에서 두 번째 원에 해당한다.

케노스기독공동체는 1990년대 초반에 심각한 혼란기를 맞이했다. 그때의 화두는 1970년대 이후부터 뚜렷하게 모습을 드러냈던 회중의 열정과 은사를 지도층의 열정과 어떻게 조정하느냐에 달려있었다. 하지만 성도들의 열정이 동일한 것은 아니었다. 어떤 이들은 상담 사역에 열을 올리는 리더 그룹을 따르는가 하면 은사파들도 있어서 그쪽으로만 치닫기도 했다.

하지만 지도층이 인식하기로는 다수의 회중, 어쩌면 성도 중 2/3가량이 길 잃은 영혼들에게 복음을 전하는 것과 새신자의 멘토가 되어 그들의 성장을 돕는 쪽에 더욱 열심이 있다는 것을 알고 있었다.[5] 한동안 지도층에서는 이런 분리파 그룹들이 각자의 노선대로 신앙생활을 하도록 내버려두었다. 과거의 교회사를 돌이키면서 혜안慧眼을 가진 몇몇 사람은 처음부터 이 문제와 정면 승부했더라면 위기의 심각성을 줄일 수 있었을 것이라며 아쉬워한다.

> 교회의 지도층이 자신의 비전에 대해 분명한 열정을 보였을 때 2가지 결과를 가져온다. 첫째, 일부는 그 비전에 호감을 품지 못해서 회중에 합류하지 않는다. 만약 그들이 등록 성도라면 아마 각자의 열정과 은사에 더 적합하다고 생각되는 교회를 찾아 떠날 것이다. 둘째, 다른 일부는 그 비전이 작더라도 자신이 품고 있는 열정과 은사 중 어느 한 부분을 반영하고 있기 때문에 교회로 이끌린다. 어느 쪽이든 결과는 성도들이 지도층에서 제시하는 비전과 사역에 대단히 밀착하게 된다는 결론이 나온다.

케노스기독공동체의 성도 1/3이 나가버리는 바람에 장로들은 맥컬럼 목사에게 교회의 방향과 비전을 문서로 작성해줄 것을 부탁했다. 문서는 본래의 비전을 재조명하는 것으로 교회가 매일 그리스도와 동행하는 삶 가운데서 복음을 전파하는 제자를 양성하는 내용이 적혀있었다. 비전의 재정립은 윌로우크릭공동체교회에서 채택한 사역 네트워킹 구조를 중단하게 된 이면의

---

[5] 2/3라는 이 수치는 위기를 겪은 후에도 그 교회에 남아있기로 한 자들과 교회의 본래의 비전에 뚜렷한 열정을 보인 이들을 기초로 해서 나온 것이다.

촉진제가 되었다. 그것을 계기로 해서 케노스기독공동체는 복음 전파와 제자화를 핵심 구조로 삼는 가정 그룹을 지속하게 되었다.6) 교회는 케노스 청지기 팀을 양성했다. 그것은 신앙심이 깊은 장년을 발굴해서 세우는 단체로, 현재는 막강한 세력을 구축하고 있다. 회원이 되려면 교회의 비전에 열심을 넘어선 특심을 품어야 한다. 그리고 타의 모범이 되어 새신자의 멘토가 되려는 의지와 소원을 갖고 있어야 한다. 다시 강조하지만, 교회의 비전은 이 청지기 팀을 양성하면서 더욱 분명해졌다. 일단 회원이 성숙한 그리스도인들로 구성되어 있다는 것이 장점이다. 그들의 역할은 다른 사람을 제자로 삼아 그리스도께 더 순종하는 자들로 세우는 것이다. 여기에는 자신의 믿음을 다른 사람들과 나누어야 하는 필수 과정도 포함되어 있다. 청지기 팀에 가입하려면 많은 자격 요건이 필요하다. 요약 부분만 살펴보도록 하자.7)

- 개인 기도와 개인 성경공부에 지속적으로 시간을 투자한다.
- 일정 기간에 걸쳐 케노스기독공동체의 가정 친교모임에 출석하여 헌신한다.
- 본부에서 가르치는 사역 중 어느 한 곳에 참석하여 헌신한다.
- 일반적으로 내는 교회의 헌금생활을 정기적으로 실천해 기본적인 재

---

6) 월로우크릭공동체교회는 일리노이 주 배링턴 남쪽에서 소문난 곳이다. 케노스기독공동체의 목회자가 월로우크릭공동체교회의 평판을 떨어뜨리는 말을 하는 것을 들어본 적은 없다. 다만 월로우크릭공동체교회가 제시하는 모델이 케노스기독공동체의 구조에 적합하지 않다고 결정한 것뿐이다.
7) 케노스기독공동체의 내부 규정에는 적당히 사정을 봐주는 부분이 전혀 없다. 거기에는 "케노스 청지기 팀의 가입 조건은 극히 까다롭다"라고 명시하고 있다.

정 후원을 한다.
- 명시된 사역을 맡아 봉사하며 리더의 역할을 감당한다.
- 해마다 영성 프로젝트의 한 부분을 맡아서 책임지고 해낸다.
- 성도들 간에 일어나는 분쟁과 갈등을 성숙하게 처리하도록 한다.
- 디모데전서 3장에 제시된 집사의 자격 요건에 합당한 삶을 살아간다.
- 광범위한 학습 과정을 이수한다(최소 6코스가 규정되어 있다).
- 청지기 팀원의 후보자 명단에 이름을 올려 다른 사람의 승인을 받는다.
- 경력 체크에 기꺼이 응하여 교회 지도부와 면담한다.
- 위신을 떨어뜨리는 행동을 삼간다.
- 요청할 경우에는 연말 결산 면담에 응한다.

> 케노스기독공동체의 지도부는 그들이 청지기 팀에 어떤 기대를 하고 있는지 조금도 의심의 여지를 남겨두지 않는다. 케노스기독공동체의 웹사이트를 방문하면 이런 글을 접할 수 있다. "케노스 청지기 팀은 가든 클럽 같은 그런 사사로운 모임이 절대 아니라 그리스도를 위한 헌신적인 일꾼으로 이루어진 단체다. 여기에 동참한 모든 사람은 주님께 모든 것을 양도하기로 굳게 결심한 자들이다. 팀의 참가 자격은 수년간 사역을 해보고 성과를 올린 후에 결정한다. 엄격한 제한에도 매달 점점 더 많은 사람이 가입한다."[8]

길게 나열해놓은 벅찬 요구사항에도 현재 850명 정도의 장년이 참여해

---

[8] 케노스 청지기 팀에 관한 전체 규정을 보려면 http://www.xenos.org/admin/steam.htm 에 접속하기 바란다.

이 교회의 비전의 축을 돌리고 있다. 그리스도인들이 복음 전파의 성숙한 단계로 성장해나가는 것을 지향점으로 삼는 것이 이 팀의 비전이다.

VIP: 지역 주민들이 원하는 부분

가서 제자를 삼아마 28:19 증인이 되라행 1:8는 하나님의 명령에 순종하는 교회라면 반드시 세계를 향한 비전을 품고 있어야 한다. 세계는 이웃이 될 수도 있고 또한 머나먼 어느 대륙이 될 수도 있다. 하지만 어찌됐든 교회는 문턱을 넘어서야 한다는 명백하고도 부담스러운 책임감을 안고 있다. VIP 요인에서 세 번째 원이 바로 지역사회의 필요다.

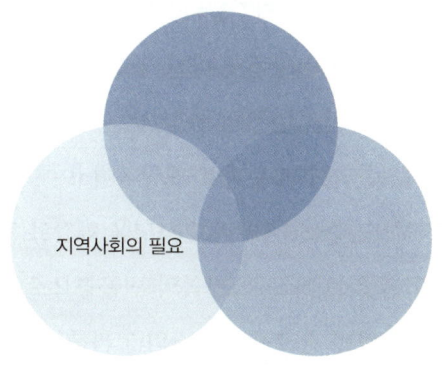

비전 교차도

케노스기독공동체의 전신이었던 동아리들이 모임을 시작하자, 세계가 그들에게로 다가오고 있었다. 세계 각국에서 온 대학생들이 피쉬하우스펠로우십에서 모임을 갖기 시작했다. 그들에게는 깊은 욕구가 있었고, 특히 우리 주 예수 그리스도가 베풀어주시는 용서의 은혜가 절실했다.

비록 초기모임을 가진 이후로 30여 년이 지났지만, 교회의 비전은 명백하게 복음 전파를 고수하고 있다. 케노스기독공동체는 예수님을 구주로 모시고 있는 성숙한 그리스도인이라면 세계를 향한 열정을 품게 될 것이라고 믿는다. 1990년대 초의 상담 사역은 내적요인에 중점을 두고 있었다. 여러 면에서 은사파 그룹 역시 자신에게 초점을 두고 있었다. 이 두 집단의 사역은 외부로 향하고자 하는 교회를 보조하는 수준이 아니었다. 결국 잇따른 갈등이 불가피한 상황이었다.

30여 년이 지났지만 지역민에게 손길을 뻗어 그들의 필요를 충족시켜야 한다는 케노스기독공동체의 열정은 변함이 없다. 그들은 연말마다 한 해의 사역을 결산하는 연간보고서를 발간한다. 성도의 사역을 철저히 조사해놓은 보고서는 항목마다 지역 주민에게 미친 교회의 영향력을 장로들이 직접 평가하도록 되어있다.

여기서 VIP 요인을 반영시키는 정말 매력적이고 독창적인 사역이 하나 있다. 장로들이 도심 빈민층을 돕기 위한 사명을 깨닫고 도시빈민 사역Urban Concern을 시작했다. "우리는 대도시 지역의 빈곤층으로 하여금, 세대에 걸쳐 끊임없이 반복되고 있는 가난과 무기력의 고리를 깨뜨릴 수 있도록 돕는 것을 목표로 한다. 따라서 우리는 이런 지역에 살고 있는 청소년이 자신의 지역사회를 회복시키는 일에 주도적인 역할을 담당할 수 있도록 그들을 리더로 양성하는 일에 전심을 기울인다."[9] 이 사역이 오하이오 주 콜럼버스의 도심지 빈민층을 대상으로 성장과 변화를 일구었을 때, 그것은 그 지역뿐만

---

[9] 이 인용문 역시 교회의 내부 문서에서 가져온 것이다.

아니라 미국 전체의 인정을 받게 되었고 다양한 곳에서 공로를 치하했다. 거기에는 백악관 산하의 촛불재단에서 시상하는 '일천 포인트 달성' 상을 비롯해 월드비전의 '겨자씨' 상, 그리고 콜럼버스 우편국에서 시상하는 '지역 서비스' 상에 이르기까지 무척 인상 깊은 단체들이 포함되어 있다.

또한 케노스기독공동체는 지역사회에서 가장 필요한 것이 무엇인지를 이 사역을 통해 분명하게 인식하게 되었다. 그것은 그리스도의 사랑을 가지고 대도시 빈곤층 청소년들에게 다가가 그들의 삶을 감화시키는 것이었다. 표 6-C는 VIP 요인이 케노스기독공동체에서 어떻게 작용하고 있는지를 시각적으로 잘 나타내고 있다.

지도층의 열정:
복음 전도를 통해
제자를 양성한다.

VIP 요인: 도시빈민 사역-
빈곤의 악순환을 깨뜨리고 도심지
빈곤층 청소년들을 복음화한다.

지역사회의 필요:
도심지 빈곤층 청소년들을 대상으로 사역과 지원을 한다.

회중의 열정·은사:
다른 사람들의 멘토로 성장하고 복음을 전할 수 있는 제자가 된다.

표 6-C 케노스기독공동체의 VIP 요인

비전이 교회를 찾아냈다

도시빈민 사역은 케노스기독공동체가 품고 있는 비전의 한 영역일 뿐이다. 사실은 가정 모임의 독특한 운용이 빈곤층 사역보다 더 많은 사람들을 동참시키고 있다. 그런데도 이 교회가 빈곤층 사역에 강조점을 둔 데는 나름의 이유가 있다. 내가 접해본 교회들 중에서 특별히 앵글로 색슨 족이 우세한 교회에서는 대도시 빈곤층 청소년을 중심으로 하는 사역이 별로 없었기 때문이다.

케노스기독공동체의 지도부는 어느 한 날을 정해서 이 교회가 몇 년 안에 도시빈민 사역을 시작할 것이라고 공언하지 않았다. 대신에 지도층은 전도에 열정을 가지게 될 제자 양성에 열정을 쏟아부었다. 불행히도 오늘날 많은 교회가 제자 삼는 것을 복음 전파와는 별개로 간주한다. 하지만 케노스기독공동체 지도층은 그리스도 안에서 제자가 되는 것을 한 영혼이 성장하여 다른 사람에게 전도할 수 있는 열정과 비례하는 것을 인식시켰다. 이것은 케노스기독공동체의 DNA가 되어 회중들에게 하나같이 이러한 열정과 소망을 품게 했다.

결국 케노스기독공동체는 콜럼버스의 사우스 린덴 지역 안에서 지역민의 긴급한 필요를 찾아냈다. 이곳에 사는 청소년은 지독한 빈곤의 악순환에 시달리고 있었다. 도시빈민 사역을 운영하고 있는 짐 스웨링앤Jim Swearingen은 이런 말을 했다. "교육성과가 부진한 가장 큰 요인 중 하나가 바로 가족의 수입입니다. 만약 우리의 손길을 통해 빈곤층 가정의 아이들이 교육을 제대로 받을 수만 있다면 우리의 사역은 성공적으로 달성되는 겁니다. 고등학교 과정까지 무난히 마치게 되면 어느 정도의 빈곤은 해결되지 않겠습니까?"10)

수천 개의 교회를 상담하고 조사한 끝에 나는 이 사역이 대다수의 다른 교회에서는 쉽게 맺지 못하리라는 결론을 내렸다. 지도층에서도 열정이 없

---

10) 이 사역에 대한 전체 그림을 보고 싶다면 www.urbanconcern.org에 접속하라.

었고, 교회 팀원도 지역 주민에게 그런 필요가 있다는 것을 볼 수 있는 열정과 은사가 없었다. 그렇다고 해서 이런 끔찍한 상황이 영원히 지속되어서는 안 될 것이다. 케노스기독공동체와 일부 교회는 성공적인 도약을 했다. 그러므로 여러분의 교회도 할 수 있다.

케노스기독공동체는 자신들이 이런 부분의 비전을 발견해야 한다는 고민도 하지 않았고 그것을 위해 다양한 도구를 활용한 것도 아니었다. 오히려 빈곤층 사역이 VIP 요인에서 자연적으로 뻗어나왔다. 빈곤층 사역은 복음 전파를 통하여 제자를 양성하는 그 비전을 생생하게 드러내는 실례다.

> 급성장하는 교회가 특색 있게 실시하고 있는 각각의 사역은 교회의 비전 위원회가 고안해낸다고 해서 되는 것이 아니다. 어떤 것은 너무나 기발해서 한 무리의 제갈공명이 머리를 맞대도 나올 수 없는 것도 있다. 오하이오 주 그로브시티에 있는 나사렛그로브시티교회는 매년 수천 명을 전도하는 폭주족 사역을 하고 있다. 협동 목사 스티브 콤즈Steve Combs는 이렇게 말한다. "뜨거운 열정을 간직한 목회자가 나사렛그로브시티교회 사역을 움직여 갑니다." 1999년에 그 교회는 단 한 차례의 예배에서 100명이나 세례를 받는 엄청난 역사가 일어났다.

VIP 요인과 관련된 밀접한 사항들

우리 팀은 비전 교차도를 통해 급성장하는 교회가 비전을 발견하는 과정을 명백히 확인할 수 있었다. 우리가 13개 교회를 개별적으로 조사하고 VIP 요인과 연관된 각 교회의 문제를 파고들었을 때 거기에 관련된 밀접한 사항들이 분명하게 드러났다.

최고로 잘할 수 있는 것을 선택한다(그러나 모든 것을 다 잘 할 수는 없다)

『좋은 기업을 넘어 위대한 기업으로』에서 짐 콜린스는 회사가 가장 큰 장점이 무엇인지, 또한 해낼 수 없는 것은 무엇인지를 파악하는 것이 중요하다고 거듭 강조한다. 우리는 짐 콜린스의 통찰력을 여기에서 다루게 될 내용의 모판으로 삼았다.

우리가 연구한 비교대상 교회 중에는 너무 많은 사역에 관여하다가 인간의 한계를 넘어선 곳도 있었다. 우리가 관찰한 부분을 가지고 평신도에게 질문을 던지자 그들은 이렇게 반응했다. "우리는 2-3주마다 사역이 바뀐답니다. 목사님이 동료 친구로부터 무슨 소문을 들었다거나 요즘 잘나가는 프로그램이 있다 싶으면 그냥 바꿔버리죠."

그 모든 사역을 운영할 교역자는 어떻게 세우는지 궁금해서 묻자, 그 사람은 아무렇지도 않게 말했다. "걱정할 게 안 돼요. 교역자도 그런 사역에 대해 열정을 잃어버렸고, 서류상으로만 교회의 사역으로 올라가있는 거죠."

이와는 반대로 급성장하는 교회는 2-3가지 일에 집중했지만 그 몇 가지를 잘 해내고 있었다. 그들은 지도층이 자신들의 모든 힘을 다 쏟아부어야 할 시도를 하지 않았다. 그렇다고 해서 회중의 열정과 열망을 고갈시킬 시도도 하지 않았다. 또한 그들이 봉사하고 있는 지역의 필요를 전부 충족시켜야겠다는 비장한 각오도 없었다. 그러나 3가지 영역이 교차하는 비전 교차도에 해당하는 경우라면 그 부분을 집중 공략해 상대적으로 몇 안 되는 사역을 최대한 열심히 해내고 있었다.

VIP 요인을 보면 지도층의 열정을 엿볼 수 있다

열정 없는 곳에는 비전도 있을 수 없다. 우리는 목회자가 특정 부분에 대해 열정을 품지 않고 있는 교회를 조사한 결과, 그중에 진정한 비전을 가지고 있는 곳은 한 군데도 없음을 알 수 있었다.

오늘날 많은 교회가 비전을 품지 못하고 있는 이유는 이 하나만으로도 충분한 설명이 될 것이다. 2장에서 우리가 연구한 리더의 유형을 생각해보자. 우리가 조사한 427개 교회 중에서 6%의 교회에만 명백한 열정을 가진 리더가 있었다.[11] 하나님은 사역에 대한 열정을 가진 자들에게 방향을 제시하시며 그때 참된 비전이 떠오르게 되는 것이다.

94%의 목회자에게 열정이 부족하다. 그렇다면 그들은 무엇을 가지고 사역에 임하는 것일까? 답변은 다양하다. 그러나 그 답변은 권장사항이 못된다. 우리가 선정한 비교대상 교회의 목회자들 중 몇몇은 살아남기 위해 움직이고 있었다. 그들은 최소한의 저항을 최선의 기회로 보고 결정을 내렸다. 이와 비슷한 유형이긴 하나 어떤 목회자는 갈등을 회피하는 쪽으로 움직였다. 이들은 갈등에 대해서 강한 거부감을 가지고 있었다.

슬프게도 몇몇 목회자는 자기 과시가 동기가 되어 움직이는 듯했다. 그들은 사람들로부터 쉽게 인정 받을 수 있는 일을 추진하기로 결정하는 듯했다. 또 어떤 이들은 전통에 따라 움직였다. 일상적인 삶의 틀이나 안정을 깨뜨리는 것에 대해서는 어떤 것도 시도하려 하지 않았다. 어떤 목회자의 사역은 두려움에 끌려가고 있었다. 물론 그들이 내린 결정에는 약간의 믿음도

---

11) 어떤 식으로 조사를 했는지 궁금하다면 2장 주석 5를 참고하기 바란다.

찾아볼 수 없었다. 그들은 실패가 무서워서 하나님이 허락하신 모험을 절대로 감행하지 않았다.

강력하고도 명확한 비전은 반드시 회중을 동참시켜야 한다

급성장하는 교회 목회자는 사도행전 6장의 의미를 분명하게 이해했다. 만약 사역이 소수의 몇몇 유력한 성도의 손에서만 운영된다면(사도행전 6장에서는 열두 사도) 거기에는 부족한 면이 드러나기 마련이고 그렇게 되면 미흡한 사역이 될 것이다. 그러나 급성장하는 교회는 회중을 단순한 구경꾼으로 보지 않았다. 그들의 열정과 은사는 교회 비전에 대단히 중요한 요인이 되었다. 급성장하는 교회가 그 교회의 비전에 성도를 참여시켰는지에 대해 어떻게 확인할 수 있을까? 물론 비교대상 교회들도 활용 가능한 영적 은사를 만들어놓은 사역분담표가 있었다. 그것을 보고 성도는 각기 특정 사역에 동참하게 된다. 하지만 급성장하는 교회는 성도를 사역에 합류시키는 것에 그치지 않았다. 그들은 성도들이 열정을 갖고 원하는 분야에서 일할 수 있도록 분위기를 만들고 있었다. 급성장하는 교회도 프로그램이나 방법론을 꺼리지는 않지만 그들의 일차적인 접근은 성도가 사역에 동참해 함께 발전해나갈 수 있도록 개방적인 분위기를 만들어놓는 것이었다.

지역사회에 대한 열정을 품고 있어야 한다

다수의 비교대상 교회는 이 점을 잘 이해하지 못하는 것 같았다. 성도는 지역사회의 필요와 전혀 별개의 삶을 살 수 없다. 우리가 연구한 대다수 비교대상 교회를 두고 반경 800미터 이내에 있는 상인들에게 교회의 위치를 물었을 때 명확히 알려주는 이가 거의 없었다. 이것은 교회가 지역사회와 무관한 상태로 지내고 있다는 증거다. 지역사회의 필요를 명확하게 파악하지 않고서는 비전을 가질 수 없다. 또한 지역사회를 향한 열정 없이는 지역사회의 필요를 분별할 수도 없다. 솔직히 말해서, 비교대상 교회의 몇몇 목회자는 지역사회를 그들의 목적을 달성시키는 수단으로 간주했다. 출석 성도나 헌금의 액수를 늘리는 것 혹은 교회로 이끌어서 세례를 줄 대상으로만 인식했다. 하지만 급성장하는 교회는 지역사회에 손길을 뻗어 섬기겠다는 열정을 품고 있었다. 그들의 우선적인 관심은 지역사회가 교회를 위해 어떤 도움을 줄 수 있는가 하는 것이 아니다. 조사팀이 아무리 보아도 급성장하는 교회의 동기는 이타적이었다.

버지니아 주 비엔나에 있는 한인중앙장로교회는 지역사회를 돕는 데 있어서 이타적인 동기를 보이는 확실한 예라고 할 수 있다. 교회의 명칭이 말해주듯이 이곳은 거의 모두가 한인들로 구성되어 있고, 대다수가 한인 1-2세대들이다. 이 교회의 비전은 케노스기독공동체와 놀라울 정도로 유사하다. 그들의 비전은 다음과 같다. "성도를 훈련시켜 세계를 변화시킨다."

이런 성숙한 성도는 한국인 혹은 미국인이라는 인종을 초월하여 지역사회의 필요를 인식하기 시작했다. 그들은 1994년부터 노인대학을 개설해 은퇴세대의 필요를 충족시키고 있다. 그리고 이러한 노력은 버지니아 주지사의 인정을 받는 결실을 맺었다.[12]

---

[12] 시니어들을 위한 이 센터는 실제로 보면 워싱턴 D.C.의 경계선 안에 있는 것이 아니라 버지니아 주에 근접해있다.

2000년 이후에는 워싱턴의 지역서비스센터를 매입해서 상가 지역의 빈민층, 알코올 중독자, 마약 중독자들을 섬기고 있다. 이 사역의 혜택을 받는 이들이 대부분 흑인계 미국인들이다. 한인중앙장로교회는 그 사역에 열정을 다하고 있으며, 그 열정이 이 교회가 지향하는 명백하고도 강력한 비전을 주도하고 있었다.

비전은 역동적이다

비전 교차도는 3가지 중요한 구성요인으로 되어있는데, 그중 어느 것이든 시간이 경과하면서 바뀔 수 있다. 한 요인이 중대한 변화를 일으키면 비전 역시 변하게 된다.

이 변화에 관해 유의할 만한 2가지 의미있는 부분이 있다. 첫째, 교회는 현재 진행하는 사역에 대한 하나님의 뜻이 내일 갑자기 바뀔 수도 있다는 마음으로 항상 깨어있어야 한다. 목회자의 열정이 바뀔 수도 있다. 성도의 열정과 은사가 바뀌기도 하는데 특히 교회 구조에 변동이 있을 때 이런 일이 생긴다. 지역사회의 욕구도 시간이 지나면서 바뀔 가능성이 있다. 그러므로 교회는 하나님이 지시하시는 새로운 방향과 경로에 민감하게 깨어있어야 한다.

둘째, 그럼에도 급성장하는 교회의 비전이 세월의 흐름에 따라 무분별하게 바뀌지 않는다는 점이다. 그렇게 많은 세월이 흘렀음에도 비전이 일관성 있게 진행되는 것을 보면서 신기하기도 하고 놀랍기도 했다. 비전에 변화가 있을 때조차 세밀하면서도 점진적인 과정을 거쳐서 변화가 서서히 진행되었다. 케노스기독공동체를 예로 들면, 그 교회에서 현재 진행 중인 많은 사역을 3-4년 전과 비교해보면 엄청난 차이가 있다. 그러나 복음 전파를 통한 제자 사역이라는 비전의 본질은 1990년대나 지금이나 다를 바가 없다.

먼저 도약에 성공하고 그 다음에 비전을 품는다

이 책을 읽다 보면 아마 낙심이 되고 어쩌면 교회에 대한 환상이 깨질 수도 있을 것이다. 나도 한두 번 그런 울적한 기분에 빠진 적이 있었다. 그러나 조사팀을 이끌고 선정 교회를 대상으로 한 막바지 작업을 끝냈을 때, 우리는 지금보다 더 큰 힘을 얻을 수 있는 한 가지 과정을 남겨두고 있었다.

여러분도 알다시피 우리는 꿈꾸는 자들과 시간을 보냈다. 우리는 대단한 믿음을 가진 사람들과 함께 어울렸다. 그렇다. 그들도 실수할 수 있고, 때로는 죄를 지을 수 있는 인간이다. 그러나 하나님은 특별한 방식으로 그들을 사용하셨다. 어떤 꿈꾸는 자들은 교역자의 자리에서 섬겼다. 또 어떤 사람은 담임목사였고, 어떤 이는 평신도였다. 그러나 이들 모두 꿈꾸는 자들이었고, 하나님의 기적을 믿었다. 그들은 하나님의 초자연적인 능력이 아니고는 불가능한 일들을 시도했으며, 하나님의 가능성을 의지하여 약속의 땅으로 입성했다. 그러자 그 후에는 그들이 결코 이전과 같은 사람이 될 수 없었다. 그리고 급성장하는 교회를 연구하는 우리가 그들의 믿음에 감동받았고 변화되었다. 우리 팀이 정례 모임으로 한자리에 모였을 때, 누군가 이런 말을 했다. "이런 교회 목회자는 인생이 얼마나 짧은지를 이해하고 있는 것 같습니다. 그래서 그들은 자신에게 주어진 짧은 시간 안에서 하나님을 위해 뭔가 특별한 일을 해내기를 원하는 것 같습니다. 하지만 의미 없는 일에는 시간을 낭비하기를 원하지 않습니다. 그들은 하나님의 숨결 속에 살아가고 있기 때문에 그들의 맥박 속에는 비전이 흐르고 있음을 느낄 수 있었답니다."

그의 말은 훌륭하고 정확했다. 다른 팀원들도 급성장하는 교회와 그 목회자에 관해 여러 각도로 자신의 견해를 표현했다. 급성장하는 교회의 목회자는 인생이 믿을 수 없을 정도로 짧다는 것을 이해한다. 그들은 이 짧은 기간 안에 하나님의 영광을 위해 변화를 일으키기를 열망한다. 그리고 그들은 모든 것이 가능한 하나님의 기적을 믿는다. 이런 뚜렷한 특징이 모든 변화를 이룬다. 그것은 도약하는 사람들이 가슴에 품고 있는 비전의 특징이다. 그리고 이것은 이 초자연적인 실재를 붙잡지 못한 사람들에게는 결코 실현될 수 없는 특징이기도 하다.

핵심 내용 요약
VIP 요인

❶ 비전을 발견하려는 시도는 급성장한 교회에서는 드문 일이었지만 비교대상 교회에서는 흔히 있는 일이었다. 오히려 급성장한 교회에서는 이런 말을 자주 들었다. "비전이 우리를 찾아냈어요."

❷ VIP 요인은 비전 교차도를 상징하는 것으로, 3개의 각기 다른 요인이 서로 겹치는 지점이 바로 해당 교회의 비전이다.

❸ 3가지 VIP 요인 중 첫 번째는 지도층의 열정이다. 우리의 연구결과를 보면 교회 목회자 중 단 6%만이 사역에 대한 적정 수준의 열정을 견지하고 있다는 것을 알 수 있다.

❹ VIP 요인 중 두 번째는 회중의 열정과 은사이다. 급성장하는 교회에서의 자유로운 분위기가 성도들로 하여금 자신의 열정과 은사에 따라 사역하도록 동기를 유발시킨다.

❺ VIP 요인 중 세 번째는 지역사회의 필요다. 급성장하는 교회는 지역사회의 필요를 발견하고자 열심을 냈고, 그 후에는 그 필요를 충족시키는 데 열정을 쏟았다. 비교대상 교회와 달리 급성장하는 교회는 일체 보상에 대한 생각은 하지 않고 지역사회 사역에 발을 들였다. 그들은 바닷물에 씨앗을 뿌리는 셈치고 지역사회에 뭔가를 제공하기 위해 고심했다.

❻ VIP 요인에 연관되어 나타나는 사항은 비전을 품은 교회들이 저마다 잘할 수 있는 몇 가지 영역만을 추구한다는 것이다. 그들은 모든 것을 다 시도할 생각은 하지 않는다.

❼ VIP 요인과 연관되어 있는 또 다른 부분은 비전의 역동성을 들 수 있다. 비전이 3가지 구성요인으로 이루어져있기 때문에 그중 어느 한 가지가 변한다면 전체 비전이 달라질 수도 있다. 하지만 급성장하는 교회는 수년이 흘러도 변하지 않는 비전을 일관성 있게 보여주었다. 즉 그들은 비전이 변할 수 있다는 가능성은 남겨두고 있었던 반면, 최신식 풍조와 방법론 혹은 가장 긴급한 필요라고 여겨지는 것들에 휩쓸리지 않도록 주의했다.

> It takes discipline to say, "No thank you" to big opportunities. The fact that something is a "once-in-a-lifetime opportunity" is irrelevant if it doesn't fit within the three circles
>
> *Jim Collins, Good to Great*

7장
탁월성을 추구하는 문화

> 내게 결정적으로 유리한 기회가 주어졌을때 "아뇨, 됐습니다"라고 말할 수 있으려면 훈련이 필요하다
> **짐 콜린스, 「좋은 기업을 넘어 위대한 기업으로」**

이번 장에서는 『좋은 기업을 넘어 위대한 기업으로』에 나오는 '규율의 문화'라는 제목에서 설명하는 개념을 도입했고, 용어는 우리 연구에 맞게 '탁월성을 추구하는 문화'라고 수정했다.

겟세마네제일침례교회는 켄터키 주 루이스빌에 있는 여러 개의 대형교회 사이에 끼어있다. 몇 교회만 열거하자면 거기에는 남동크리스천교회 Southeast Christian Church, 하이뷰침례교회 Highview Baptist Church, 스데반침례교회 St. Stephen Baptist Church가 있다. 이 교회들은 그 지역 사람들에게 그곳의 유명한 교회를 말해달라고 하면 가장 먼저 언급되는 곳이기도 하다.

우리가 선정한 대부분의 급성장하는 교회와 마찬가지로, 겟세마네제일침례교회도 책이나 간행물에서 좀처럼 찾아볼 수 없다. 그리고 선별된 대다수의 급성장하는 교회와 마찬가지로 겟세마네제일침례교회 역시 우직한 발걸음으로 돌파구를 찾아 헤쳐나왔다. 그것은 미국 교회를 연구하는 대부분의

학계에서는 알아차릴 수 없을 만큼 미미한 행보였다.

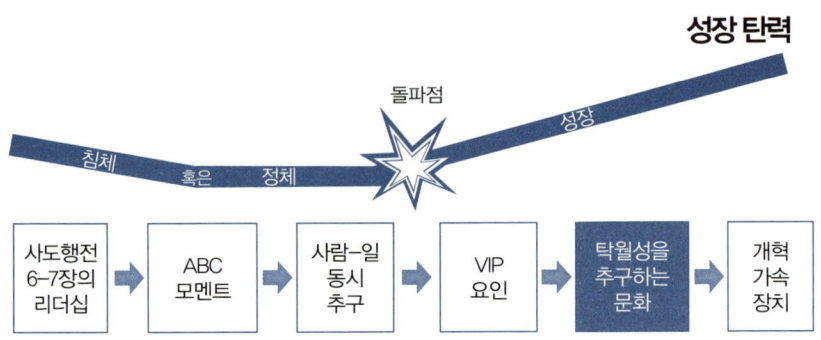

표 7-A 탁월성을 추구하는 문화

본 워커는 1984년에 흑인계 미국인들이 강세를 보이고 있는 이곳에 목회자로 부임했다. 그해 예배 출석 성도는 약 135명에서 시작했는데 얼마 지나지 않아 200명을 넘었다. 그러다가 갑작스럽게 성장하기 시작했다. 1990년에 들어서자 출석 성도가 375명이 되어 6년 전에 비해 약 2배로 껑충 올라갔다. 그런 다음 정체기가 찾아왔고 성도가 지속적으로 불어나기는 했지만, 3-4년 동안 출석 성도는 350-375명 사이를 오갔다. 하지만 워커 목사는 교회를 침체된 분위기에서 도약하는 자리로 이끌었다. 뿐만 아니라 2003년에 들어서는 출석 성도가 1천 명에서 1천 300명 사이를 오갔고 실제 등록 성도는 2천 100명에 달했다. 결국 이 교회는 그 지역에서 가장 급속히 성장하고 있는 교회로 손꼽히게 되었다.

> 급성장하는 교회의 기준을 통과하기 위한 요건 중 가장 중요한 핵심 사항은 이것이다. 먼저 반드시 침체기나 정체기를 겪어야만 하며, 그런 다음 침체 상태를 벗어나 수년간 지속적인 성장을 유지해야 한다. 그리고 침체기와 성장기에 동일한 목회자가 재임하고 있어야 한다. 예를 들어, 서두에서 언급한 3곳의 교회는 이런 기준에 적절하지 않았다.

어떻게 이런 일이 일어났을까?

어떻게 해서 겟세마네제일침례교회는 성장 가도를 달리게 되었는가? 물론 한두 가지 요인으로 설명하기는 역부족이지만, 이 교회의 성장 요인을 논할 때 기도를 제외하고는 말할 수 없다. 본 워커Vaughn Walker 목사와 쉐릴Cheryl 사모는 기도의 전사다. 이들 부부는 정기적으로 교회를 위해 금식기도를 할 뿐만 아니라 성도들을 릴레이 기도 및 중보기도에 동참하도록 독려했다.

어쩌면 이들 부부가 끈질기게 버틴 것이 겟세마네제일침례교회의 성장에 대한 어느 정도의 설명이 될 수 있지 않을까 생각한다. 사실 워커 목사는 다른 곳으로 가고 싶은 유혹도 있었고, 심지어 몇 군데 교회에서 청빙 제의를 받은 적도 있었다. 특히 사역이 힘들어지고 성장이 멈췄을 때 그런 생각이 더 간절했다. 그러나 그는 끝까지 견디면서 교회를 지켰다. 하나님은 워커 목사의 리더십 기술을 도약으로의 전환 과정을 통해 확실히 사용하셨다. 그는 좋은 기회가 올 때까지 기다릴 줄 아는 결단력 있는 리더였다.

나아가 워커 목사를 비롯한 겟세마네제일침례교회의 다른 중직자들도 하나님을 위한 일이라면 무슨 일이든 탁월하게 해내야 한다는 소신이 있었다.

예를 들어, 워커 목사는 음악과 예배의 탁월성을 끈질기게 고집한다. 그는 설비 면에서도 교회의 탁월성을 드러내고 있다. 그의 설교는 탁월하다는 표현 외에 달리 설명할 길이 없다. 거기에는 여러 시간의 노력과 기도가 배어난다. 워커 목사는 그의 성도들이 현장에서 특출나게 사역하도록 이끌어가고 있다. 교회가 급속하게 성장하고 있기 때문에 교역자만으로는 모든 것을 감당할 수 없다는 것을 알기에 그는 성도를 지도해서 그들이 사역 조직을 훌륭하게 감당하게 하고 있다.

겟세마네제일침례교회는 10개의 교구로 나누어지는데, 거기에는 60군데가 넘는 지역의 성도가 소속되어 있다. 전임 사역자 4명, 파트타임 사역자 3명, 그리고 시간제 근무로 일하는 자원봉사자 3명으로 이루어진 교역자 팀이 주축이 되어 10개 교구를 돌보고 있다. 60곳이 넘는 대다수의 지역 사역은 자원자에 의해 운영되고 있다. 그들의 수고는 교회와 지역사회 모두에 엄청난 감동을 안겨주고 있다.

"평신도들을 사역의 전면부에 세워놓으면 그들이 능력을 받아 우리 교회의 모든 비전을 가슴에 담게 되지요." 워커 목사의 야심찬 고백이다. 그는 전형적으로 행해지는 마구잡이식 사역 방식과 미국 전역에 퍼져있는 많은 교회들이 실행하는 일반 프로그램에 만족할 수 없었다. 하나님이 그 교회에서 일하시는 사역에 대해 설명을 들어보면 여러분도 그의 열정을 읽을 수 있을 것이다. 그리고 이 교회의 사역을 통하여 일어나고 있는 모든 것 안에는 탁월성을 추구하는 동력이 있음을 느낄 것이다. 모든 일 가운데서 탁월함을 드러내는 문화는 급성장하는 교회의 분명한 특징이기도 하다.

시행하는 부분에서의 탁월성

급성장하는 교회는 모두 역경의 시기를 경험했다. 목회자 중 어느 누구도 그 시절로 되돌아가고 싶어하는 사람은 없었다. 이런 태도는 조사팀의 눈에 쉽게 드러났다. 그러므로 목회자가 이렇게 탁월성을 추구하는 것은 과거에 자신이 받아야 했던 모멸감에 대한 일종의 변제 행위로도 볼 수 있다.

연구팀이 모였을 때 나는 급성장하는 교회에 대한 마지막 분석 후에 어떤 공통 요인이 떠오르는지를 물었다. "하는 일마다 특출나게 잘하기?" 엘리사 라임스테드의 답변이었다. "최선을 다하지 않을 바에야 차라리 시도를 하지 않는 편이 낫다고 생각해요." 그 말에 다른 팀원들도 동의했다.

조사 결과를 다시 한번 평가할 때, 급성장하는 교회의 또 다른 일치점이 발견됐다. 급성장하는 교회는 「포춘」지에 실린 500대 기업이 강조하는 방식으로 탁월성에 연연하지 않았다. 교회의 목회자 및 중직자 모두가 하나님을 영화롭게 하고, 구주 예수님을 기쁘게 해드리기를 원했다. 주님을 위해서 사역하고 주님께 받은 능력 안에서 최선을 다하겠다는 포부를 다졌다. 다시 말해서, 탁월성을 추구하는 문화를 만들어내는 원동력은 신학과 성경을 기반으로 하고 있었다.

> 급성장하는 교회는 모두 개신교 정통파다. 그리고 많은 비교대상 교회 역시 신학 노선에서 보수적이며 근본주의를 지향했다. 하지만 급성장하는 교회는 자신이 신봉하는 신학을 실천에 옮기고자 부단한 노력을 멈추지 않았다. 교회 벽면에 그들의 믿음과 비전을 담은 사명 선언문을 걸어놓는데 이 부분 또한 급성장하는 교회와 비교대상 교회의 차이를 드러내는 하나의 예가 된다. 비교대상 교회에도 이런 사명 선언문이 걸려있었다. 한 교회에서 사명 선언문에 진술된 그들의 믿음과 비전에 대해 중직자에게 칭찬을 하자, 그는 이렇게 반응했다. "아하, 그것 말입니까? 그건 옛날부터 거기 걸려있었답니다. 거기에 주의를 기울이는 사람은 아무도 없어요." 많은 비교대상 교회는 사명 선언문에 관심을 두는 사람이 아무도 없었다.

복음 전파에서의 탁월성

위스콘신 주 벨로이트에 있는 기독중앙교회의 역사를 보면 이런 기록이 있다. "기독중앙교회는 '현실에 안주하는 삶'에 대해 결코 만족한 적이 없다." 이런 태도는 급성장하는 교회에서 흔히 볼 수 있는 기본 소양이었다. 하지만 비교대상 교회에서는 찾아볼 수 없는 특징이었다.[1] 기독중앙교회는 수년 동안 탁월성을 추구하고자 하는 구심점도 없었고, 그런 욕구조차도 없었다. 1980년대 중반 데이비드 클라크 목사가 설교와 가르침을 통해 권면을

---

[1] 우리 팀이 조사하는 과정에서 도약 성장을 이룬 13개 교회 모두 탁월성이 사역을 이끄는 추진력이 된다는 명백한 증거를 찾아냈다. 간혹 이런 증거가 문서로 작성해놓은 서류에 뚜렷하게 드러나는가 하면 일부 교회는 목회자와 대화를 나누는 자리에서 더욱 분명하게 이런 열정을 확인할 수 있었다. 하지만 39개 비교대상 교회에서는 그런 추진력이나 열정을 전혀 발견할 수 없었다. 우리가 두 번, 세 번을 조사해도 문서나 목회자와의 면담 과정에서도 탁월성을 추구하고 있다는 증거가 전혀 나타나지 않았다.

시작하자, 그제야 교회는 하나님이 설립해놓으신 교회의 소명에 대해 성경적인 목적을 추구하기 시작했다.[2] 교회의 지도부는 먼저 교회가 다른 곳과 비교해볼 때 많은 영역에서 뒤쳐지고 있다는 것을 깨달았다. 이는 지역 복음화의 영역에서 더욱 분명하게 드러났다.

1986년, 결정적인 전환점이 일어났다. 그해 교회는 주변뿐 아니라 전도의 영역을 넓혀 더 많은 사람을 전도해야겠다는 포부를 갖게 되었다. 그때부터 지도층의 핵심 팀원들은 하나님이 자신들을 남부 위스콘신 전 지역의 복음 전파에 주축이 되도록 이끌어가심을 감지했다.

복음 전파에 뛰어난 소질을 보이겠다는 포부를 다지게 되자 이번에는 인디애나 주 사우스 밴드에 있는 교회 성장 서비스Church Growth Services의 도움을 받을 기회가 찾아왔다. 급성장하는 다른 교회와 마찬가지로, '긍정적인 외부의 영향력'은 교회의 수준을 최고로 끌어올리는 과정에서 톡톡한 밑거름이 되었다.[3]

외부의 사역에 초점을 맞춰 그 부분을 공략하기 시작하자 충격적인 결과가 나타났다. 성도 수가 엄청나게 늘어난 것이다. 1911-1985년 사이에 기독중앙교회는 예배 출석 성도가 59명에서 200명으로 늘어났다. 그러나 1986-2003년 사이에는 출석 성도가 200명에서 1천 600명으로 도약, 성장했다. 더 중요한 것은 그 교회가 복음 전파의 역량을 키워야겠다는 기대치를 확실히 따라잡고 있다는 점이다. 그리스도를 영접하여 침례받은 정식 성

---

2) 릭 워렌의 목적이 이끄는 모델은 당시만 해도 그 영향력이 뚜렷했을 뿐만 아니라, 지금도 교회의 많은 사역에 대단한 영향을 주고 있다.
3) 이 부분에 대해서는 4장에서 설명했다.

도로 보고된 개종자만도 이제는 해마다 200명에 육박하고 있다.4)

사역에서의 탁월성

겟세마네제일침례교회와 마찬가지로 기독중앙교회 역시 사역의 원리에서 80:20 비율에 만족할 수 없었다.5) 다시 말해서, 이 교회는 사역의 80%를 회중의 20%가 감당하는 교회의 일반적 관행을 깨뜨릴 준비가 되어있었다. 사역에 더 많은 성도를 참여시키기 위해 몇 차례의 단계를 밟지만, 가장 의미있는 진보는 2000년에 일어났다.

---

4) 기독중앙교회에 대한 우리의 최근 자료에 의하면 2002년 한 해에 세례를 받은 교인이 172명이다.
5) 파레토 법칙은 자주 인용되는데 그 기원이나 영향력에 대해 올바르게 이해하고 있는 사람은 드물다. 1897년 이탈리아의 경제학자 빌프레도 파레토Vilfredo Pareto는 부와 소득의 분포에 있어서 대단히 놀라운 양상을 발견했다. 그가 관찰한 바에 의하면 나라나 시대와 관계없이 나타나는 분포도가 있었다. 그는 소득과 부의 불균등한 분배는 항시 일어나게 된다는 것을 알아냈다. 소수의 몇몇이 부의 대부분을 차지하고 있었다. 그 패턴은 대단히 신빙성이 있어서 파레토는 자료를 보기도 전에 소득의 분포도를 예고할 수 있었다. 그가 말하는 원리의 본질은 80%의 부와 소득이 상위 20%의 부유층의 손 안에 들어가게 된다는 것이다. 파레토의 개념은 그가 살았을 당시에는 별 주목을 받지 못했다. 80:20의 개념은 현장근로자가 소집단QC circle을 편성하여 집단의 책임으로 품질관리를 행하고 그 결과를 경합하는 큐시써클운동quality control circle movement의 선두 주자인 조셉 M. 주란Joseph Moses Juran에 의해 대중화되기 시작했다. 미국과 유럽은 이 개념을 1960년대에 채택해서 흔히들 '80대 20 법칙' 혹은 '80대 20 원리'로 유포시켰다. 이 원리는 전체 결과의 80%가 전체 원인의 20% 안에서 일어난다는 것을 기본 개념으로 주장한다. 이 주제를 가지고 처음으로 책을 펴낸 이는 리처드 코흐Richard Koch로 1977년에 'The 80:20 Principle'을 발표했다. 1960년대 이후로 이 주제에 관해 수백 개의 기사가 계속해서 쏟아져나왔다.

> 급성장하는 교회가 보여주는 놀라운 이야기 중의 하나는 '이전과 이후'에 대한 간증거리이다. 이런 교회는 '좋은 상태'였을 때도 평소처럼 진행되었다. 그리고 그 당시 교회에는 특별히 눈에 띄는 구심점이나 에너지가 전혀 없었다. 그러나 '위대한 수준'이 되었을 때는 이전의 평범한 상황을 그대로 받아들일 수 없었다. 실로, 우리 조사팀은 급성장하는 교회의 약점 아닌 약점이 있다면 그것은 승리를 자축할 때 너무 입조심을 하는 부분이라고 말했다. 성공을 축하하면 교회가 현재의 상태에 안주하는 것으로 비칠 것을 우려하는 것 같았다.

그해 기독중앙교회는 평신도 사역자 수를 두 배로 증가시켰다. 2000년대가 시작될 무렵, 클라크 목사는 '전 회중의 사역화'라는 표어를 내걸고 연속으로 7번이나 설교했다. 그는 모든 회중에게 최소한 1주일에 1시간씩 봉사하는 '1시간의 영웅'one-hour hero이 될 것을 촉구했다. 어떤 이는 유아실 청소를 하고, 어떤 이는 창문을 닦는다. 또 어떤 이는 화장실 청소를 하고, 어떤 이는 전도 사역에 동참한다. 한 성도는 매주 수요일마다 교회에 와서 복도에 떨어져 있는 것은 없는지 확인한다. 단 1년 만에 '1시간의 영웅'의 수가 300명에서 600명으로 늘어났다. 분위기를 띄우는 차원에서 이 교회는 평신도 사역자를 위해 매년 특별한 날을 정해서 함께 기뻐한다.

시설 공간에서의 탁월성

급성장하는 교회는 탁월성을 추구하는 면에서 타의 추종을 불허한다. 그중 많은 것들이 설비와 연관이 있다. 급성장하는 교회의 목회자는 교회 공간을 좋은 환경으로 건축하지 못한 점을 아쉬워하는 경우가 있었다. 급성장하는 교회와 비교대상 교회를 둘러볼 때 차이가 두드러지게 나타나는 부분이 바로 시설 공간의 경관이다. 차를 몰거나 걸어서 교회 곳곳을 걸어다니려고 할 때도 탁월성을 추구하는 문화가 곳곳에서 배어난다.

이 세상에서 내가 가장 좋아하는 곳은 플로리다 주 남서부 끝자락에 있는 작은 해변도시인 네이플스Naples이다. 나는 수백 곳이 넘게 여행을 다녔기 때문에 내 평가는 상당히 객관성이 있다고 생각한다. 은퇴자들의 천국이라는 이 도시의 외곽지역에 들어서면 질서정연함에 감동을 받게 된다. 중앙의 가로수 길을 따라 펼쳐지는 풍경까지도 예술이다. 사우스 5번가에 위치한 시내 중심가를 걸어보라. 세계에서 가장 매력적인 상가지역으로 꼽히는 이곳의 아름다움과 정갈함에 경이로움을 느낄 것이다. 원시시대를 연상케 하는 이곳을 산책해보라. 어디로 시선을 돌려도 쓰레기 하나 눈에 띄지 않을 것이다. 야외 영화 제작소에도 들어가보라. 열대 동물원에서 몇 시간을 있어보라. 어디를 가서 무엇을 하더라도, 플로리다 주 네이플스의 고급스러운 분위기를 인정하지 않을 수 없을 것이다. 우리 부부가 처음으로 네이플스를 둘러보았을 때, 두 사람의 입에서는 동일한 감탄사가 터져나왔다. "정말 신경 써서 돌보는 손길이 있나봐!"

바로 이것이 우리 연구팀이 급성장하는 교회와 교제를 나눌 때 보인 반응이었다. 어느 교회를 탐방한 한 연구원은 설비, 사역, 전도의 손길, 교역자의 헌신, 그리고 평신도의 헌신에 깊은 감동을 받았다. 팀원들이 올리는 보고에는 탁월성이라는 단어가 반복해서 나온다.

그러나 우리가 말하는 탁월성의 의미를 새겨들을 필요가 있다. 급성장하는 교회라고 해서 모든 영역이 최고의 수준은 아니었다. 그들은 스스로의 역량으로 빼어나게 잘할 수 있는 영역을 골랐다. 그리고 다른 것에는 손댈 생각조차 하지 않았다. 그중에서도 그들이 특출나게 잘하기 위해 집중 공략했던 영역이 바로 비전 교차도였다. 이것은 급성장하는 교회마다 두드러지게 나타난 특성이었다.

VIP 요인과 탁월성

6장에서는 교회의 비전을 선명하게 파악할 수 있도록 그래픽 방식으로 VIP 요인을 그려보았다. 물론 그 비전은 급성장하는 교회가 현재 집중하고 있는 영역이다. 연구 결과 우리는 탁월성을 추구하는 문화와 VIP 요인 사이에 놀라운 상관관계가 있다는 것을 밝혀냈다.

여러분이 기억해야 할 VIP 요인은 교회라는 유기체 안에서 중요한 3가지 변수가 서로 겹치는 영역으로, 지도층의 열정, 회중의 열정과 은사, 그리고 지역사회의 필요로 나뉜다. 여기서는 이 교차점을 3개의 원으로 표현했다.

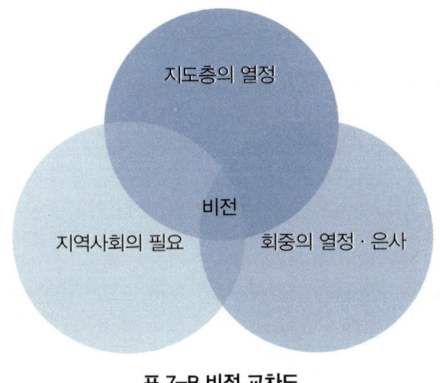

표 7-B 비전 교차도

『좋은 기업을 넘어 위대한 기업으로』에서 짐 콜린스는 "좋은 회사에서 위대한 회사로 도약한 기업들은 그 전성기에 다음과 같이 단순한 주문을 따랐다. 우리의 '고슴도치 컨셉'에 맞지 않는 어떤 일도 하지 않는다"라고 썼다.[6] 급성장하는 교회가 주는 교훈 중 한 가지는 한 교회가 모든 것을 잘할 수는 없다는 것이다. 13개 교회가 눈부신 성장을 향해 도약하는 과정에서 돋보이는 한 가지는 각 교회가 뛰어나게 잘할 수 있는 몇 가지 영역에 광적일 정도로 집착하는 것이었다. 이런 집념은 교회가 비전 교차도의 영역을 집중 공략하여 탁월성을 높이는 부분에서 명백히 드러났다.

'교회 밖의 사람들'을 위한 비전

연구팀 중 더그 휘태커는 오하이오 주, 그로브시티에 있는 나사렛그로브시티교회에 관한 조사를 맡았다. 그의 보고 내용에서 성도들에 대한 정확한 설명이 무척 인상적이었다. "이 교회 성도와 면담을 할 때, 제게는 그들이 했던 모든 것이 '교회 밖의 사람들'을 중심으로 돌아가고 있다는 생각이 들

---

6) 짐 콜린스, 『좋은 기업을 넘어 위대한 기업으로』 *Good to Great*, (Harper Collins), 134.
7) 나사렛그로브시티교회를 급성장하는 교회로 인정해주는 문제에 있어서 팀원들 사이에 의견이 서로 엇갈렸다. 이 교회는 1963년에 설립되어 1980-1985년 사이에 성도 수 450명의 장벽을 넘었다. 하지만 거의 모든 성장이 현재 담임목사인 밥 후패이커의 지도하에서 일어났기 때문에 팀원 몇몇은 이 교회의 도약은 1989년에 시작된 새 목회자의 리더십으로 인정될 수 있다고 주장했다. 새 목회자가 부임하기 4년 전에 도약이 일어나긴 했지만 목회자가 바뀌는 일이 없이 도약을 이루어내야 한다는 우리의 엄격한 기준에는 하자가 없다. 1985-1989년 사이의 예배 출석률, 즉 성장률은 40%에 못 미쳤기 때문이다. 따라서 1989년부터 현재에 이르기까지 그 교회의 성장을 주도했던 것은 밥 후패이커 목사의 리더십이라는 평가에 동의하는 반면, 급성장 시점은 그의 선임자인 허버트 로저스 목사의 리더십 밑에서 시작되었다는 것 또한 부인하지 않는다.

었어요."7) 나사렛그로브시티교회에는 VIP 요인이 분명한 것처럼 보였다. 3가지 원의 교차점인 이 교회의 비전은 길을 잃거나 중간에 나간 사람들, 즉 '교회 밖의 사람들'을 겨냥하고 있었다.

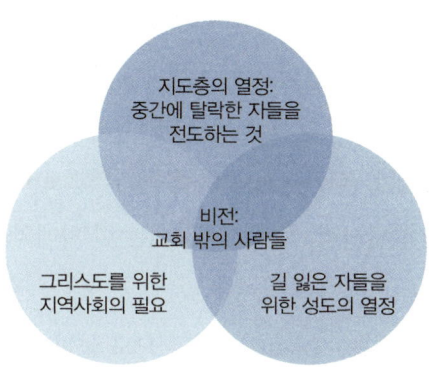

표 7-C 나사렛그로브시티교회의 VIP 요인

나사렛그로브시티교회의 지도층은 교회를 위한 많은 열정을 품고 있다. 성도는 복음 전파와 직접적으로 연관되어 있는 은사 외에도 다방면의 은사를 소유하고 있다. 그리고 지역 주민들 또한 가장 시급한 일이 그리스도를 통하여 구원받아야 한다는 것 외에 신체적·감정적 욕구도 있다. 그러나 교회가 이 모든 것을 다 잘할 수는 없다. 그래서 결정을 내린 것이 길 잃은 자와 중간 탈락자에게 중점을 두고 사역의 꽃을 피우기로 한 것이었다.

몇 가지 일을 완성도 있게 해내기 위한 움직임에는 교회의 사역마다 엄중한 평가를 받아야 한다는 전제가 깔려있다. '신성불가침의 원리'는 조심스럽게 다루면서도 교회는 앞으로 나아가야 했다. 몇몇 비방꾼들은 교회가 품고 나가려는 비전을 방해하려고 했다. 그러나 교회는 소수의 사역을 탁월하게 해내야 한다는 구심점에서 벗어나지 않도록 전심을 기울였다.

그 교회는 하나의 중요 비전으로 오토바이 폭주족을 돌보는 사역을 시작했다. 폭주족들에게 그리스도의 복음을 가지고 다가가는 것, 그것은 분명히 '교회 밖의 사람들'을 겨냥한 것이었다. 협동 목사인 스티브 콤즈Steve Combs 목사는 이렇게 말했다. "나사렛그로브시티교회의 열정적인 목회자들이 이 사역을 추진시키고 있어요. 그리고 그들 대부분은 길 잃은 자들을 전도하는 데 발동이 걸린 자들입니다." 이들은 폭주족 사역으로 매년 수천 명을 전도하고 있다. 1999년에 나사렛그로브시티교회는 한 차례의 예배에서 100명에게 세례를 베풀었다.

이 교회의 모든 결정은 VIP 요인을 중심으로 돌아가고 있는 것 같다. 완성도를 높이려는 모든 노력들은 단 몇 가지 영역에 초점을 맞추고 있다. 리더 중 많은 이들이 종종 '외양간 경험'the barn experience을 이야기했다. 당회와 교역자들이 수련회를 갔을 때, 외양간에서 친교시간을 가졌다. 그때 그들은 성령의 강력한 임재를 느끼는 가운데 외양간을 예배당 건물로 신축하자는 쪽으로 의견이 모아졌다고 한다.

이 이야기의 핵심은 건물을 신축하는 것이 아니다. 진짜 이야기는 리더들의 인식, 곧 그들이 빨리 건축하지 않으면 새로운 사람들을 수용할 만한 공간이 없을 것이라는 결론을 내리고 그 인식을 함께한 것이다. 간단히 말해서, 결정을 내리게 만든 동력은 '교회 밖의 사람들'에게 초점을 맞추는 것이었다.

> 우리는 비교대상 교회에서는 탁월성을 추구하는 분위기가 왜 조성되지 않는지에 대한 이유를 알고 싶어했다. 비록 한 가지 이유를 들어 설명을 다 했다고 말하는 것이 성급한 감이 있다. 그러나 이들이 소수의 사역을 집중 공략하지 못했다는 것이 최소한의 설명은 될 수 있을 것이다. 비교대상 교회는 급성장하는 교회에 비해 프로그램과 사역이 훨씬 더 많았다. 또한 최신 유행에 편승되는 경향이 더러 보였다. 이와 대조적으로, 급성장하는 교회는 새로운 기회들에 대해 극히 신중했다. 그들은 대체로 2가지 질문을 했다. 그게 우리의 비전과 맞아 떨어지는가? 우리가 이 새로운 책임을 떠맡아서 탁월하게 해낼 수 있는가?

자유-기대 역설

교회란 자원자 조직의 패러다임이다. 사례비를 받는 교역자는 '노동력'의 극히 일부에 지나지 않는다. 하지만 급성장하는 교회는 일관성 있게 교역자와 평신도 모두 자신의 사역을 완성도 있게 해냈다. 이와 반대로, 비교대상 교회의 목회자는 교회가 제시하는 엄청난 사역의 양과는 다르게 그만한 일꾼들을 끌어들이지 못하는 무능력에 대해 하나같이 불만을 토로했다. 그렇다면 급성장하는 교회는 양적·질적인 면에서 어떻게 일꾼들을 끌어들였는가?

『좋은 기업을 넘어 위대한 기업으로』에서 짐 콜린스는 '체계 내에서의 자유, 그리고 책임'을 다루면서, 좋은 회사에서 위대한 회사로 키워낸 곳들이 회사의 목적을 성취할 수 있는 최선의 노선을 결정할 수 있도록 그들에게 어떠한 자유를 주었는지 설명하고 있다. 이와 동시에 목적을 성취하기 위한 책임도 질 수 있도록 그들을 어떻게 엄중하게 붙들고 있었는지에 대해서도 대안을 제시한다. 좋은 회사에서 위대한 회사로 발전한 곳에서 일하는 사람들은 자유를 갖고 있었다. 그러나 그것은 기본 틀을 만들어놓고 그 안에서 누리는 자유였다. 평신도와 교역자를 면담할 때 그들을 급성장하는 교회로 끌어당긴 데에는 2가지 이유가 있다고 알려주었다. 이 2가지는 역설적인 것처럼 보였다. 하나는, 이런 훌륭한 일꾼들은 개개인의 사역을 실천할 수 있도록 자신에게 주어진 자유를 최대한 즐긴다는 것이다. 그들은 세세하게 간섭하려 드는 어떤 것도 거부하겠다는 강경한 자세를 취했다. 또 다른 이유는 그들에게 높은 기대치를 두는 교회의 분위기 역시 그들이 누리는 자유 못지않게 즐겁다고 했다. 그들은 자유를 원했다. 그러나 그들은 분명하게 그어놓은 높은 기대치의 한계점을 원했다. 우리는 이런 현실을 '자유-기대 역설'이라는 제목으로 표 7-D에 상세히 설명했다. 『좋은 기업을 넘어 위대한 기업으로』의 내용 중 '좋은 회사에서 위대한 회사로의 창조적 규율 행렬'에서 유사한 도식과 아이디어를 도입했다.

제1사분면 높은 기대치/낮은 자유 비교대상 교회 7개	제2사분면 높은 기대치/높은 자유 급성장한 교회 13개
제3사분면 낮은 기대치/낮은 자유 비교대상 교회 25개	제4사분면 낮은 기대치/높은 자유 비교대상 교회 7개

표 7-D 자유-기대 역설

제2사분면에 속한 교회

급성장하는 교회를 연구할 때 우리 팀이 초기에 발견했던 유형 하나가 있다. 바로 높은 기대치를 설정하고 사역에서는 엄청난 자유를 부여한 교회 속에서 기쁜 태도와 성취감이 명백히 드러났다는 점이다.

재조사 과정에서 우리는 이런 반응을 보인 응답자들에게, 자신의 태도에서 모순이 발견되지 않았는지 물어보았다. 높은 기대치의 환경에서 풍부한 자유를 누리는 것이 가능한가? 캔자스 주에 있는 레넥사침례교회의 한 평신도 역시 동일한 반응을 보였다. "분명한 것은 우리가 경계선 안에서 엄청난 자유를 누린다는 것입니다. 그 경계는 우리가 교회의 비전을 벗어나지 않으며 완성도 있게 모든 것을 해낸다는 것을 확인시켜줍니다."

이 평신도의 높은 에너지를 알아차리고서 우리 팀은, 높은 기대치에 따르는 긴장감을 느끼지는 않는지 상대방에게 물었다. 그러자 그는 전혀 그렇지 않다고 말했다. "저는 제가 어떤 기대를 모으고 있다는 것을 아는 게 좋습니다. 저 역시 변화를 이루어내는 영역의 한 부분을 감당하고 싶거든요. 여기에 오기 전에는 저의 존재 가치를 도무지 가늠할 수 없는 교회들만 다녔어요. 사실 자유란 하고 싶은 것을 막무가내로 하는 것이 아니잖아요? 그런 의미에서 저는 주어진 기대치 안에서 많은 자유를 누리고 있어요."

13개의 급성장하는 교회는 모두 제2사분면의 내용을 실제 상황으로 드러냈다. 비교대상 교회는 한 군데도 여기에 포함된 곳이 없었다. 이 때문에 우리는 자유-기대 역설이 대체로 급성장하는 교회와 최고 수준의 교회에서만 나타나는 특성이라고 결론을 내렸다.[8] 다른 사분면들은 비교대상 교회의 현실을 시각적으로 생생하게 설명한다.

비교대상 교회들: 제2사분면은 전무

우리가 조사한 39개 비교대상 교회 중에 제2사분면 범주에 속한 교회는 한 군데도 없었다. 하지만 이들은 나머지 3영역의 사분면에 분포하면서 각 교회의 분위기를 정확히 드러내고 있었다.

> 비교대상 교회에 대한 모든 평가를 읽을 때, 의도적으로 우리가 비교대상 교회에서 수준급 교회는 배제했다는 사실을 염두에 두기 바란다. 수준급 교회는 2가지 사항은 예외로 하고, 그 밖의 것들은 급성장하는 교회의 기준치를 통과했다. 예외 사항은 수준급 교회로의 전환이 새로운 목회자의 지도 아래 이루어졌고, 그 교회는 지속적인 침체나 정체기가 없었다는 것이다. 평가를 총괄해보면 수준급 교회는 급성장하는 교회의 특징 중에서 많은 부분을 공유하고 있다는 것을 알 수 있었다.

비교대상 교회 중 7개 교회가 제1사분면에 분포하고 있었다. 교역자와 성도에 대한 기대치는 높았지만 사역을 자유롭게 할 수 있는 부분은 저조했다. 이런 교회의 지도부는 독재적인 성향을 띠었다. 비록 태도와 성향을 실

---

[8] 나의 저서 『높은 기대치』 *High Expectations*에서 건강한 교회에는 높은 기대감이 있다는 사실을 밝혀냈지만 이런 교회들 안에 자유롭게 사역할 수 있는 분위기가 조성되어 있다는 사실은 밝혀내지 못했다. 내가 급성장하는 교회들을 조사하면서 보람을 느낀 것은 이전의 연구 프로젝트에서 다소 허술한 부분을 대거 보충할 수 있었다는 점이다.

증적으로 증명할 수는 없다 해도 연구팀은 사역에 관여하는 사람들이 율법이나 의무감으로 일하는 듯 보인다고 여러 차례 보고했다. 그들의 삶과 사역 속에 기쁨이 드러나지 않았던 것이다. 이런 교회는 일시적으로 성장을 맛볼 수는 있지만 교역자나 회중이 환멸을 느끼면 교회를 떠나기 시작한다.

대부분의 비교대상 교회는 제3사분면에 분포하고 있었다. 25개 교회는 회중에 대한 기대치가 낮았다. 지도부는 삶에 변화를 가져오는 자리에 적합한 사람을 배치했는지를 확인하지 않았다. 매년 '인사 위원회'나 그와 유사한 모임은 적절하지 않은 사람을 임원으로 끼워 넣는 것을 포함하여 그저 빈자리를 채우기 바쁜 모습이었다.

제3사분면에 분포한 교회는 기대치는 작으면서 자유 또한 낮았다. 자리를 채워준 사람들에 대한 기대치가 거의 없는 반면, 낯설고 혁신적인 일을 떠맡기는 바람에 성도와 교역자는 반복적으로 긴장감을 느꼈다. "우리는 전에도 그런 식으로 일을 완수해본 적이 없답니다"라는 그들의 애처로운 말투는 교회를 평범한 상태로 몰고 가는 공식 멘트였다.

다른 7개 비교대상 교회는 제4사분면에 분포하고 있었다. 이런 교회는 실제로 성도에 대해 많은 기대도 하지 않았고, 사역에 동참하도록 동기 부여를 하는 강력한 비전도 없었다. 그 결과, 현존하는 소수의 사역은 적대감을 가지고 경쟁하는 사람들의 패거리 다툼으로 보일 때가 있었다. 이런 저조한 기대치와 높은 자유의 조합은 재난으로 가는 지름길이다.

명백한 지침서나 비전이 없었기 때문에 이들 교회의 환경은 무질서 그 자체였다. 중직자들은 예산과 시설 추가 문제를 가지고 싸웠다. 하나의 사역 철학이 다른 쪽과 종종 부딪치곤 했다. 비교대상 교회에서 낙심한 한 성도는 이런 말을 했다. "하나같이 제 멋대로 움직이고 있는 것 같습니다. 도무지 교회라는 생각이 들지 않습니다. 우리는 그저 같은 건물 안에서 자신의 계획을 가지고 모임을 나누는 하나의 집단일 뿐입니다."

도도한 면모가 풍기는 탁월성을 추구하는 문화

제1사분면에 있는 비교대상 교회와 제2사분면에 있는 급성장하는 교회는 약간의 유사성을 갖고 있었다. 제3, 4사분면에 분포하고 있는 비교대상 교회와 비교해보면 이런 교회에는 강력한 리더가 있었지만 리더십 방식에서 명백하고 뚜렷한 차이를 보였다.

제1사분면의 리더는 독재형이었다. 그들은 자신의 방식을 강요했다. 그들은 의견이 일치하지 않는 성도들이 떠나가는 것을 불가피한 상황으로 여길 뿐만 아니라 어느 정도 바라기도 했다. 솔직히 그들은 자신의 의견 이외의 다른 여론들이 개진될 여지를 주지 않는 불안정한 심리의 소유자들이었다.

제1사분면에 속해있는 비교대상 교회의 성도와 면담을 나누었다. 27년간 그 교회를 다녔다는 실라Sheila는 내가 던진 질문에 갑자기 울음을 터뜨리면서 탄식하기 시작했다. "전 이 교회를 무척이나 사랑한답니다. 이곳은 제 고향이나 다름없습니다. 그러나 부임한 지 2년 되신 우리 목사님이 얼마나 독재적인지, 많은 친구들이 떠났답니다. 목사님은 우리 입장은 전혀 배려하지 않고 자기 방식만을 추구했습니다. 정말 가슴이 찢어질 것만 같습니다. 이 교회를 무척 아끼지만 사실 이젠 더 이상 제 교회가 아니랍니다. 저도 친구들이 다니는 다른 교회로 옮길까 생각 중입니다."

제2사분면에 있는 급성장하는 교회에는 강력한 리더가 있었다. 하지만 그들은 독재형이 아니었다. 오히려 정반대로 겸손한 리더였다.

이 책을 절반쯤 집필했을 때 나는 급성장하는 교회로 선정된 곳에 편지를 띄웠다. 얼마 지나지 않아 버지니아 주 비엔나에 있는 한인중앙장로교회의 이원상 목사로부터 따뜻한 답장을 받았다. 최근에 은퇴한 이원상 목사는 1977-2003년까지 담임목사로 이 교회를 섬겼다.

급성장하는 교회의 목회자가 어떤 정신을 갖고 있는지 그 실례를 보여주는 답장 한 구절만 들어보기 바란다. "13개 급성장하는 교회 명단에 우리 한인중앙장로교회가 들어있다는 소식을 듣고 참으로 기쁘고 영광스러운 마음이었습니다. 이 세상에서 칭찬을 받아서 주님으로부터 진짜 상을 빼앗기는 것은 아닐까 우려됩니다. 그러나 저는 주님이 우리에게 기대하시는 일이라 믿습니다. 연구팀의 프로젝트는 우리 모두가 주님을 더 잘 섬길 수 있도록 격려와 교훈을 줄 수 있다고 믿어 의심치 않습니다."

누차 말했듯 도약을 이룬 교회의 목회자는 조사팀 모두를 황송하게 만들 정도의 겸손을 보여주었다. 하지만 그 겸손이 나약한 리더십을 드러내는 표시는 아니었다. 급성장하는 교회는 '탁월성을 추구하는 환경'을 구축하고 있었기에 훌륭한 기본틀과 기대수준을 유지할 수 있었음을 연구하는 과정에서 확인하였다.

스튜어트 스위스굿 팀원은 "그 교회를 보면 도도한 면모가 드러난다. 이런 분위기를 풍기는 것은 환경이지 사람이 아니다. 그 환경은 변화를 만들어내고자 소원하는 사람을 그 교회로 끌어들이는 매력이 있다. 그리고 바로 그 문화가 성도와 교역자로 하여금 정말로 의미있는 일에 집중하도록 이끌고 있다"라고 평가했다.

탁월성을 추구하는 문화와 적합한 사람들

우리가 교회를 조사하는 과정에는 '병아리가 먼저냐 계란이 먼저냐'를 두고 씨름하는 것처럼 보이는 상황이 있었다. 탁월성을 추구하는 문화 때문에 적합한 사람들이 교회로 이끌렸는가, 아니면 적절한 사람들이 동승했기 때문에 탁월성을 추구하는 문화가 형성되었는가?

우리가 연구한 바에 의하면, 적절한 사람을 먼저 태우는 것이 부흥의 흐름을 타는 적합한 경로이다. 다시 말해 '사람-일 동시 추구'(5장 참조)는 위대한 단계로 부상하는 첫 걸음 중의 하나였다. 참고로 짐 콜린스와 그의 팀이 연구했던 좋은 기업이 위대한 기업으로 전환할 때 필요한 첫 번째 단계 역시 '사람이 먼저'였다.

탁월성은 리더 계층이 평신도와 교역자를 적합한 인물을 선정하고 적절한 장소에 앉혔을 때부터 분위기가 조성된다. 이런 인물들이 사역의 빈 공간을 채우게 되면 하나님의 영광을 위해 각자의 소명을 다하고자 하는 의욕이 불타올랐다. 전환의 시점에서 올바른 인물을 세워놓으면 평범한 환경에서부터 탁월한 환경으로 이끄는 리더십을 발휘했다. 이런 식으로 탁월한 환경이 조성되면 그 다음에는 적합한 사람이 더 많이 딸려오는 순환의 고리가 흥미롭게 엮어졌다.

9장에서 우리는 '성장 탄력'이라는 대단히 매력적인 현상을 살펴보게 될 것이다. 성장 탄력이란, 교회의 성장을 가속화시키는 원동력이라고 보면 된다. 서너 가지 요인이 작용하면 이런 식의 성장이 일어나는데 거기서 가장 중요하고 확실한 요인 중 하나가 바로 탁월성을 추구하는 문화이다. 적합한 사람들이 환경을 조성하면 환경은 다시 적합한 사람을 불러모은다. 그러면 이번에는 그들이 보다 더 탁월한 문화를 창조한다. 이것은 반복되는 것이다.

탁월성을 추구하는 문화와 '해서는 안 되는 일'

『좋은 기업을 넘어 위대한 기업으로』에서 짐 콜린스는 '해서는 안 되는 일'이라는 아이디어를 소개했다. 좋은 회사를 위대한 회사로 성장시킨 사람들은 '해야 할 일'을 정해두는 만큼이나 '해서는 안 되는 일'이라는 항목을 만들었다고 말했다. 그들은 온갖 종류의 잡다한 것을 뽑아내기 위해 놀라울 정도로 자신을 관리했다.[9] 우리는 탁월성을 기준으로 해서 급성장하는 교회를 평가해나가는 과정에서 한 가지 소중한 사실을 발견했다. 최고 수준의 교회 목회자는 '해서는 안 되는 일'을 작성해서 확실히 실천하고 있었다는 점이다. 이 책에서 우리는 '해서는 안 되는 일'이라고 명칭을 붙였다. 짐 콜린스가 『좋은 기업을 넘어 위대한 기업으로』에서 기록했듯이 '우리는 대부분 바쁘긴 하지만 규율이 없는 삶'을 살아가고 있다. 급성장하는 교회에서 절도 있는 자세가 강하게 나타난다는 것을 발견했을 때, 질서 없는 자신의 삶을 되돌아보게 된다.

마감 날짜에 맞춰서 이 책을 작업하고 있는 나도 이번 주일 설교 준비를

---

9) Ibid., 139.

해야 한다는 엄청난 부담이 있다. 게다가 기한 내에 제출해야 하는 컨설팅 보고서도 2건 있으며, 한 학기를 마무리하는 학생들의 학점 평가도 해야 한다. 그리고 무엇보다 가장 우선적으로 해야 하는 개인적인 용무도 있다. 정말 나야말로 '해서는 안 되는 일'을 반드시 실천해야 한다.

케노스기독공동체가 위대한 교회가 된 이유 중 하나는, 그들도 모든 것을 다 잘할 수는 없다는 목회자의 인식이다. 그것은 VIP 요인을 집중 공략하겠다는 것을 암시할 뿐만 아니라, 교회가 추구하는 비전의 영역 이외에 어떤 활동도 중단하겠다는 각오를 의미한다. 탁월성을 추구하는 문화는 때로는 고통스럽지만 성공을 이루기까지 '해서는 안 되는 일'을 결코 시도하지 않는다.

레이너 그룹에서 일하는 캐럴린 위스Carolyn Weese 연구원은 지난 10년 동안 케노스기독공동체를 3번이나 탐방했다. 그녀는 외부인의 시각으로 그 교회에 대한 일련의 자료를 제공했다. 그녀는 그 교회가 명시하고 있는 '해야 할 일'과 '해서는 안 되는 일'에 관한 정보를 입수했던 것이다.

케노스기독공동체의 목회자는 일부 사역을 중단해야 하는 힘든 결정을 내리게 되었다. 상담 사역이 성도의 비전과 맞지 않았을 때, 저항을 최소화하는 길은 사역을 계속하는 쪽으로 진행하는 것이다. 왜냐하면 이미 너무나 많은 사람들이 거기에 연관되어 있기 때문이다. 상담 사역 중단이라는 힘든 결정이 단행되었고 그와 관련된 갈등이 잇따라 일어나 교계의 이목을 끌었다. 하지만 교회는 이 폭풍을 잠재웠고, '해야 할 일'에 더욱 집중하게 되었다.

1990년대 초에는 네트워킹 프로그램을 중단했다. 그것은 대부분 일리노이 주, 사우스 베링턴에 있는 윌로우크릭공동체교회가 실시하는 은사배치 사역에 바탕을 둔 것으로 본질 자체에 흠이 있는 것은 아니었다. 문제는 네트워킹 사역을 강조하다 보니 일차적 비전인 가정모임이 흐트러졌다는 것이었다.

비교대상 교회들 가운데는 교회의 올바른 목적에 전혀 기여하지 못하는 것으로 보이는 사역과 프로그램이 수없이 많다. 너무 많은 것에 손을 대다 보니 제대로 끝내지 못한 다른 사역이 눈에 띄기 시작했다. 급성장하는 교회들이 탁월성을 추구하는 문화를 소유하고 있는 중요한 이유 중 하나는 잘 할 수 있는 몇 가지만 하고 나머지는 '하지 않기' 때문이다.

13개의 급성장하는 교회는 다양한 사역과 프로그램에 몰두하고 있다. 하지만 다른 교회가 따라할 수 있는 정형화된 패턴은 볼 수 없었다. 우리가 보았던 것은 탁월성을 고집하는 문화였다. 어떤 것을 해야 마땅한지를 분별하는 것도 중요하다. 하지만 일을 완성도 있게 해내는 것도 똑같이 중요한 문제다. 비교대상 교회가 힘겨워했던 것은 무엇을 해야 하느냐에 관한 선택 사항이 아니었다. 정작 곤란한 부분은 무엇을 하지 말아야 하는지를 결정하고, 탁월성을 가지고 할 수 없었던 일들을 과감히 없애는 과정이었다.

이 책을 읽을 때 여러분이 어떤 생각을 하게 될지 확실히 모르지만 지금까지 읽어온 내용에 대해 어쩌면 부정적인 생각을 할 수도 있을 거라고 짐작한다. "지금까지 이런 힘든 결정을 내리고 갈등의 시기에 직면했던 교회들에 관해 들어보았다. 하지만 그것만이 아니다. 급성장하는 교회가 되려면 어떤 일을 해야 하는지 신중히 결정해야 하고, 경우에 따라서는 진행하던 사역의 상당 부분을 정리해야 한다고 말한다. 과연 내가 할 수 있을 것인가? 목회생활 중에 수준 높은 교회로 세워나갈 수 있는 기회를 만날 수 있을 것인가?"

자료, 인터뷰, 조사원들의 의견을 종합하면서, 나 역시 동일한 생각을 했음을 인정한다. 하지만 그 다음에 나는 급성장하는 교회 목회자의 이야기에 귀를 기울였다. 앞으로 나아갈 수 있도록 그들에게 부어주시는 하나님의 초자연적인 힘에 관한 이야기였다. 그들은 부흥의 역사 중 많은 부분을 기적이라고밖에 설명할 수 없다고 말했다. 그들의 간증은 연약한 자들도 하나님의 손에 이끌리면 어떤 역사가 일어나는지를 보여주는, 하나님이 일하시는 방법에 대한 것이었다.

이 과정에서 내가 깨달은 것은 급성장하는 교회를 연구하는 일 자체가 바로 위대하신 하나님의 이야기를 듣는 일이라는 것이었다. 이 책의 마지막 세 장에 들어가기에 앞서, 여러분이 섬기는 하나님의 기이한 능력을 잊지 말라. 하나님의 능력이 함께하신다면 여러분이 섬기는 교회도 도약하고 위대한 교회로 성장하는 모습을 분명히 보게 될 것이다.

핵심 내용 요약
탁월성을 추구하는 문화

❶ 13개의 급성장하는 교회는 시도하는 일마다 탁월하게 해내야 한다는 열정이 있었다. 그들을 이끄는 동기 속에는 신학과 성경이 바탕에 깔려있었다. 그들은 구주 예수님과 모든 영광을 돌려야 할 하나님을 위해 최선을 다할 궁리를 했다.

❷ VIP 요인, 비전 교차도, 탁월성을 추구하는 문화는 빠져서는 안 되는 필수 요인으로 서로 연결되어 있다. 급성장하는 교회가 완성도를 높이기 위해 열정을 쏟는

부분이 가장 분명히 드러나는 곳이 바로 이 비전의 영역이다.

❸ 탁월성에서 공통적으로 드러나는 특징 중 하나는 자유-기대 역설이다. 사역에 동참하는 교역자와 평신도는 하나같이 자유로운 입장에서 자신의 일을 감당하고 있었지만 이는 분명히 명시되어 있는 교회의 기대치 안에서의 자유다. 사역자는 교회의 비전에 집중해 탁월하게 사역을 수행한다는 조건하에 자유를 누리고 있었다.

❹ 39개의 비교대상 교회 중 높은 기대-높은 자유를 배경으로 하는 풍토는 한 군데도 찾아볼 수 없었다. 그중 25개 교회는 낮은 기대-낮은 자유라는 분위기에 눌려 있었다. 기대하는 바도 없으면서 일을 맡겨놓으며, 허다한 규율과 전통으로 묶어버리는 것이 이런 교회들의 상황이다. 7개의 비교대상 교회는 높은 기대-낮은 자유의 분포를 하고 있었다. 이런 교회는 독재형 목회자가 이끌고 있었다. 다른 7개의 교회는 낮은 기대-높은 자유의 분위기를 보이는데, '혼돈'이라는 표현이 가장 적합한 설명이 될 것이다.

❺ 급성장하는 교회는 독재형 리더가 없는 대신 독재적인 문화를 가지고 있었다. 즉 사역하는 이들로부터 많은 것을 요구하는 것은 탁월성을 추구하는 교회의 문화이다.

❻ 급성장하는 교회는 탁월성을 추구하는 문화를 이식하기 전에 적절한 사람을 먼저 합류시켰다.

❼ 급성장하는 교회가 손을 댔던 일과 거의 동급으로 중요한 일은 그들이 손대지 않았던 부분이다. '해서는 안 되는 일'을 정해놓는 일은 이 교회들 가운데 공통적으로 드러나는 특징이다. 교회가 깨달은 것은 하던 일을 중단하는 것이 새로운 사역을 시작하는 것보다 더 힘든 경우가 있다는 점이다.

He who joyfully marches in rank and file has already earned my contempt. He has been given a large brain by mistake, since for him the spinal cord would suffice

Albert Einstein

8장
개혁 가속 장치

> 나는 서열과 줄서기를 즐기면서 의기양양 으스대는 자를 대단히 경멸한다. 그가 커다란 뇌를 갖게 된 건 순전히 실수다. 왜냐하면 그는 척수 하나면 족할 뻔했기 때문이다
>
> **앨버트 아인슈타인**

짐 콜린스의 책 『좋은 기업을 넘어 위대한 기업으로』에서 7장은 '기술 가속 장치'라는 제목으로 시작된다. 급성장하는 교회를 이 차원에서 조사해본 결과 우리는 콜린스와 그의 팀이 내린 결론과 대단히 유사한 결과를 얻게 되었다. 하지만 우리가 발견한 것을 기초로 해서 개념을 수정할 필요가 있었다. 급성장하는 교회는 기술이 아닌 개혁에 따라 가속을 받는다는 사실을 반영하기 위해서다. 따라서 우리는 '개혁 가속 장치'라고 이름을 붙이고 이 부분을 중점적으로 살펴보려고 한다.

1995년 9월, 두 교회가 각각 물의를 일으키게 되었다. 두 교회는 그것으로 인해 수년간 내리막길을 걸어야 하는 심각한 상황에 놓이게 되었다. 양쪽 다 그해 평균 출석 성도가 약 750명이었다. 8년 후인 2003년, 두 교회의 출석 성도는 460-475명 선을 오갔다. 8년 동안 두 교회 모두 35% 이상의 퇴보를 경험했다.

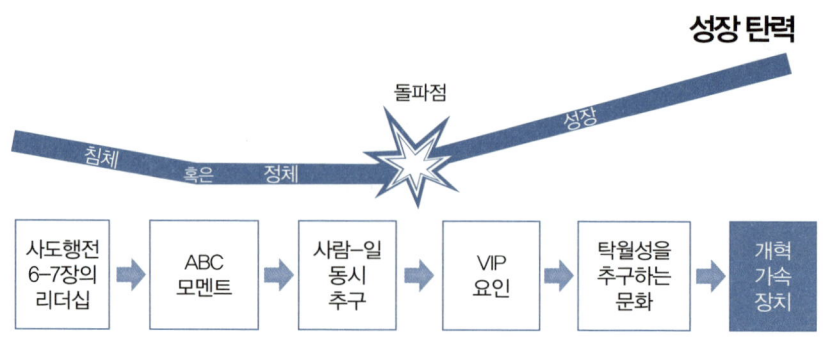

표 8-A 개혁 가속 장치

    그러나 유사성은 여기서 그치지 않았다. 두 교회 모두 대도시 주변의 외곽지역에 있었다. 한쪽 교회가 자리 잡고 있는 지역의 인구 성장률은 1995-2003년 사이에 14%였다. 다른 쪽 지역의 인구 성장률은 11%였다. 간단히 말해서, 양쪽 모두 주민 수가 늘고 있는 성장지역에 자리 잡고 있었다. 그런데도 두 교회 모두 상당히 퇴보했다. 수적으로는 비슷하게 줄어들었지만 양쪽 교회에는 뚜렷한 차이점이 있었다. 이런 슬픈 일을 당하게 된 이들의 전후사정을 들어보자.

두 교회의 사연

    양쪽 다 우리가 조사한 비교대상 교회의 표본대상이다. 여기서 웨스트몬트기념교회Westmont Memorial Church라고 부르게 될 첫 번째 교회는 1955년에 시작되었다. 1950년대 중반에 성도들이 교회 개척을 위해 5천 평 정도의 부지를 샀다. 이 교회는 초창기 12년간 살아남기 위해 허우적거리다가 지역사회의 성장 덕분에 출석 성도가 꾸준히 늘어나기 시작했다. 1985년에 들어서는 출석 성도가 550명에 이르렀다. 5년 후인 1990년대에는 출석 성도가 750명이 될 정도로 우뚝 서게 되었다.

이 교회는 창립 이후 지금까지 목회자가 2번밖에 바뀌지 않았다. 현재 담임하고 있는 플랭클린 하트Franklin Hart 목사가 교회의 성장을 거의 주도했다. 5천 평의 교회 건물로는 현재 수준을 벗어날 수 없다는 사실을 깨달은 사람은 바로 담임목사였다. 사용 가능한 공간이 한정되어 있는 상태에서 더 많은 사람을 끌어들이기 위해 하트 목사는 여러 가지를 시도했지만 750명 이상을 수용하기엔 역부족이었다.

하트 목사는 1985년 초에 교회를 이전할 생각으로 여러 지역을 찾아보기 시작했다. 초기에 비공식적인 분위기에서 대화를 나누자 교회의 터줏대감들이 거세게 반발했다. 그는 저항에 못 이겨서 그 후 3-4년간 교회 이전은 시도조차 하지 않았다.

웨스트몬트기념교회가 정체현상을 벗어날 수 없다는 현실에 좌절한 그는 컨설팅 서비스를 의뢰해보자고 제안했다. 그리고 하트 목사는 전문가로부터 현재의 건물로는 더 많은 성도를 수용할 수 없다는 진단을 받았다. 하지만 그는 놀라지 않았다. 자신도 그렇게 생각하고 있었기 때문이다. 컨설턴트의 진단에 따라 주변의 부지를 확보해보자고 제안했으나 그 의견도 힘을 얻지 못한 채 흐지부지 끝났다. 많은 성도가 지금 그대로가 좋다는 의견이었다.

하트 목사는 전문가의 건의사항을 제직회에 보고했다. 반대파에 속하지 않은 채 방관하고 있던 자들이 그 안건을 보면 일어나서 저항세력을 압도할 거라는 순진한 생각을 했던 것이다. 하지만 방관자는 여전히 구경꾼일 뿐이었다. 오히려 다수의 저항파와 교회 성장을 열망하는 소수파 사이에서 언성이 높아지고 싸움이 벌어졌다. 가장 민감한 문제 중 하나는 교회를 개척했던 당시의 초창기 중직자 중 몇 사람이 기증한 스테인드글라스 창문이었다. 그 유리창을 새 공간에서도 사용겠다는 조건으로 타협안을 제시했지만 그들은 더 거세게 반박할 뿐이었다.

말할 것도 없이 교회 이전은 물 건너갔다. 담임목사는 사역에 대한 열정이 식어버렸다고 자신의 심정을 털어놓았다. 그는 개인적인 재정난으로 인해 자신의 계좌가 바닥을 드러내지 않았다면 조기 은퇴를 했을 거라고 당시 상황을 설명했다. "저는 그저 시간을 때우고 있을 뿐입니다. 제직회에서 그 안건은 없던 일로 끝났습니다. 그래도 저는 어찌할 수 없었습니다."

웨스트몬트기념교회는 조금만 바꾸려는 시도가 있어도 습관적으로 굳게 반대하는 것이 전통으로 자리 잡고 있었다. 그렇기에 교회를 이전하는 일에 성도들이 거세게 반발하는 것은 전혀 이상한 일이 아니었다. 무수한 교회가 그런 길을 가듯이, 그들 역시 조금이라도 저항을 덜 받는 쪽으로 따라갔다.

두 번째는 플레밍공동체교회Fleming City Community Church의 이야기다. 물론 실제로 현존하는 교회이지만 이름은 가명을 썼다. 다행히 이 교회는 부지 문제로 성장이 방해받지는 않았다. 부지가 3만4천여 평이나 되는 넉넉한 공간이었기에, 성장하는 데는 문제가 없었다. 그럼에도 이 교회 역시 웨스트몬트기념교회와 똑같은 내리막길을 걸었다.

1993년, 조지 예이츠George Yeats 목사가 플레밍공동체교회에 부임했다. 그는 교회 사역에 활용할 수 있는 최신 유행 프로그램을 잔뜩 가지고 왔다. 실은 이 목사가 이전 교회에서 사임한 이유도 예배당에 있는 모든 찬송가를 일제히 치워버렸기 때문이었다. 교회의 핵심 멤버들은 이 일을 나중에서야 알게 되었다.

이 과격한 목사는 아직까지도 교훈을 받아들이지 못한 것이 분명했다. 플레밍공동체교회에 부임한 지 2주도 채 안 되어 그는 찬양 인도자에게 그 교회의 경배와 찬양 방식을 과감하게 바꾸도록 지시했고 담당자는 마지못해 바꾸었다. 그러자 곳곳에서 불만의 목소리가 터져나왔다.

그런 일이 있은 지 얼마 안 되어서 이 목사는 지도층의 구조를 조직적으로 구성해야 한다고 주장하는 교회성장세미나에 다녀왔다. 예이츠 목사는 강사의 견해를 적극 수용했고 얼마 지나지 않아 세미나에서 제시한 대로 구조개편을 단행했다. 모든 것은 플레밍공동체교회 성도와 중직자들에게 한 마디 언급도 없이 이루어졌다. 그는 교회의 부칙을 읽어본 적이 없을 정도로 태만했다. 거기에는 교회의 구조를 바꾸는 것이 금지항목으로 명확히 규정되어 있었다.

교회 활동영역에서 최신의 유행과 풍조를 따라가는 예이츠 목사의 과격한 열정에 대한 이야기는 끝도 없는 것 같았다. 오래된 성도 한 명은 이런 말을 했다. "사람들은 우리 교회를 '다음엔 어떤 일이 벌어질지 모르는 교회'라고 말한답니다. 우리 역시 다음에는 어떤 아이디어가 등장할지 전혀 예측할 수 없습니다. 언제나 혼돈 가운데서 살고 있는 것이나 마찬가지입니다."

다른 성도도 퉁명스럽게 대답하기는 마찬가지였다. "그는 감정에 따라 마구잡이로 결정을 내립니다. 교회 일을 할 때 자신이 고안해낸 생각을 따라 움직이는 일은 절대 없습니다. 혼자서는 아무 생각도 못하는 것 같습니다. 언제나 다른 사람의 아이디어와 프로그램을 갖고 일을 추진하기 때문입니다."

이 교회가 어수선한 분위기라는 것은 회중이 줄어드는 현상을 통해 분명하게 드러났다. 이유가 무엇이든지 간에 그 교회는 심각한 하향세를 겪어왔다. "사람들은 이제 매주마다 바뀌는 새로운 것들 때문에 지쳐버렸습니다." 그 교회 5년차 성도가 하는 말이었다. "성도들이 이제는 분위기가 안정된 곳으로 가려고 합니다. 제대로 된 상식을 가진 목회자가 있는 교회를 찾는 것입니다. 우리가 변화를 껄끄러워하는 것은 아닙니다. 단지 목사님과 일부 추종자들의 생각을 어느 누구에게도 설명 하나 없이 바꿔버리니 그게 문제입니다. 저도 곧 떠날 생각입니다."

웨스트몬트기념교회과 플레밍공동체교회 간에는 아무런 공통점이 없는 듯 보인다. 두 교회 모두 주민 수가 비슷한 지역에 자리 잡고 있지만, 교회의 특성은 상당히 다르다. 한 교회는 전통에 묶여있고, 다른 교회는 새롭고 겉으로 보기에는 혁신적인 방법론으로 무장되어 있다. 그러나 양쪽 모두 심각한 문제를 안고 있으며 교세가 점점 기울어지고 있다.

놀랄 일도 없지만 13개 급성장한 교회는 아무런 방법론도 취하지 않았다. 하지만 전통적인 웨스트몬트기념교회와는 달리 이들은 변화나 개혁에 역반응을 보이지 않는다. 사실 몇몇 교회는 극적인 변화를 주도했다. 그렇다고 해서 급성장하는 교회가 플레밍공동체교회를 닮은 것도 아니다. 그들은 새롭고 혁신적인 방법을 채택하는 데 있어서 때로는 놀라울 정도로 느리다. 중요한 변화를 결정할 때, 그들은 신중하며 심지어는 거북이 걸음을 한다.

잘 다니지 않는 길

웨스트몬트기념교회와 플레밍공동체교회, 이 두 교회에게 한 가지 위안이 되는 것은 그들과 같은 길을 걸어가는 교회들이 엄청나게 많다는 것이다. 미국의 대다수 교회가 전통을 고수함으로 개혁에 저항하느냐 아니면 개혁을 수용하느냐 중 어느 한쪽에 해당한다.

각각의 범주를 시각화할 수 있는 좋은 방식은 순서도를 사용하는 것이다. 전통고수/개혁저항 모델은 표 8-B의 길을 따르는 것이 통례이다.

표 8-B 전통고수/개혁저항 모델

전통고수/개혁저항 교회는 변화의 기미만 보이면 문제가 일어난다. 개혁을 제안하거나 암시하면 그 교회는 들을 생각도 않고 귀부터 막아버린다. 개혁의 의미를 평가하는 일은 전혀 없다. 이 교회의 궁극적인 바람은 그저 안정일 뿐이다. 39개의 비교대상 교회 중 24개 교회가 이 모델을 닮았다.

개혁-수용 모델은 개혁으로 무장되어 있다. 목회자는 교회가 행할 수 있는 새로운 방식을 제시하는 세미나에 참석했다가 눈에 불을 켜고 돌아온다. 사실 아이디어와 개혁론을 보면 긍정적이긴 하지만 자신이 섬기는 교회의 상황에서 그 변화들이 어떤 효과를 나타낼지에 대한 냉철한 평가가 없다. 표 8-C에 이러한 사례를 잘 표시해놓았다.

표 8-C 개혁-수용

개혁을 열망하는 이 모델에서 전후관계를 살펴보기 바란다. 여기에 속한 교회들은 개혁을 '마법의 풍선'처럼 생각하며 그것이 모든 문제를 다 해결해 줄 거라고 생각한다. 최신식 개혁론을 채택하기만 하면 바라는 성장은 절로 따라온다고 지레짐작하는 것이다. 39개 교회 중 15개 교회가 이 모델을 따랐다.

하지만 급성장하는 교회는 다른 교회가 잘 가지 않는 드문 길을 따라갔다. 그들은 개혁을 거부하지도 않았고, 그렇다고 맹목적으로 수용한 것도 아니었다. 우리는 이런 신중한 태도를 '개혁 가속화'라는 명칭을 붙여 표 8-D에 예시해놓았다.

표 8-D 급성장한 교회들: 개혁 가속화

『좋은 기업을 넘어 위대한 기업으로』 7장에서 중요한 통찰력을 볼 수 있는데 짐 콜린스는 그것을 이렇게 표현하고 있다. "기술은 적합하게 쓰일 경우, 추진력의 발동기가 아니라 가속 장치가 된다. 좋은 회사에서 위대한 회사로 도약한 기업들은 결코 선구적인 기술로 전환에 착수하지 않았다. 어떤 기술이 적합한지 알기 전에는 기술을 잘 활용할 수 없다는 단순한 이유에서다."[1)]

그 통찰력을 알기 쉽게 서술해보자면, 급성장하는 교회는 개혁을 성장 욕구에 대한 만병통치약으로 여겨 맹목적으로 수용하지 않았다. 대신에 전형적으로 성장이 먼저였고 개혁은 따라나왔다. 그들은 개혁을 궁리할 때는 느리고 때로는 거북이 걸음으로 나아가는데, 계속 다음과 같은 질문을 던지면서 개혁을 시작했다. "이 개혁 속엔 정말로 새로운 것이 있는가? 우리 교회의 상황에서 볼 때 변화의 소지가 있을 것인가? 그것은 비전을 보충하는 식으로 작용할 것인가, 아니면 비전을 무너뜨리는 것은 아닌가?"

급성장하는 교회는 개혁을 반대하는 입장은 아니었다. 받아들이는 입장에서는 느릴지도 모른다. 하지만 새로운 방안을 채택한 후에는, 교회의 유익을 위해 즉시 그것을 활용하려고 했다. 그들은 개혁을 성장의 주체로 보지 않고 성장을 촉진시키는 가속 장치로 간주했다.[2] 급성장하는 교회가 개혁에 대해 어떻게 반응했는지를 살펴보도록 하자.

> 교회에서 이루어지는 개혁은 전혀 새로울 것이 없다. 버스 사역을 기억하는가? 개혁에 대해 가장 흔히 볼 수 있는 반응은 전통고수/개혁저항이냐 아니면 개혁수용이냐 하는 2가지였다. 급성장하는 교회를 실례로 들었듯이 남들이 가지 않는 길을 택하는 교회는 드물다.

---

1) 짐 콜린스, 『좋은 기업을 넘어 위대한 기업으로』 Good to Great, (Harper Collins), 152-153.
2) 짐 콜린스는 좋은 회사에서 위대한 회사로 도약한 11개 기업은 과학 기술을 도입하는 문제에 있어서 대단히 유사한 현상을 보인다는 점을 지적했다. 그는 이 문제를 '개혁 가속 장치'라는 표제를 붙인 7장에서 언급하고 있다. 하지만 급성장을 이룬 교회의 입장에서 보면 과학 기술은 큰 문제 요인이 아니었다. 설사 과학 기술을 도입해서 교회에 분명한 쇄신을 가져왔다 해도 그건 하나의 요인으로 작용했던 것이다. 각 교회마다 과학 기술적인 문제와 직접 연관성이 없더라도 그들은 다양한 영역에서 쇄신을 모색했다.

개혁과 VIP 요인

맹목적으로 개혁을 추구했던 비교대상 교회는 비전을 일으켜보려는 무익한 시도를 하고 있는 듯 보였다. 새로운 개혁을 할 때마다 새로운 비전이 선포되곤 했다. 조사나 상담을 통해 접해본 많은 교회 중 타 교회의 비전을 차용한 교회가 얼마나 많은지 헤아릴 수 없을 정도였다. 이러한 행동의 이면에는 새로운 비전이 교회에서 겪고 있는 모든 고통이나 문제를 해결해줄 것이라는 소망이 깔려있었다.

좋은 회사에서 위대한 회사로 부상시킨 기업이 3개의 원이 서로 교차하여 고슴도치 컨셉과 직결되는[3] 선진 기술을 채택하기 위해 고심하는 것처럼, 급성장하는 교회도 개혁을 추구할 때는 비전을 창조하는 것이 아닌 현존하는 비전을 발전시키는 쪽으로 진행했다. VIP 요인에 광적으로 매달리는 교회는 비전에 더욱 충실할 수 있다는 조건에서만 개혁을 받아들이겠다는 각오가 되어있었다.

예를 들어, 앞에서 살펴본 오하이오 주 콜럼버스에 있는 케노스기독공동체가 가지고있는 명확하고 결정적인 비전에 대한 이야기를 들어보았을 것이다. 그 교회는 비전통적인 바탕 안에서 시작했다. 비공식적인 모임이 교회가 되었을 때, 당연히 조직 구조에 비공식적인 분위기를 지닌 가정 모임이라는 느낌이 남아있을 수밖에 없었다. 따라서 리더는 모든 사역 활동의 구심점이 가정모임이 되도록 하는 것에 열의를 보였다. 그들이 지향하는

---

[3] Ibid., 153.

VIP 요인인 가정 모임에 연결되지 않은 모든 개혁은 실패로 돌아갔다.

상담 사역이 처음으로 도입되자 미국 전역에서 이 사역을 받아들였다. 그때 이 교회에도 상담 사역 붐이 일어났다. 그 개혁이 일부 교회에서는 적합했을지 몰라도 케노스기독공동체의 VIP 요인을 보충해주지는 못했다.

평신도를 사역에 대거 투입시키는 프로그램인 네트워킹 사역도 시도해보았다. 그 개념은 윌로우크릭공동체교회에서 시작된 것으로 많은 교회에서 호평을 받았다. 하지만 그것 역시 이 교회의 비전을 보충하지는 못했다. 그리하여 네트워킹 사역도 시작한 지 얼마 안 되어 중단해야 했다.

> 상황을 배제하고서 개혁이 '좋다', '나쁘다'라고 명확히 평가할 수 없다는 점을 분명히 해두고자 한다. 어느 교회에서는 특정 개혁이 교회의 유익에 엄청난 가치를 안겨줄 수 있지만 동일한 개혁이라 할지라도 그것을 채택하여 재난을 불러온 교회도 있다는 것이다. 우리가 연구한 결과 나쁘거나 좋기만 한 개혁은 별로 없다. 그러므로 분별이 문제의 핵심이다.

케노스기독공동체로부터 배운 교훈은 2가지였다. 첫째, 비전에 명확히 들어맞지 않는 것은 교회의 개혁으로 채택하지 말아야 한다는 것이다. 둘째, 개혁을 이식해서 그 다음에 중단하는 것보다 애당초 개혁을 수용하지 않는 편이 훨씬 더 좋다는 것이다. 이 교회는 비전과 연합하지 않는 개혁을 도입함으로 그 대가를 치러야 했다. 현재 그 교회의 지도층은 '최근, 최신식, 최고'일수록 더욱 촉각을 곤두세우며 조심하고 있다.

캔자스 주에 있는 레넥사침례교회가 지향하는 VIP 요인은 일찍이 살펴본 바와 같이 '저돌적인 복음 전파'다. 이 비전은 스티브 다이턴 목사가 끊임없이 외쳐대는 슬로건이다. 1990년대 초에 사역을 시작할 무렵, 이 교회는 둘로 갈라질 위기에 놓였다. 어이없게도 목사가 비전에 목숨을 걸고 한 치의 흔들림도 없이 사역을 진행한 것이 분열의 원인이 되었다.

교회가 갈라질 위기에 처했음에도 목회자는 비전을 놓지 않았다. 서너 번 면담을 하는 중에도 그는 '저돌적인 복음 전파'라는 문구를 여러 번 사용하면서 그것이 그 교회의 우선순위임을 명백히 보여주었다. 목사님의 소원은 어떤 상황에서 어느 누구를 만나든지 복음을 전하는 것이었다. 그로부터 수년 후 이제는 많은 성도들이 동일한 열정에 붙잡혀서 저돌적으로 복음을 전파하는 비전을 모델로 삼고 있다.

이 교회 성도들이 지난 5년간 맛보았던 큰 부흥에 관해 이야기할 때, 그들은 신축 건물에 대한 것과 그 건물 프로젝트에 물질로 헌신하는 성도의 희생에 대한 간증을 나누었다.

그렇다면 레녁사침례교회는 왜 건물 신축 개혁을 수용했을까? 당시 이 교회는 전도를 통해 성장하고 있었기 때문에 대비책을 강구해야 하는 상황이었다. 애써 불신자를 데리고 왔는데 교회의 공간 부족으로 방해를 받을 우려가 있었기 때문이다. 많은 교회가 새로운 설비를 갖추면서 성장 그 자체를 낳게 될 거라는 희망에 부풀어 건축하는 것과 다르게, 레녁사침례교회가 개혁을 수용하게 된 것은 교회가 성장세로 돌아선 이후였다.

버지니아 주 비엔나에 있는 한인중앙장로교회의 이원상 목사는 '성도를 훈련시켜 세계를 변화시키자'라는 슬로건을 내걸고 회중들을 이끌었다. 이 슬로건을 채택한 시점은 바로 1993년 11월 7일 교회 창립 20주년 기념행사가 열리던 때였다. 이 교회의 경우, 이 문구는 기념행사의 슬로건으로 한 번

외쳐보는 차원이 아니었다. 거기에는 한인중앙장로교회의 맥박이 요동치고 있었다. 이원상 목사는 전세계 구석구석의 영적·신체적 필요를 충족시키도록 훈련하는 쪽으로 교회를 이끌었다. 1987년 7월 1일, 그 교회는 과테말라에서 사역할 단기 선교팀을 파송했다. 1990년 11월에는 단기 및 장기선교 사역자를 지속적으로 파송하기 위해 선교 단체를 설립했다.

VIP 요인에는 소외된 자들에게 도움을 주는 사역도 포함되어 있다. 1994년에 이 교회는 은퇴세대를 위한 사역으로 노인대학을 설립하여 버지니아 주지사의 인정을 받았다. 2000년에는 워싱턴에 있는 지역사회 서비스센터를 구입하여 상가 지역의 알코올 중독자, 마약 중독자, 그리고 빈민층을 돌볼 수 있는 중심 장소를 확보했다. 우리가 조사해본 교회 중 어느 곳도 이렇게 부가 사역을 위해 건물을 구입하는 등의 개혁을 궁리하지는 않았다.

이 교회가 추진해온 다른 사역도 줄줄이 나열할 수 있지만 요점은 분명하다. 이 교회는 무서울 정도로 투철하게 비전에 헌신한다. 건물을 통째로 매입할 정도의 개혁은 '성도를 훈련시켜 세계를 변화시키자'라는 교회의 비전을 보충하는 것이기에 가능하다.

꼬리와 개

최근에 나는 참관인 자격으로 기독교 학교를 운영하는 어느 교회와 함께 사역을 한 적이 있었다. 교회에서 운영하는 그 학교는 상당히 활기차게 잘 나가고 있는 듯 보였다. 그런데도 지도층에서는 학교를 사립재단에 넘기고 교회와 독립시키겠다는 뼈아픈 결정을 내렸다.

반대 의견이 분분했고 분위기는 험악해졌지만 담임목사와 중직자들은 흔들림이 없었다. 왜 그런 결정을 내렸는지 질문하자 즉각 답변이 나왔다. "꼬리가 개를 쥐고 흔드는 것처럼 학교가 저희 교회 전 사역을 주도하는 상황이 되고 말았습니다. 우리가 하는 모든 것이 학교의 필요를 해결해주는 심부름꾼처럼 돼버린 것입니다. 기독교 학교를 세우는 것이 목적이 아니라 예배가 중심이 되는 교회로 서고 싶습니다."

우리는 이런 이유를 좀 더 자세히 파고들었다. 연이어 질문하기를 기독교 학교를 운영하려는 교회가 있다면 반대할 것인지 묻자 그는 이렇게 대답했다. "아마 그렇지 않을 것입니다. 그 대신에 권면은 해드리고 싶습니다. 먼저 목회자가 학교와 교회 간의 관계를 어떤 식으로 정립할지 분명히 선을 그어야 한다고 생각합니다."

> 급성장하는 교회는 특정 개혁이 모든 교회에 다 나쁜 영향을 준다는 뜻은 비치지 않았다. 하지만 일부 개혁이 적합하지 않은 교회도 있다는 점을 분명히 밝혔다. 개혁이 맞지 않는 경우에 대단히 자주 인용되는 2가지 이유는 비전을 보충하지 못한다는 것과 개혁의 방식이 꼬리가 개를 쥐고 흔드는 꼴이 될 수도 있다는 것이었다.

개는 어디 있을까?

비교대상 교회 중 많은 곳이 표면상으로는 꼬리가 개를 뒤흔드는 모양새를 하고 있었다. 우리 팀은 최근에 일어난 개혁이 2-3개월 동안 강력하게 진행되는 듯하다가 그 다음 개혁이 일어날 때쯤이면 슬며시 꼬리를 감추는 서너 교회를 기억해냈다.

우리 팀은 개혁을 도입했던 교회에 관한 몇 가지 이야기를 신나게 나누고 있었다. 그때 계속해서 나온 이야기는 꼬리가 개를 흔들어대는 부분이었다. 그때 똑똑한 친구 하나가 불쑥 이런 말을 던졌다. "잠깐만, 그럼 개는 어디 있습니까?"

우리는 무슨 말인지 몰라 잠시 멍하니 쳐다보았다. 그가 재차 물었다. "우린 지금 계속해서 꼬리가 개를 흔드는 것으로 이야기를 나누고 있습니다. 그 의미는 교회 안에 개가 있다는 말이지 않습니까? 개란 바로 각 교회가 강조하는 중심 비전 아닙니까? 그런데 대부분 이런 교회를 보면 꼭 집어낼 수 있는 비전이 없다는 말입니다. 즉, 흔드는 꼬리는 있지만 정작 개가 없는 건 아닙니까?"

맞는 말이었다. 비교대상 교회 가운데 중심 비전을 볼 수 있던 곳은 몇 군데 안 되었다. 그리고 그런 교회조차 최근에 유행하는 개혁만 따르다가 비전까지 흔들고 말았다. 그럴 때 우리는 꼬리가 개를 흔든다고 말할 수 있는 것인데, 대부분의 비교대상 교회 안에는 목적이나 중심 비전은 아예 없었다. 꼬리가 개를 흔들 수도 없는 것은 개 자체가 아예 존재하지도 않기 때문이다.

급성장하는 교회는 꼬리를 가지고 고심하는 동시에 개와 맞붙어 씨름하기도 했다. 그러나 언제나 이런 교회에는 '개'가 눈에 띄었다. 물론 그 개는 VIP 요인이었다.[4]

---

[4] VIP 요인은 지도층의 열정, 회중의 열정과 은사, 지역사회의 필요 이 3가지 요인이 서로 교차하는 지점임을 기억하기 바란다. 여기서 우리가 '개'라고 부르는 비전이 바로 그 교차점이다. 일반적으로 도약을 이룬 교회에서 꼬리가 개를 흔드는 것은 목회자의 열정이 다른 2가지 요인과 교차하지 않기 때문에 일어나는 현상이다.

꼬리, 개, 그리고 급성장하는 교회들

일리노이 주, 오크파크에 있는 갈보리기념교회는 꼬리가 개를 흔드는 현상이 얼마나 쉽게 일어날 수 있는지를 명확히 간파한 급성장하는 교회였다. 1997년 당시 지역사회의 전도 전략으로 총동원 전도 집회를 치르는 다른 교회들처럼 그들도 행사를 벌이기 시작했다. 행사를 통해 많은 사람을 초대할 수 있어서 처음에는 성공적인 것처럼 보였다. 그러나 지도층에서는 행사가 일회성으로 끝나고, 제자 삼는 사역으로는 연결되지 않는다는 것을 깨달았다.

많은 교회가 총동원 전도 집회를 실시해서 지역주민을 대상으로 교회에 다니지 않는 불신자들과 접촉해보았다. 일부 교회는 성공을 거두어서 전도를 통한 성장과 연결되는 긍정적인 결과를 보았다. 한편, 어떤 교회는 이런 행사를 통해 전도의 열매를 맺지 못했다. 어쨌거나 행사는 계속 진행되었고 그들은 이런 행사를 교회와 복음에 대한 인식을 깨우치는 좋은 수단으로 간주했다.[5] 갈보리기념교회는 총동원 전도 집회를 비생산적인 전도 전략으로만 인식한 것이 아니었다. 그들은 그 행사가 교회의 비전을 빗나가게 만든다는 것을 깨달았다. 연구팀원인 마이클 맥다니엘은 이런 말을 했다. "성도들 안에서 그런 행사는 지역사회와 관계를 맺는 데 있어 긍정적이지 못하다는 인식이 점점 더 부풀어오르기 시작했습니다. 특히 지도층에서는 교회가 복

---

5) 나는 일전에 복음 전파의 방법론을 연구하면서 빅 이벤트와 복음의 효율성은 전혀 상관이 없다는 사실을 밝혔다(『복음 전파에 유능한 교회』 *Effective Evangelistic Churches* 참조). 불신자들 전도에 관한 나의 후속 연구를 보아도 빅 이벤트는 '복음을 전하기 이전'에 긍정적인 관계를 맺을 수 있는 도구로 해석해야 한다는 것을 알 수 있다(『불신자를 교회로 이끄는 신선한 전도혁신』 *Surprising Insights from the Unchurched*, 『우리가 교회 안 가는 이유』 *The Unchurched Next Door* 참조).

음을 가지고 이웃을 전도하는 일에 열심을 내지 못한다는 것을 느꼈습니다."

갈보리기념교회의 입장에서 이벤트 식 전도 집회는 꼬리가 개를 뒤흔드는 것이었다. 지도층에서는 직접적인 전도의 열매를 발견하지 못했을 뿐만 아니라, 대형 행사를 치르기 위해 필요한 자원들이 빠져나가는 바람에 실제로 복음을 가지고 지역사회를 변화시켜야 할 성도가 줄어들고 있었다. 많은 성도가 그 행사를 교회가 복음을 전하는 전도 전략 그 자체로 보았기 때문에 그들은 그저 팔짱끼고 구경하는 꼴이 되고 말았다.

인디애나 주, 에번즈빌에 있는 벧엘템플교회 역시 갈보리기념교회와 비슷한 경험을 했다. 데이비드 벨 팀원은 이런 말을 했다. "그들이 애벌레 요인을 직시하기 직전, 이 교회 교역자는 그들이 대형 행사를 치르는 데 고도의 기술을 가졌다는 사실을 알게 되었습니다. 수많은 사람을 끌어들일 행사를 조직하고 선전하는 일에 엄청난 시간과 자원을 투자하곤 했답니다. 하지만 그들에게는 초청한 무리를 붙들어둘 만한 효율적인 계획이 수립되어 있지 않았습니다. 결과적으로 초청 대상자들은 행사 때마다 날아드는 철새 떼에 지나지 않았다는 것입니다."

이 교회의 한 목회자도 그의 말에 동의하면서 자신의 의견을 덧붙였다. "당신이 그 당시 우리 주변에 있었더라면 언제나 무지개를 좇는 허탈감을 느꼈을 겁니다. 행사를 치를 수는 있었습니다. 하지만 거기에는 목적이나 하부구조 같은 것이 전혀 없었습니다."[6]

---

[6] 템플교회가 빅 이벤트 위주의 개혁에 의존하던 것을 떨쳐버릴 수 있었던 중요한 자료는 짐 콜린스의 『좋은 기업을 넘어 위대한 기업으로』였다.

> 급성장하는 교회라고 해서 실수를 하지 않는다는 것은 아니다. 명백한 목적 없이 개혁을 따라가는 교회의 본보기는 이런 교회도 오류를 범할 수 있다는 단적인 예가 된다. 우리가 연구 자료를 제시하는 목적은 완벽한 교회에 초점을 맞추는 것이 아니라, 실수를 한 교회들이 어떤 수정 작업을 거쳐 위대한 교회로 부상하게 되었는지를 보여주기 위해서다.

텍사스 주, 앨런에 있는 은혜복음해방교회는 가정 소그룹 모임인 VIP 요인에 집중하기 전까지 꼬리가 개를 흔드는 것을 경험했던 급성장하는 교회 중 하나였다. 조엘 월터스 목사는 주일 대예배가 모든 사역이 이루어지는 유일한 장소처럼 비쳐졌다는 말을 했다. "우리는 우리 자신이 변하고 우리의 초점을 어디로 돌려야 하는지를 알려주는 철학적 변화를 경험했습니다. 대그룹 예배에서 소그룹 모임으로 전환하면서 보살핌과 친교 쪽으로 초점을 맞추었습니다."

은혜복음해방교회는 초대형교회가 되어야만 위대한 교회가 될 수 있다고 생각하는 평신도와 중직자를 다독거려야 했다. 표 8-E를 보면 이 교회의 평균 출석 성도가 300명에 육박한다는 것을 알 수 있다. 작은 것은 아니지만 그렇다고 해서 초대형교회도 아니다. 이 교회의 성장 패턴을 유심히 살펴보기 바란다. 1993년에 출석 성도 200명 선을 돌파한 이후 5년간 전혀 성장이 이루어지지 않았다. 그런 다음 1997년에 들어서면서 느리지만 꾸준히 나아가는 성장 패턴이 드러나기 시작해서 지금까지 계속 이어지고 있다. 은혜복음해방교회는 개가 꼬리한테 밀리는 것이 아니라, 그 반대로 꼬리를 흔드는 쪽에 초점을 두고 있다.

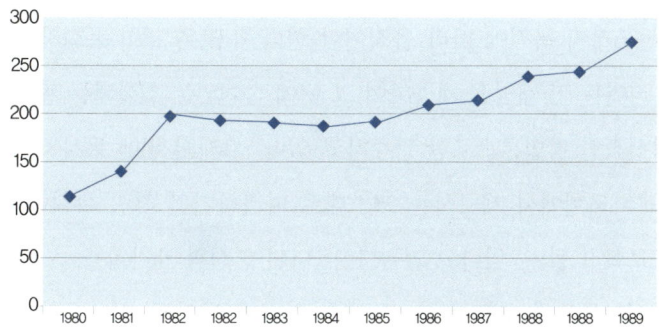

표 8-E 은혜복음해방교회의 평균 예배 출석 성도 수

목적에 따라 움직이는 개념을 통한 개혁

이 부분에 대해 생각해본 성도라면 릭 워렌 목사가 착안한 목적에 따라 움직인다는 개념의 영향력을 과소평가할 수 없을 것이다.[7] 하지만 워렌의 방법에 반대하거나 비난하는 자들도 있다. 그러나 목적에 따라 움직인다는 이 개념은 단순하면서도 깊이가 있다. 그것은 하나의 방법론이라기보다는 오히려 다음과 같은 기본 철학에 더 가깝다. 즉 교회는 목적에 따라 움직여야 한다는 것이다. 프로그램이나 건물, 혹은 예산이 기준이 되어 교회를 이끌어서는 안 된다. 교회는 반드시 예배, 복음 전파, 제자 삼기, 사역, 그리고

---

7) 릭 워렌의 『목적이 이끄는 삶』 Purpose Driven Life은 『목적이 이끄는 교회』 Purpose Driven Church보다 훨씬 더 많이 팔렸다. 앞의 책은 한 개인이 제자로 서 가는 경건의 삶에 주안점을 둔 것이고, 뒤의 책은 교회 전체의 전략에 중점을 두고 있다. 『목적이 이끄는 교회』는 1995년 이후로 지금까지 교회가 패러다임을 전환하는 과정에서 영향력 있는 위치를 고수하고 있다.

친교라는 5가지 목적에 따라 움직여야 한다.[8] 많은 교회 목회자가 목적에 따라 움직이는 이 개념을 왜곡하여 그 뒤에 숨어있는 철학과는 관계없이 하나의 혁신적인 방법론으로만 간주하고 있다. 그래서 워렌 목사가 시무하는 새들백교회교회에서 제공하는 코스대로 따라하기만 하면 목적에 따라 움직이는 교회가 될 수 있다고 믿는다. 아니면 헌신과 제자화를 4단계로 그려놓은 다이아몬드형 도표를 붙여놓기만 한다면 목적에 따라 움직이는 철학을 붙잡게 된다고 여긴다. 제자화 과정을 야구장의 다이아몬드 모양으로 표시한다면 목적에 따라 움직이는 개념을 이해하는 데 있어서 도움이 될 수는 있을 것이다. 하지만 우리가 연구한 3-4곳의 비교대상 교회를 포함하여 많은 교회가 철학을 이해하지 못한 채 방법론만 수용하고 있다.

13개의 급성장하는 교회 중 6개 교회가 위대한 교회로 발돋움하는 과정에서 목적에 따라 움직인다는 철학의 중요성에 주목했다.[9] 이들은 많은 비교대상 교회와 달리 목적에 따라 움직이는 철학이 교회의 성장과 번영을 어떻게 가속화시킬 수 있는지에 대한 문제에 골몰했다. 목적은 개혁 가속 장치이지, 일시적으로 유행하는 방법론이 아니다.

벧엘템플교회의 지도층에서는 목적에 따라 움직이는 개념을 이해한 후, 그 당시 교회 분위기가 대형행사 위주로 움직이고 있다는 것을 깨달았다. 그들은 교회의 목적을 반영시킬 수 있도록 하부구조를 개편했다.

---

8) 앞에서도 말했듯이 사도행전 2:42은 교회의 목적 중 6번째가 기도라는 것을 분명히 밝히고 있다.
9) 릭 워렌 목사가 목적이 이끄는 철학을 명시해놓기 이전에도 일부 교회는 성공적인 전환을 하고 있었다는 것을 분명히 해둔다. 그러므로 내가 가끔 '목적의식이 뚜렷한'purposeful이라는 용어를 사용하는 이유는 그것이 본 개념에 더 적합하다고 여기기 때문이다.

위스콘신 주, 벨로이트의 기독중앙교회는 지도층이 목적을 가진 교회에 대한 개념을 파악한 이후에 한 단계 더 발전할 수 있었다. 팀원인 마이클 오닐은 이런 말을 했다. "수년 동안 기독중앙교회는 예수 그리스도를 위해 열매 맺는 제자를 양성한다는, 그리스도의 몸이 존재하는 중심 이유에 관한 초점을 잃어버리고 있었다. 다시 갱신하는 시기인 1980년대 초반에 데이비드 클라크 목사는 설교와 가르침을 통해 목적 있는 사역을 강조하기 시작했다. 1980년대 중반에 접어들어 그 교회는 사역을 할 때 성경적인 목적을 추구하기 시작했다."

캘리포니아 주, 새크라멘토에 있는 페어필드새생명교회의 담임목사인 존 해리스Jon Harris는 자신의 교회를 놀랍게 성장시킨 이면에는 목적에 따라 움직이는 개념이 있었다고 말한다. 새들백교회교회에서 개최한 세미나에 참석하고 난 후, 그는 이제 더 이상 최신식 방법론이나 개혁을 따라가는 것으로는 만족할 수 없었다. 해리스 목사의 말을 들어보자. "우리는 기본으로 돌아가서 목적이 무엇인가를 묻기 시작했습니다. 또한 우리 교회에 적합한 목적이 무엇인지를 진지하게 고민했습니다." 이 교회는 한때 성도 수 200명의 장벽을 돌파하기 위해 몸부림쳤다. 하지만 현재 평균 예배 출석 성도는 700명을 넘어섰다.

목적에 따라 움직이는 개념이 성장을 이루어낸 많은 교회에 끼친 영향력은 상당하다. 그러나 비교대상 교회와는 달리, 이들은 워렌 목사의 방법론을 교회의 모든 문제와 필요를 해결해주는 만능열쇠가 아니라 철학적인 모델로서 수용했다.

건물 신축과 이전을 통한 개혁

비교대상 교회는 설비나 건축문제에 대해 2가지 뚜렷한 반응을 보였다. 어떤 교회는 대단히 좋아하는 한편, 일부 교회는 거부감을 나타냈다. 비교대상 교회 중 몇 군데는 작은 변화조차도 싫어해서 예배당 신축이나 이전에 대해서 말도 꺼낼 수 없었다. 하지만 이런 유형과는 달리 대다수 비교대상 교회는 갖가지 건축을 시도하는 쪽으로 프로그램을 진행시키고 있었다. 그 이유는 새로운 설비를 모든 필요에 대한 해답으로 간주했기 때문이다. 그러나 급성장하는 교회의 입장에서는 이야기가 달라진다.

> 건물을 신축하고 교회를 이전하는 것은 새로운 개념이 아니다. 어떤 이는 이런 주제를 가지고 개혁을 논할 수 있는지에 대해 의문을 품을 수도 있다. 비록 이런 개념이 새롭지는 않더라도, 건물을 짓거나 이전을 시도하는 교회의 입장에서는 그 문제가 개혁과 도전일 수 있다.

켄터키 주, 루이스빌에 있는 겟세마네제일침례교회는 1984-2003년 사이에 등록 성도가 135명에서 2천 100명, 출석 성도가 200명에서 1천 300명으로 뛰어오르는 대단한 성장을 맛보았다. 이런 도약이 이루어지는 동안, 건물의 신축과 시설의 확충은 일차적인 관심사가 아니었다. 1994년에 교회는 예배 드릴 공간과 교육을 진행할 수 있는 공간이 절대적으로 필요했다. 그래서 교육관을 추가로 지어 사무실과 교육기관 및 동아리 활동 공간으로 사용했다. 현재는 임시로 주말예배센터로 활용하며 이중으로 사용하고 있다. 뿐만 아니라 지역 주민을 대상으로 한 불신자 초청집회나 각종 행사 때마다 전 성도가 함께 예배 드릴 수 있는 공간과 주차장을 마련하기 위해 근처 공장의 창고 건물을 비롯한 몇 개의 건물을 구입했다. 그러던 중, 2001년에 이 교회는 외곽지대로 이전하지 않고 수많은 사역이 필요한 도시의 중심부에 끝까지 남아있기로 결정했다. 그런 헌신을 새롭게 다짐하는 차원에서 마침내 새로운 마스터플랜을 개발하여 승인 절차를 거쳤다. 본 워커 목사의 목표는 가능한 부채 없이 시설을 확충하는 것이다. 그는 자신의 결심을 단호하게 밝혔다. "저는 다음 목회자가 우리처럼, 부동산이나 건물 설비 문제로, 혹은 빚을 갚느라 에너지와 시간을 소모하는 걸 원치 않습니다." 텍사스 주, 아마릴로에 있는 남서침례교회는 1974년에 철물상에서 모임을 시작했다. 이 교회는 놀라운 성장을 이룬 후 새로운 건물을 건축하기로 계획을 세웠다. 앨런 포드 목사는 교회가 만장일치로 믿음의 발걸음을 내딛도록 이끌었다.

이런 급성장하는 교회는 건물 신축을 통한 개혁을 교회를 움직이는 동력으로 간주하지 않았다. 오히려 건물 신축이 달성해야 할 목표가 아닌, 앞으로 움직이는 데 필요한 발걸음으로 보았다. 때때로 급성장하는 교회는 새로운 시설을 갖추어나갈 때도 서서히 느림보처럼 움직였다.

오하이오 주, 미들버그에 있는 기독교선교연맹에 속해있는 은혜교회는 건축문제를 너무 늦게 그리고 조심스럽게 다루었던 것을 후회한다. 다른 급성장하는 교회 중 4곳에서도 동일한 사정을 털어놓았다. 팀원인 크리스 본츠는 은혜교회의 교역자와 면담한 내용을 이렇게 설명하고 있다. "모든 교역자가 한결같이 후회하는 한 가지 실수가 있다면, 그것은 교회 이전과 건축 프로그램에 관련된 부분이었다. 이들은 애초부터 공간을 여유있게 건축하지 않았다. 1996년에 새로 건물을 지어 이전했지만 현재 800만 달러의 건축을 다시 진행하고 있다. 교회 성장이 계속되는 바람에 공간이 좁아졌기 때문이다."

급성장하는 교회가 채택한 가장 극적인 개혁 중 한 가지는 교회를 완전히 이전하는 것이었다. 다시 말하지만, 이런 교회의 목회자는 교회 이전 결정을 함부로 내리지 않았다. 하지만 깊이 생각한 후에 일단 결정을 내렸다면 결단과 각오를 가지고 신속하게 움직였다.

오하이오 주에 있는 나사렛그로브시티교회에는 3명의 목회자에 관한 이야기가 있다. 현재 목회를 하고 있는 밥 후페이커Bob Huffaker 목사는 1989년부터 이 교회에서 사역하기 시작했다. 이 시기 동안 예배 출석 성도는 617명에서 2천 800명이 넘는 수준으로 성장했다. 그러나 이 교회는 후페이커 목사의 단독 목회 아래서 성장한 경우는 아니었다. 그랬다면 이 기간 중에 침체나 정체 현상이 없었기 때문에 우리의 선정 대상에서 제외되었을 것이다.

이 이야기 속에는 한 사람의 목회자가 더 등장하는데, 바로 허브 로저스Herb Rogers 목사이다. 로저스 목사는 이 지역 나사렛 교단에서 총회장을 맡은 기간(1983-1988년) 동안 그 교회를 섬겼다. 그가 나사렛그로브시티교회에 도착했을 때, 이 교회는 3년 동안 미미하게 침체되어 있었다. 그리고 새로 부임한 목회자 앞에는 선임 목회자가 해결하지 못한 서너 가지 중요한 문제가 놓여있었다. 그러나 가장 큰 문제는 역시나 교회의 이전 문제였다. 로저스 목사의 말을 그대로 옮겨보자. "교회 이전은 반드시 필요한 일이었습니다. 주차공간도 없었으니까 말입니다." 하지만 모든 성도가 다 우호적인 것은 아니었고 몇 사람은 교회를 떠났다. "어떤 사람들은 교회 이전에 관련된 헌금 모금 때문에 떠났습니다. 그들은 병적 공포증에 헌신된 자들이었습니다."

교회 이전을 위해 필요한 주차공간을 늘리고, 예배 수용 성도의 폭을 3백 명에서 1천 명으로 늘렸다. 그런 다음 2만7천 통의 전화를 돌려서 교회 이전을 지역사회에 널리 알렸다. 전화를 받은 사람들 중 3천 명 이상이 호의적인 반응을 보이면서 예배에 참석하겠다는 진지한 열망을 표현했다.

그러나 나사렛그로브시티교회와 그 교회의 도약에 대한 간증에는 세 번째 목사가 등장한다. 커티스 루이스Curtis Lewis 목사는 1980-1983년이라는 짧은 기간 동안 이 교회를 섬겼다. 루이스 목사는 이 시기에 교회를 이전하고자 부지를 사도록 이끌었고, 그 다음에 부임한 허브 로저스 목사의 지도하에 교회는 이전을 했다. 그리고 밥 후페이커 목사의 인도하에 교회는 새로운 성장 단계로 들어서서 초대형교회가 되었다.

표 8-F에 나오는 성장 도표를 유의해서 보라. 몇 년간의 몸부림 끝에 이 교회는 침체기를 벗어나기 시작했다. 1989년도를 보라. 출석 성도가 거의 100명이나 증가한다. 그 후 교회는 새로운 곳으로 이전을 했다. 3명의 목회자가 도약의 성공스토리에 연관되어 있는 게 다소 특이하긴 하지만, 교회 이전과 개혁이 교회 성장을 가속화시켰다는 데에는 의심의 여지가 없다.[10]

---

10) 우리가 설정해놓은 기준에 맞춰 엄밀히 따진다면 허브 로저스 목사가 나사렛그로브시티교회의 도약을 이루어낸 목회자이다. 그의 재임 시에 교세가 약간 기울어지고 있다가 마지막에 성장세를 보이는 건강한 교회로 일어섰다. 나사렛그로브시티교회는 도약의 기준에 딱 맞아떨어진다고 말하기에는 조금 부족감을 느낀 교회 중 한 곳이다. 하지만 결국 우리는 기준을 고수하면서도 이 교회를 선택하게 된 근거를 제시할 수 있게 되었다. 우리는 이 교회를 선별한 다음에 조사에 들어갔는데 도약을 이루어낸 교회의 특징이 곳곳에서 드러나고 있었다. 타 교회에 비해 두드러진 점은 '도약을 이루어낸 목회자는 그 후 수년간 성장세를 누려야 한다'는 조건을 더 강하게 대두시킨 것이다. 나사렛그로브시티교회의 사례를 보면 도약하는 과정에 3명의 목회자가 헌신했지만, 장기간 성장의 열매를 맛본 목회자는 결국 현재의 담임목회자 한 사람이다.

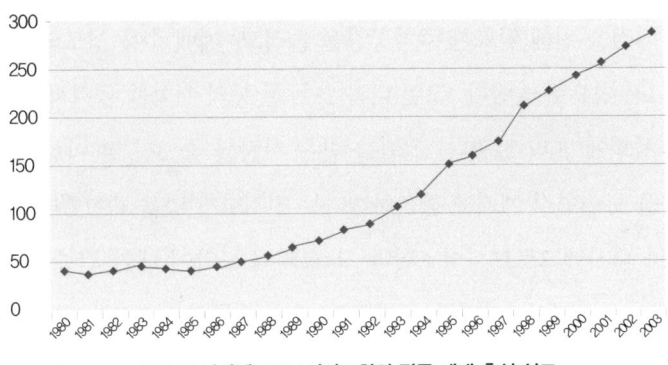

표 8-F 나사렛그로브시티교회의 평균 예배 출석 성도

개혁의 올가미 아니면 개혁의 면류관?

사역 초창기에 한 지혜로운 목사님이 내게 이런 말을 했다. "자네가 해야 할 것은 성도를 모아서 일단 앉혀놓은 후, 무슨 수를 쓰든지 그들을 붙드는 것일세." 그 당시 목사님의 지혜가 내게는 목회의 비법처럼 다가왔다. 하지만 만약 우리가 전도를 할 때마다 최신식 방법과 개혁을 도입해야 한다면, 다음번에는 더 멋진 방식을 활용해야만 초청한 그들을 붙들 수 있고 그래야만 연쇄적으로 다음 사람들을 전도할 수 있을 것이다.

이런 잘못된 전략을 '개혁의 올가미'라고 한다. 우리가 연구하고 있는 많은 비교대상 교회에서는 이런 식의 개혁 올가미를 열렬히 추앙하고 있었다. 이렇게 교회를 이끄는 자들은 게으른 리더십에 대한 죄의식을 갖고 있었다. 행여나 나태하게 보일까봐 그들은 새로운 생각이나 의견을 적극적으로 받아들이곤 했지만 정작 자신의 생각은 거의 없었다. 자신의 열정을 추구하거나 성도를 격려하여 저마다 사역의 꿈을 추구하도록 대안을 제시하거나 지역사회의 엄청난 필요를 찾아낼 수도 있었을 것이다. 하지만 그들은 교회 부흥에 관한 신제품이 출시될 때마다 그것을 의지했다. 그들은 자신의 사역과 섬기는 교회를 위한 하나님의 계획보다는 교계의 최신식 방법론만 따라갔다. 그러다 보니 얼마 안 가서 개혁의 올가미에 걸려들었다는 것을 알게 되었다.

그러나 비교대상 교회의 목회자와 평신도 중에는 게으르다고밖에 표현할 수 없는 부류도 있었다. 그들은 변화를 두려워했으며 미지의 것에 겁을 내서 현상 유지에만 안정감을 느꼈다.

내가 급성장하는 교회의 목회자로부터 대단히 감동을 받은 이유는 그들이 지혜와 용기를 보여주기 때문이다. 그들은 개혁을 적절히 사용하는 데 있어서 지혜를 보여주었다. 최신식 풍조를 모든 것에 대한 해결책으로 간주하지 않았지만, 그것이 성장을 가속화시키고 교회의 번영을 높인다면, 그 개혁을 수용하는 것을 두려워하지 않았다. 그들은 개혁을 시도하기로 결정했으면 그에 대한 용기를 보여주었고, 개혁의 올가미를 피해서 개혁의 면류관으로 보상받았다.

급성장하는 교회는 침체의 늪에서 헤어나와 성장했다. 이런 리더는 우리가 사도행전 6-7장의 리더십이라 불렀던 영적 유산을 남기는 자세를 보여주었다. 이 교회는 우리가 ABC 모멘트라고 불렀던 그 시기를 겪었다. 이들은 교회가 정상적으로 돌아가고 있지 않다는 것을 인식하고 냉혹한 현실을 직면하게 될 때, 역경을 극복할 수 있다는 신념과 인내할 각오를 가지고 갈등 너머에 있는 승리를 바라보았다. 그런 다음 이들은 본문의 초반부에 그려놓았던 급성장하는 과정을 따라 전진했다. 그들은 이런 놀라운 행군을 통해 축적된 힘으로 개혁 가속 장치를 작동시킬 수 있었다.

이 시점까지 이르면 그 교회에는 반드시 변화의 영역에서 발생하는 추진력이 나타나게 된다. 급성장하는 교회 중 한 곳의 목회자는 이런 말을 했다. "우리가 하는 것은 없습니다. 우리는 하나님이 하시는 모든 위대한 일들을 그저 바라보고 있을 뿐입니다." '성장 탄력'은 시작되었다. 이제는 발전을 바라볼 차례다.

핵심 내용 요약
개혁 가속 장치

❶ 미국의 대다수 교회를 개혁에 연관시켜 보면 전통고수/개혁저항이냐 개혁수용이냐 하는 두 범주 중 어느 한 영역에 정확하게 맞아떨어진다. 앞의 모델은 거의 모든 변화를 회피하는 반면, 뒤의 모델은 가장 최근의 것을 끊임없이 따라가는 스타일이다. 하지만 급성장하는 교회는 심사숙고한 후에야 개혁을 채택하는 느리고 우직한 길을 걸었다. 그들은 개혁을 두려워하지도 않았고 그것을 맹목적으로 받아들이지도 않았다.

❷ 급성장하는 교회가 개혁을 도입할 때는 VIP 요인을 보충하거나 한 단계 더 성장시키는 쪽이 되어야 한다는 점을 확실히 하고 있었다.

❸ 개혁을 설명하기 위해 우리는 '꼬리와 개'의 비유를 들었다. 꼬리(개혁들)가 개(교회의 중심 비전과 사명)를 흔드는 교회가 많다. 하지만 급성장하는 교회는 개가 꼬리를 흔들도록 이끌고 있었다.

❹ 급성장하는 교회의 과반수가 목적에 이끌리는 모델을 도입함으로써 엄청난 유익을 얻었다. 이 개념은 어떻게 하면 VIP 요인에서 벗어나지 않고 충실하게 따라갈 수 있는지, 지도층이 그것을 분명히 이해할 수 있도록 해주었다.

❺ 급성장하는 교회가 개혁의 일환으로 중점적으로 손을 댄 부분은 건물의 신축과 이전이었다. 진행 과정이 느리긴 했지만, 그것은 이런 변화를 앞두고 신중하게 움직여야 했기 때문이다.

❻ 교회를 위한 중요한 결정은 개혁이 올가미가 될 것인지 아니면 면류관이 될 것인지를 결정하는 것이다. 비교대상 교회 중 많은 곳에서는 최신식 방법이 나올 때마다 그것을 수용함으로써 개혁이 올가미가 되는 길을 따랐다. 급성장하는 교회는 개혁을 성장의 가속 장치나 번영을 촉진시키는 도구로써 활용하는 지혜를 보여주었다.

> The world is moving so fast that there are days when the person who says it can't be done is interrupted by the person who is doing it
>
> *Anonymous*

9장

성장 탄력, 아니면 드러나지 않는 침체?

> 세상이 너무나 빨리 움직이고 있기에, '그 일은 결코 해낼 수 없어'라고 말하는 사람이 현재 그 일을 하고 있는 사람 때문에 말문이 막힐 때가 있다
>
> **익명**

짐 콜린스의 『좋은 기업을 넘어 위대한 기업으로』에 등장하는 중요한 개념 한 가지는 '플라이휠과 파멸의 올가미'이다. 이 책에서 정한 표제인 '성장 탄력, 아니면 드러나지 않는 침체?'는 『좋은 기업을 넘어 위대한 기업으로』에서 설명하는 것과 동일한 개념이다.

이 프로젝트의 핵심은 급성장하는 교회를 찾아가서 직접 인터뷰를 한 부분이었다. 우리 연구팀 실장인 데보라 모턴은 이런 말을 했다. "이 프로젝트는 매우 부담스러운 작업이기 때문에 우리의 마음을 밝게 해줄 이벤트가 필요했습니다."

데보라가 부담이 된다고 말했던 것은 급성장하는 교회를 찾아내는 절차상의 문제였는데, 급성장하는 기준에 적합하다고 생각한 교회를 찾아가 목회자와 평신도를 면담하는 부분이었다.

팀원인 크리스 본츠 역시 급성장하는 교회의 목회자와 만나는 시간을 가

졌다. 그는 클리블랜드까지 가서 기독교선교연맹에 소속되어 있는 은혜교회 사람들과 몇 차례 면담을 했다. 인터뷰 중 가장 마음에 들었던 것은 13년간 그 교회를 다녔다는 어느 평신도와의 대화였다. 아더Arthur는 교회에 대하여 전혀 모르던 사람이었다. 그는 친척의 전도로 은혜교회에 왔다가 바로 그날 그리스도를 영접했다.

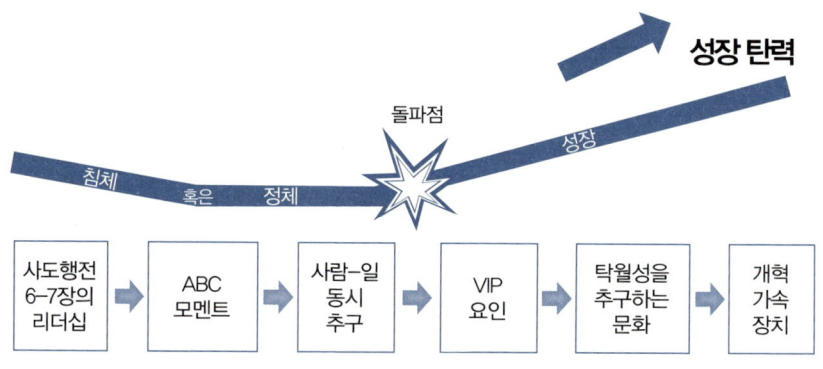

표 9-A 성장 탄력

우리가 연구한 대부분의 급성장하는 교회 평신도들은 자신의 목회자를 존경했다. 아더 역시 조나단 쉐퍼Jonathan Schaeffer 목사를 가까이하기 쉽고 겸손하며 뜨거운 열정을 가진 진짜 목사라고 평하면서 이런 말을 덧붙였다. "해가 갈수록 우리 목사님은 더욱 투명해지고 한층 더 겸손한 모습으로 바뀌는 것 같습니다."

그러나 은혜교회가 위대한 교회로 발돋움했던 이유에 대해서 물었을 때, 그는 잠시 침묵하더니 신중하게 입을 열었다. "어느 한 가지를 꼭 집어 말할 수 없습니다. 모든 게 다 특별하기 때문입니다. 모든 전환 과정이 하나님의 역사였습니다."

　급성장하는 교회에 속해있던 사람들은 특정한 이벤트나 새로운 것을 정확하게 말하지 못하는 대신 한결같이 다음과 같은 말을 했다. 이제는 교회가 믿을 수 없을 정도로 빨리 움직이지만 그렇게 탄력이 붙기까지는 참으로 더딘 과정을 거쳐야 했다는 것이다. 13개의 교회 중 특별히 10개의 교회에서 그들이 나름대로 이해한 진보를 설명하기 위해 탄력이라는 단어를 사용했다. 그 밖에 3개의 교회도 탄력을 받기 직전 영역의 경계에 도달했다는 느낌이 든다고 말했다.

켄터키 대학 농구팀과 급성장하는 교회들

　『좋은 기업을 넘어 위대한 기업으로』에서 짐 콜린스는 실력이 놀랍게 향상되기까지 몇 년의 노력이 필요한지를 보여주기 위해 UCLA 브루인즈 Bruins 농구 왕조(15년)의 이야기를 들려준다.[1] 내가 루이스빌에 온 지도 20년이 넘었다. 그동안 나는 켄터키 농구팀의 열성 팬이 되지 않을 수 없었고 켄터키 대학 농구팀 또한 내가 가장 좋아하는 팀에 속할 수밖에 없었다. 나는 이 대학의 성공이 UCLA와 유사한 패턴을 따르고 있는지를 조사하는 일은 굉장히 흥미있을 거라는 생각도 해보았다.

　머레이 주립대학 Murray State University 의 농구팀도 내가 좋아하는 팀이다. 이 학교는 중간 규모의 대학으로 좋은 프로그램을 잘 개발하고 있다. 반면,

---

1) 짐 콜린스, 『좋은 기업을 넘어 위대한 기업으로』 *Good to Great*, (Harper Collins), 171.

켄터키 대학은 전통과 우승기록이라는 면에서 남부럽지 않다고 본다.

켄터키 대학 농구팀은 1903년에 시작되어 그해에 렉싱턴 YMCA에서 첫 승을 거두었지만 첫 시즌 우승을 거둔 것은 1909년이 되어서였다. 켄터키의 농구 프로그램은 아돌프 러프Adolph Rupp가 1930년에 수석 코치를 맡기까지 고전을 면치 못했다. 러프는 1933년에 사우스이스턴챔피언십Southeastern Conference championships 개막전에서 승리를 맛보았지만, 켄터키는 1948년이 될 때까지 전국 챔피언십에 한 번도 발을 들이지 못했다.

최근에 켄터키 대학 농구팀의 팬들에게 전국 챔피언십에서 처음으로 우승하기까지 몇 년이 걸렸다고 생각하는지 물었다. 근사치에 가장 가깝게 대답한 사람이 6년이었다. 그러나 사실은 러프가 켄터키를 맡아 전국 대학연맹 챔피언십National Collegiate Athletic Association championship에서 첫 우승을 거두기까지는 무려 18년이라는 긴 시간이 걸렸다.

1948년 이후부터 켄터키 팀의 실력이 급속하게 향상되기 시작했고 3년 연속 전국 챔피언십에서 우승했다. 모두 러프 코치의 노력 덕분이었다. 1952-1953년에는 NCAA 실격 학생의 근신 기간 때문에 성적이 약간 부진했지만, 1958년에 전국 타이틀을 되찾았다. 러프 코치의 뒤를 이은 조 홀Joe B. Hall, 릭 피티노Rick Pitino, 그리고 터비 스미스Tubby Smith 코치 모두 전국 챔피언십출전권을 따냈다.

스미스 코치는 바로 그가 부임한 1998년에 첫 번째 대회 우승을 거두었다.[2]

---

[2] 여기에 관한 정보는 켄터키 대학 체육과의 여러 곳에 게시되어 있다. 특별히 'Basketball'이나 'History and Records'란을 참조하라.

켄터키 대학이 매년 전국 챔피언쉽 출전권을 따낸 것은 아니지만 상대팀이 긴장을 풀 수 없는 경쟁 상대임이 분명했다. 시즌 시작 전에 실시하는 10위권 투표에 늘 그 이름이 들어갔으며, 전통이 세워졌고 탄력도 붙었다.

급성장하는 교회를 설명하면서 운동경기를 예로 드는 것이 거북한 사람도 있을 것이다. 하지만 교회 사역이 스포츠 경쟁과 유사하다고 확실히 말할 수 있다. 스포츠를 승리로 이끄는 자원은 훌륭한 코치, 동료의식, 그리고 재능 있는 선수다. 스포츠를 들어 비교하는 의도는 급성장하는 교회 안에서 무슨 일이 일어나고 있는지 확실히 보여주기 위해서다. 애를 쓰다 보면 힘이 축적되고 그 힘을 통해 돌파를 달성한 후에는 탄력을 받는 것이다. 이전의 승리들은 힘든 수고를 요하는 반면, 일단 성장 탄력에 진입하면 승리를 거듭하는 것이 자연스러워지는 것 같다.

급성장하는 교회의 역사를 볼 때 대부분이 최근 들어 성장 탄력 시대에 접어들었다. 나사렛그로브시티교회의 한 평신도가 그 의미를 잘 표현해주었다. "우린 하나님이 하시는 일이 너무 놀라워 그저 입을 벌리고 바라만 보고 있답니다. 다음에는 무슨 일이 일어날지 모르겠습니다. 하지만 잘될 거라는 것은 확신할 수 있습니다."

> 급성장하는 교회를 선정하는 엄격한 기준 속에 성장 탄력이 분명히 드러나야 한다는 조항은 없었다. 우리는 13개의 교회를 발견한 후에야 이런 부분이 있다는 사실을 알게 되었다. 이 시점에서 우리는 13개 교회 중에서 10개 교회에서 성장 탄력이 작동하고 있다는 것을 분명히 밝힐 수 있다. 다른 3개의 교회도 곧 성장 탄력을 경험할 것이라고 믿는다.

은혜교회의 성장 탄력

클리블랜드에 있는 기독교선교연맹 은혜교회는 성장 탄력을 받고 있는 교회에서 뚜렷이 드러나는 고군분투-축적-돌파-탄력이라는 패턴을 보이고 있다.[3] 이것은 짐 콜린스가 『좋은 기업을 넘어 위대한 기업으로』에서 비유를 들어 설명한 '플라이휠'과 동일한 패턴이다. 그는 좋은 회사가 위대한 회사로 전환하는 과정에서 기업이 모두 이런 기본 패턴을 따라간다고 말한다. 즉, 플라이휠을 한 바퀴 한 바퀴 돌려가며 추진력을 쌓다가 마침내 축적된 힘을 돌파의 성장점으로 전환시킨다는 것이다.[4]

표 9-B에 있는 은혜교회의 예배 출석 성도를 살펴보자. 1980-1987년 사이에 성도가 약간 감소했다(고군분투). 1987-1990년 사이에는 약간의 성장세를 보인다(축적). 그 다음 1991년에 이 교회는 연간성장률을 볼 때 교회 역사상 가장 큰 성장세를 경험한다(돌파). 그것을 기점으로 해서 단 한 해를 제외하고는 꾸준하면서도 강력한 성장세를 기록하고 있다(탄력).[5]

우리 팀은 은혜교회의 교역자와 평신도를 상대로 수차례 인터뷰를 가졌다. 그때마다 빠지지 않았던 질문이 있다. "은혜교회가 성장세로 돌아서게

---

[3] 기독교선교연맹은 교단을 지칭하는 것이며, 이것은 감리교, 침례교, 장로교, 루터교 및 기타 다른 교단의 명칭을 밝히는 것과 동일한 방식이다. 우리가 이 교회로부터 받은 대부분의 문서는 간단히 'Grace Church'로만 표기되어 있었다.
[4] 『좋은 기업을 넘어 위대한 기업으로』 172페이지 참조. 또한 데이비드 랜디스Landes의 『국가의 부와 빈곤』 The Wealth and Poverty of Nations도 참조하라.
[5] 1992년의 자료가 없어 그 전 해와 그 다음 해의 출석 인원을 합산해서 평균치를 제시하기로 했다. 즉 1991년의 예배 출석 인원 498명과 1993년의 예배 출석 인원 592명의 평균치는 545명이다.

된 중요한 2가지 요인이 뭐라고 생각합니까?" 응답자 중 몇 명은 우리가 무슨 질문을 했는지도 모르는 상황이었다. 다른 몇 사람은 한참 생각한 후에야 답변을 하곤 했다. 흥미로운 것은 응답자 중 어느 한 사람도 동일한 방식으로 이야기하는 사람이 없었다는 것이다. 그들의 답변을 한 번 보라.

- 우리는 새신자가 오면 따뜻하게 맞아주는 교회가 되었답니다.
- 성장의 주된 요인은 돈Don 목사님의 헌신적인 기도 생활, 빌리 그래함 전도대회, 그리고 지도층 양성이었습니다.
- 어쩌면 가장 큰 발전 중 하나는 우리 지역에서 주님을 모르는 사람들이 지옥에 갈 운명이란 것을 확실하게 깨달았다는 점입니다. 이전에도 그 교리를 믿었지만 이제는 확실히 붙들게 되었습니다.
- 교회 이전이 가장 큰 요인으로 작용했습니다.
- 이 교회의 역사에서 재능 있는 교역자를 늘려간 것이 획기적인 전환을 가져오게 되었다고 생각합니다.
- 2가지 중요한 요인을 꼽자면, 우리 교회는 아무 일 없이 가만히 있는 것을 만족스럽게 여기지 않았다는 것과 소그룹을 통해 해야 할 일을 분담하게 되었다는 것입니다.

급성장하는 교회에서 우리가 인터뷰한 대부분의 사람들은 그들이 돌파점에 이르게 된 한두 가지 이유를 정확히 꼬집어 말하지 못했다. 그리고 이유를 말해준 사람들도 대답이 가지각색이어서 전환 과정에서 두드러진 요인을 단 한 가지로 정리할 수 없었다.

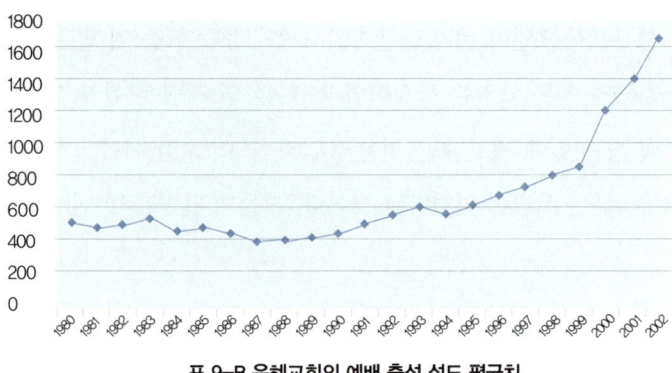

표 9-B 은혜교회의 예배 출석 성도 평균치

어느 하나를 딱 집어서 이야기할 수 없습니다

교회 성장 옹호자는 때때로 교회 전환의 이면에 있는 이유를 인간중심적으로 접근해간다는 것 때문에 비난을 받는다. 하지만 우리가 연구한 내용을 보면, 위대한 교회로 발돋움하는 과정에서 하나님을 구심점으로 하지 않는 부분은 그 어떠한 것도 전제한 적이 없다는 것을 알 수 있다. 우리의 프로젝트는 하나님의 주권을 인정하는 명백한 기독교적 기초에 근거하고 있다. 우리는 교회 성장에 대한 일률적인 공식이나 접근법을 찾지 않았고 그런 것이 있다고 믿지도 않았다. 다만 교회를 위대하게 부흥시킬 때 하나님이 사용하시는 도구를 발견하고자 고심했다. 이런 전환 과정에서 하나님의 도구가 무엇인지를 발견함으로써 힘들게 꾸려나가고 있는 타 교회와 목회자를 도울 수 있기를 기도했다.

그렇다면 하나님이 사용하시는 도구에는 어떤 것이 있는가? 우리가 연구한 결과로는 간단명료한 해답을 끌어낼 수 없었다. 짐 콜린스는 『좋은 기업을 넘어 위대한 기업으로』에서 이렇게 말했다. "기적의 순간은 없다. 바깥에서 들여다보는 사람들에게는 그것이 단 한 번의 공격으로 돌파한 것처럼 비칠지 모르지만, 안에서 전환을 겪은 사람들에게는 결코 그런 것이 아니었다.

그들은 최고의 결과를 만들어내기 위해 해야 할 일이 무엇인지 생각한 다음에 그저 한 걸음 한 걸음 걷고 '플라이휠'(축적의 과정)을 한 바퀴 한 바퀴 돌리며 차분하고 신중하게 인내하는 과정을 겪었다. 오랜 기간에 걸쳐 한 방향으로 플라이휠을 계속 밀고 가다 보니, 자연스럽게 돌파점에 이르렀다."[6]

우리가 연구한 급성장한 교회도 마찬가지로 힘들고 기나긴 과정을 헤쳐 나왔다. 각 장을 시작할 때마다 위대한 회사로 발돋움하는 과정을 도식화한 짐 콜린스의 순서도를 인용한 이유도 바로 그 때문이다. 우리가 여태까지 유의해서 지켜본 많은 사항을 떠올려봐도 전환 과정에는 무수한 요인이 내재되어 있다는 것이 명백히 드러난다. 짐 콜린스는 『좋은 기업을 넘어 위대한 기업으로』에서 어느 기업의 경영진과 대담하는 중에 그에게 훈계조로 이런 충고를 해주는 사람이 있었다고 한다.

"자, 이것을 그럴듯한 일련의 요인들로 분석하거나, 뭔가 엄청난 것을 발견하고서 "아! 그렇구나!" 하고 감탄하는 그런 부분은 찾아낼 수 없습니다. 그것은 조각들이 맞물려 차곡차곡 쌓인 덩어리 전체이기 때문입니다."[7]

놀랍게도 급성장하는 교회의 한 성도가 우리에게 들려준 말도 이와 같은 내용이었다. "어느 하나를 딱 집어서 이야기할 수 없습니다. 그것은 한 덩어

---

6) Ibid., 169.
7) Ibid., 168.

리로 뭉쳐져있기 때문입니다."

> 급성장하는 교회가 전환 과정에서 방해를 받았던 이유를 들려줄 때 그들의 답변이 대동소이하다는 점이 우리의 관심을 끌었다. 성장을 저해하는 한두 가지 요인은 쉽게 밝힐 수 있었지만, 성장에 긍정적으로 작용했던 요인을 밝히는 것이 고민거리였다. 우리는 긍정적인 요인을 밝히기 힘든 이유를 분명히 알게 되었고, 이 부분의 표제어를 '어느 하나를 딱 집어서 이야기할 수 없습니다'라고 선정했던 것이다.

힘들게 사역하는 많은 교회의 목회자와 함께 일한 적이 있었다. 이들은 위대한 교회 혹은 급성장하는 교회[8] 안에서 작동하는 성장 탄력을 관찰하면서 도대체 그 안에서 무슨 일이 벌어지고 있는지 궁금했다. 그들이 쏟아놓는 질문에는 자신들의 교회도 그와 같은 방향으로 움직이고자 하는 갈망이 숨어있었다.

그러나 급성장하는 교회는 그 길이 결코 간단하거나 쉽지 않다는 것을 보여주었다. 그리고 어쩌면 이런 부분 때문에 급성장하는 교회로 성장시키기 위해 대가를 치르는 쪽으로 결정을 내리는 목회자가 극소수인지도 모른다.

---

[8] 위대한 교회는 2가지 사항만 제외하고는 급성장하는 교회가 갖고 있는 특징을 거의 다 갖고 있었다. 첫째, 위대한 교회는 반드시 정체나 쇠퇴기를 경험한 건 아니었다. 둘째, 담임목회자를 교체한 것은 그 교회가 더욱 건강하게 설 수 있도록 하나님이 사용하신 방법임이 분명히 드러났다.

성장 탄력에 영향을 미치는 목회자의 재직 기간

3장에서 우리는 급성장하는 교회의 목회자가 한 교회에서 장기재직해온 사실을 살펴보았다. 이 책을 쓰는 이 시점에서 평균 재직 기간은 21.6년이었다. 그것은 미국 목회자의 평균 재직 기간보다 6배나 길었다. 장기간의 재직 기간이 위대한 교회로의 전환을 보증하는 것은 아니지만 한 교회를 탄탄하게 세우려면 오랜 시간이 필요하다는 것은 두말하면 잔소리다.

이 연구 프로젝트를 마감한 후에 나는 여러 교회의 목회를 도와주고 격려할 수 있는 정보를 활용할 수 있게 되었다. 톰 배리Tom Bary 목사는 플로리다 주 잭슨빌에 있는 넵튠침례교회Naptune Beach Baptist Church의 담임목회자다. 그는 10년 정도 그 교회를 성실히 섬겼으며 이제 뜻깊은 도약이 임박했다는 것을 믿고 있다. 나 역시 그 교회가 밟아가는 경로를 보면 곧 급성장하는 교회의 자질을 갖추게 되리라 믿는다.

이런 정보 덕분에 톰 목사에게 용기를 줄 수 있고, 넵튠침례교회도 곧 성장 탄력이 일어날 거라고 알려줄 수 있다. 지난 10년간 톰 목사는 아버지의 죽음, 자신의 건강 문제, 그리고 몇몇 심각한 교회 내적인 문제로 힘든 시간을 보냈다. 때로는 그 싸움이 무의미하게 느껴지고 차라리 앞길이 더 밝아 보이는 다른 교회로 가는 것이 좋지 않을까도 생각했다. 그러나 그는 하나님이 넵튠침례교회를 향한 위대한 계획을 갖고 계신다는 것을 믿고 있었고 우리에게서 도약이 일어나는 시점에 관한 내용을 들었다. 그는 용기를 얻었고 가까운 장래에 성장 탄력을 맛볼 수 있으리라는 기대 속에서 하나님을 기다리고 있다.

위대한 교회로 전환하여 성장 탄력 가도를 달리는 것은 쉬운 일이 아니다. 그러나 급성장하는 교회를 담임한 모든 목회자의 이야기를 들어보면 고통과 기다림은 그만한 가치가 있다고 말할 수 있을 것이다.

설교, 성경의 권위, 기도, 그리고 성장 탄력

급성장하는 교회를 이끄는 많은 목회자가 입을 모아 말하는 한 가지 주제에 대해 말하지 않는다면 나는 직무 유기죄를 범하게 될 것이다. 그들은 교회를 이끌어 도약하는 과정에서 설교 사역의 중요성을 더 깊이 인식했다고 귀띔해주었다. 그중에는 설교 사역에 엄청난 관심을 기울이지 않는다면 성장 탄력은 결코 일어나지 않을 거라고 말하는 이도 있었다.

하지만 우리는 이런 정보를 듣고 놀라지 않았다. 이전의 연구에서 우리 팀은 설교 준비에 투자하는 시간과 복음 전파의 효율성에 관한 직접적인 상관관계를 찾아냈기 때문이다.[9] 다른 연구에서 우리는 교회를 다니다 나온 사람들이 특정 교회로 이끌리는 중요한 이유 중 하나가 수준 있는 설교 사

---

9) 톰 레이너의 『복음 전파에 유능한 교회』 *Effective Evangelistic Churches* 참조. 상관관계와 인과관계는 동일한 개념이 아니다. 상관관계는 상호연관성을 나타내는 말이다. 한 가지 일이 일어나면 다른 일도 일어날 가능성이 있다는 것이다. 반면 인과관계는 원인이 결과에 직접적인 영향을 미치는 것이다. 예를 들어 내가 상대방의 머리를 망치로 때리면 그 때문에 통증을 느끼게 되는 것과 같은 경우다. 여기서 우리가 연구한 내용은 상호관계를 나타내는 상관관계의 개념에서 나온 결론이다. 따라서 설교 준비에 시간을 더 투자하면 반드시 더 많은 전도의 열매를 거둔다는 의미는 아니다. 다만 복음의 열매가 더 많이 열릴 수 있다는 가능성을 이야기하는 것이다. 이런 상관관계는 우리가 실시한 다른 연구 프로젝트인 『높은 기대치』 *High Expectations*에도 동일하게 적용된다.
10) 톰 레이너의 『불신자를 교회로 이끄는 신선한 전도혁신』 *Surprising Insights from the Unchurched* 참조.

역이었음을 밝혀낸 적이 있다.[10)]

　우리는 급성장하는 교회의 성도들이 계속해서 자신의 교회가 긍정적인 탄력을 받고 있는 중요한 이유 중 한 가지가 담임목사의 훌륭한 설교라고 말하는 것을 확인할 수 있다. 이 주장을 지지하는 몇 가지 실례가 인터뷰를 통해 분명히 드러났다.

- 포드 목사님의 깊이 있는 설교가 우리 교회 성장의 중요한 요인입니다.

　　　　　　　　　　　　　　　　　　　　　　　　　－남서침례교회 평신도

- 레이 목사님은 성경적인 설교를 하려고 몸부림치고 있으며 어떤 희생을 치른다 해도 말씀에 순종하려는 열정을 갖고 계십니다.

　　　　　　　　　　　　　　　　　　　　　　　　　－갈보리기념교회 교역자

- 위대한 교회로 발돋움하는 과정에서 이전의 설교 방식을 새롭게 바꾼 부분이 있는지 질문을 받을 때마다 저는 결코 아니라고 대답합니다. 저는 성경을 1순위에 두고 깊이 있게 파고드는 강해설교 방식을 그대로 유지하고 있습니다.

　　　　　　　　　　　　　　　　　　　　　　　　　－은혜교회 조나단 쉐퍼 목사

- 클라크 목사님은 강단에서 겸손을 보여주십니다. 목사님은 너무 인정이 많으십니다. 우리 교회의 훌륭한 점 중 하나는 일상생활에 적용시키는 목사님의 현실적인 설교입니다.

　　　　　　　　　　　　　　　　　　　　　　　　　－기독중앙교회의 평신도

- 성경에 기초한 설교와 가르침

　　　　　　　　　　　　　　　　　　　　　　　　　－겟세마네제일침례교회의 요람

이 책을 쓰는 동안 나는 위대한 교회가 값을 대입하면 단번에 성공하는 어떤 공식을 통해 발전했다는 느낌을 주지 않으려고 노력했다. 사실, 오히려 정반대로 나아갔다. 우리는 급성장하는 교회의 독특한 특징을 살펴보고 있기 때문에 행여 이런 사항들이 위대한 교회로 발전시켜 그 다음에 탄력을 받게 되는 과정을 설명한다는 인상을 줄지도 모른다. 이러한 특징들이 도움이 되는 정보를 제공하기를 바라지만 한순간이라도 기독교 사역의 기초를 벗어난 부분을 제시하고 싶지는 않다.

> 급성장하는 교회를 연구하면서 우리는 설교 준비에 투자한 시간 같은 양적 요인을 측정하지는 않았다.[11] 하지만 우리 팀원들 모두 급성장하는 교회의 목회자가 사역에서 1순위로 존중하는 영역이 설교였음을 밝혀냈다. 목회를 성공적으로 이끌고 있는 다른 목회자와 마찬가지로 이들도 설교 준비에 상당한 시간을 투자한다고 추론할 수 있었다.

급성장하는 교회는 목회자의 기본 소양이라 할 수 있는 것들을 쉼 없이 성실하게 이행하지 않고는 결코 성장세를 지속시킬 수 없었을 것이다. 이런 교회의 목회자와 평신도는 성경이 절대 진리임을 믿고 있으므로[12] 그들은

---

[11] 『불신자를 교회로 이끄는 신선한 전도혁신』 Surprising Insights from the Unchurched에서 우리 팀은 실제로 표본으로 뽑아낸 교회의 담임목회자와 단독 목회자를 대상으로 그들이 1주일 168시간을 어떻게 사용하는지 시간 배정을 측정해보았다.
[12] 급성장하는 교회 목회자와 평신도는 성경이 온전한 진리라는 그들의 믿음을 설명하기 위해 각기 다른 용어를 사용했다. 하지만 우리 팀원들은 그들이 사용하는 용어보다는 태도를 통해 하나님의 말씀에 순종하려는 자세를 느낄 수 있었다. 한 팀원은 이렇게 말했다. "이런 교회의 목회자는 그들이 성경에 대해 무엇을 믿는지를 우리에게 말해줄 필요가 없었어요. 그들의 언어와 행동에서 모든 걸 알 수 있었거든요."

설교를 우선순위에 두고있으며 기도생활을 가장 중요하게 생각한다.

겟세마네제일침례교회를 연구한 팀원 조지 리는 이런 말을 한다. "교회가 탄력을 받게 되는 데 기도 사역이 빠질 수 없는 요인이라는 것이 증명되었습니다. 많은 성도가 시간을 정해놓고 교회와 가정에서 기도 사역을 돕고 있습니다."

조지 리의 보고를 상세히 설명하자면, 이 교회의 지도계층은 기도를 가장 중요하게 여겼다. "워커 목사는 영적 전쟁에서 승리하려면 반드시 기도와 금식이 필요하다고 끊임없이 강조합니다. 목사님 식구들이 금식기도에 본을 보이는 것은 물론, 성도들도 합동으로 혹은 개인적으로 시간을 정하고 금식과 기도생활을 하도록 이끌고 있습니다. 워커 목사는 '겟세마네제일침례교회의 역사 가운데서 하나님이 어떤 일을 하시는지를 알고 있기 때문에 사탄은 우리를 넘어뜨리려고 호시탐탐 기회를 노리고 있습니다. 우리 부부가 매주 금식과 기도를 쉬지 않는 이유는 언제나 하나님의 영광을 위한 도구로 쓰임받기 위해서지요'라고 말했다."

우리 팀의 증언은 신빙성이 있다. 이런 교회는 결코 위대한 교회로 전환시키는 과정에서 기본을 소홀히하지 않았다. 그들이 도약을 달성하는 데 방법론적인 많은 대안이 중요한 역할을 했던 것은 분명하다. 그러나 어떤 것이라 해도 성경에 충실하기, 설교, 그리고 기도에 비하면 모두 부차적인 것일 뿐이다. 성장 탄력은 방법만으로 유지될 수 없다. 급성장하는 교회의 참모습은 사도행전 6:4을 반영하고 있다. 즉, 오로지 기도하는 일과 말씀 사역에만 힘쓰는 것이다.

우리는 15년 이상 미국 교회를 조사하면서 모든 교회가 다음 세 그룹의 범주 안에 속한다고 확신하게 되었다. 첫 번째 그룹은 성장 탄력을 경험하고 있다. 거기서는 한 번의 성공 후에 쉽게 성공으로 이어지는 것 같다.

두 번째 그룹은 성장 탄력을 맛보기 위해 전진하는 중이다. 사역의 성장과 성공이 쉽사리 다가오지는 않지만 꾸준히 나아가고 있다. 그러나 불행히도 세 번째 그룹은 미국 교회 10개 중 8개, 즉 80%에 해당하는 대다수의 교회에 대한 이야기다. 이들은 침체나 정체기에서 헤어나오지 못하고 있다. 이런 그룹은 짐 콜린스의 비교 기업에 해당하는 것으로 이들은 지속적인 추진력을 축적하는 데 실패하고 우리가 '파멸의 올가미'doom loop라고 명명한 상태 속으로 빠져들어갔다.[13] 이 책이 급성장하는 교회에 관한 것이긴 하나, 39개의 비교대상 교회의 사연도 들어주었으면 한다. 행여나 여러분의 교회에 보이지 않는 침체의 징후가 보이면 이것을 통해 위대한 교회로 역전시켜 성장 가도를 달리는 대안을 찾을 수 있을 것이다.

드러나지 않는 침체와 비교대상 교회들

나는 플로리다 해변에서 이 책의 상당부분을 집필했다. 어쩌면 멕시코 만에 위치한 해변 3곳을 은신처로 삼았기 때문에 이 비중 있는 프로젝트를 감당할 수 있었는지 모른다. 내가 가장 좋아하는 도시는 플로리다 주의 네이플스다. 나는 그 도시의 아름다움과 일 년 내내 따스한 기후를 사랑한다. 다른 두 해변은 카리용 해변Carillon Beach과 샌블래스 만Cape San Blas으로 플로리

---

13) Ibid., 178.

다 주 안에 발을 걸쳐놓고 있다. 이 두 해변은 내가 지금까지 가본 곳 중에서 가장 아름다운 모래가 있는 곳으로, 곳곳마다 은빛 모래가 아름답게 반짝이고 있다. 이 글을 쓰고 있는 지금도 내 눈 앞에는 플로리다 주의 파나마 시티 해변Panama City Beach 근처에 있는 캐릴론비치의 설탕처럼 하얀 모래와 에메랄드빛 물결이 펼쳐지고 있다.

이 두 해변을 가까이 보면서 아름다운 만큼 더 쉽게 파괴될 수 있다는 것도 생각하게 된다. 매일 몰려오는 수천 번의 파도로 인해 해변은 변하지 않을 수 없다. 경우에 따라서는 파도를 따라 더 많은 모래가 실려와 해안지대를 형성하기도 하고, 파도가 모래를 쓸어가버려서 해변이 붕괴되는 경우도 일어난다. 그렇긴 해도 허리케인과 같은 태풍이나 또 다른 자연의 습격을 제외하고는 모래사장의 변형은 거의 눈에 띄지 않는다. 때문에 오늘 아침에 본 그 해변이나 어제 보았던 해변이 내 눈에는 다를 바가 없어 보인다. 그럼에도 그 해변에는 맨눈으로는 알아볼 수 없는 변화가 서서히 진행되고 있다.

때때로 교회가 '드러나지 않는 해변의 침식'보다 '허리케인'에 더 잘 견디지 않나 하는 생각이 들 때가 있다. 적어도 허리케인은 식탁의 이야깃거리로 등장하거나, 교회가 좋든 싫든 다루어야 하는 심각한 문제로 여겨진다. 그러나 드러나지 않는 침체는 거짓 평안 속에서 진행된다. 대부분의 성도는 전혀 변화가 일어나지 않는 것처럼 여긴다. 그리고 대부분이 그렇게 흘러가는 것을 좋아한다.[14] 바로 여기에 위험이 도사리고 있다. 이런 유형의 교회

---

14) 이 문제는 척 로리스Chuck Lawless와 공동 저작한 나의 책 『Eating the Elephant』 (rev.ed., Crestwood, KY: Pinnacle, 2003)에 상세히 밝혀놓았다.

가 수년간 이루어진 느린 침체를 인식할 때쯤이면, 그 피해는 심각하여 돌이킬 수 없는 경우도 생긴다.

급성장하는 교회는 저마다 앞으로 나아가는 힘이 된 성장 탄력이 있었다. 비교대상 교회는 서서히 퇴보하다가 결국 소멸되는, 즉 드러나지 않는 침식을 경험하고 있다. 미국의 대다수 교회가 어떻게 해서 이런 곤경에 빠지게 되었는가? 눈에 보이지 않는 이런 침체는 무슨 이유 때문인가? 우리는 39개의 비교대상 교회를 통해 이런 질문에 대한 답변을 준비했다.

드러나지 않는 침체와 무책임

신학교를 졸업한 후 나의 첫 번째 목회지는 플로리다 주의 세인트 피터스버그St. Petersburg였다. 부임 전에 3-4명의 평신도 지도자와 면담했는데 그곳에서 나는 똑같은 말이 반복되고 있는 것을 알았다. 교회가 어떻게 돌아가는지 질문을 던졌을 때, 그들은 몇 번이나 안정적이라는 말을 되풀이하는 것이었다.

교단에서 보내준 정보와 그들이 하는 말은 일치하지 않았다. 가장 최근의 출석 성도는 118명이었다. 7년 전의 평균 출석 성도는 191명이었다. 짧은 기간에 출석 성도의 62%가 줄었다. 그런데도 성도들의 공통적인 의견은 교회가 안정적이라는 것이었다.

보고서를 보면 볼수록 근심은 더 커졌다. 새신자들의 수가 거의 없었고, 하다가 중단된 몇몇 사역들도 있었다. 그 지역사회에서 알 만한 사람들과 대화했을 때 교회의 평판은 심각했다. 그러나 그 교회 목회자는 교회 상태가 안정적이라고 말했다. 외부인의 관점에서 볼 때, 그들이 이런 상태를 인식하지 못한다는 것이 도무지 이해할 수 없었다. 그러나 미국 전역에 있는 교회를 상대로 사역을 하게 되자 왜 이런 상황이 발생하는지 점점 더 분명히 깨닫게 되었다.

> 케노스기독공동체는 성도들에게 연간보고서를 돌린다. 20페이지 분량의 서류가 다음과 같은 정보로 꽉 채워져있다. 학생 사역, 장년 사역, 복음 전파, 대집회, 청지기팀, 가정그룹, 전 성도 정기수련회, 예·결산 모임, 장년 전도, 사역 일정, 선교, 행정집행 사항, 목회 사역, 평균 출석 성도, 기타 재정 정보 등이었다.

미국 전역에 있는 대부분의 교회는 현재의 상태에 대한 책임감이 거의 없다. 성도에게 핵심 사역, 출석 성도, 교회 성장률에 관해 중요한 정보를 제공하는 교회도 드물다. 그 결과 성도와 목회자 모두가 그 교회가 당하고 있는 느린 침체를 거의 인식하지 못하고 있는 것처럼 보인다. 앞에서 우리는 비교대상 교회 중에 드러나지 않는 침체를 경험하고 있는 한 교회를 살펴보았다. 이제 비교대상 교회의 또 다른 중요한 특징을 살펴보기로 하자.

리버데일구세군교회는 출석 성도가 지난 10년에 걸쳐서 355명에서 239명으로 줄었다. 우리가 인터뷰한 그 교회 성도 중 어느 누구도 10년 동안 33%나 하락한 사실에 대해 언급하지 않았다. 지난 10년 동안 교회를 섬겼던 성도의 입장에서 볼 때는 평균 출석 성도 중 매년 11명이 떠나는 것이기 때문에 알아채기가 쉽지 않을 것이다. 문제는 교회의 완전한 책임 결여로 결론 내릴 수 있다. 사역보고서의 어느 한 군데에서도 성도에게 교회의 현 상태를 알려준다는 기록이 전혀 없었다. 통계보고서도 준비된 것이 하나도 없었다. 전도 대회를 하고 난 후에도 결과에 관한 평가서를 작성하지 않았다. 예·결산 위원의 자격으로 모임에 나와서 재정을 결정하는 사람은 성도의 5%에도 못 미쳤다.

물론 여기에 등장하는 교회명은 진짜가 아니다. 품행이 좋은 사람들의 평판을 상하게 할 의도가 전혀 없기 때문이다. 내가 만난 성도들 중에서 악의를 품고 교회를 어지럽히는 사람은 한 명도 없었다. 정반대로 대부분의 성도가 자기 교회를 사랑하는 것처럼 보였지만 책임감은 전혀 없었다. 교회가 마침내 경고음 소리를 듣게 되는 심각한 상황에 이르게 되면, 건전한 교회상을 회복하기에는 때가 너무 늦을 수도 있다.

드러나지 않는 침체와 신학

대부분의 비교대상 교회는 보수적인 복음신학의 입장에 있다고 분명히 표시해놓았다. 이런 교회의 증언을 보면 급성장하는 교회의 신앙신조와 대단히 유사하게 보였다. 우리가 쭉 훑어본 정보에 따라서는 양쪽 진영의 신학적 차이를 구분할 수 없을 정도였다.

> 우리에게는 다소 의외였지만 급성장하는 교회와 비교대상 교회 둘 다 신앙신조는 거의 똑같았다. 39개의 비교대상 교회 대다수, 그리고 13개의 급성장하는 교회는 저마다 기본교리와 신앙고백에 대한 사명선언문을 가지고 있었다. 양쪽 진영의 일부 교회는 대단히 신중하게 선택된 문체로 된 선언문을 마련해놓고 있기도 했다.

만약 작성된 선언문만을 분석한다면 비교대상 교회와 급성장하는 교회의 신학적 차이는 전혀 없다는 결론을 내릴 수밖에 없을 것이다. 하지만 인터뷰한 내용에서는 엄청난 차이를 드러냈다. 신앙문제를 파고들었을 때, 비교대상 교회 목회자와 성도가 해당되는 3가지 뚜렷한 상황이 드러났다.

1. 급성장하는 교회를 대상으로 한 인터뷰에서 성도 대다수는 교리에 대한 기본신앙을 알고 있었다. 반면에 비교대상 교회 평신도는 그들이 신봉하는 교리적인 입장을 아는 경우도 극히 드물었다.

2. 급성장하는 교회의 성도와는 달리 비교대상 교회에 있는 성도는 교리의 특징상 배타적인 부분에 대해서는 회피하는 경향이 종종 있었다. 급성장하는 교회의 성도는 대부분 구원의 유일한 길은 그리스도에 대한 믿음이라는 확실한 표현을 자주 했다. 비교대상 교회에서는 다른 종교를 가진다 해도 사람이 착하면 역시 천국에 갈 수도 있지 않은가 하는 의문을 제기하곤 했다. 다시 말해서, 비교대상 교회 성도는 교회가 작성해놓은 교리적인 문구와는 모순되는 신학적인 입장을 지니는 경우도 있었다.

3. 면담을 하게 된 비교대상 교회 성도는 교회에 명시되어 있는 교리적인 입장과 일치하는 말을 할 때조차도 신앙을 실천하고자 하는 의지에 있어서 일관성이 없었다. 이러한 현실을 단적으로 보여주는 것이 복음을 전파하는 부분이었다. 그들은 그리스도가 유일한 구원의 길이라고 믿는다. 하지만 그 복음을 비그리스도인들과 나누려는 의지나 그럴 능력이 없었다. 대조적으로 급성장하는 교회 성도를 만나 이야기를 해보면

대부분이 불신자들을 전도하여 그리스도께 인도해야 한다는 열정을 갖고 있었다. 교역자나 선택된 소수, 혹은 목회자만이 복음 전파 사역을 감당해야 한다는 그릇된 인식은 갖고 있지 않았다.

비교대상 교회의 드러나지 않는 침체는 교회의 핵심가치와 교리적인 신앙을 머리로만 인정했기 때문에 발생한 것으로 보인다. 대다수의 비교대상 교회 성도는 교회의 성경적인 역할이 무엇인지, 성도가 무슨 일을 해야 하는지를 파악하지 못했고, 그럴 필요도 느끼지 못하는 가혹한 현실 속에 방치되어 있었다.

드러나지 않는 침체와 무지

불확실한 신학 그리고 책임성의 결여와 직접적으로 연관된 것은 무지다. 비교대상 교회의 성도와 대화한 결과 그들은 첫 번째 우선순위로 자신들의 필요를 추구하고 있다는 것이 분명하게 드러났다. 우리는 '끈끈한 친교' 혹은 '성도의 필요를 돌봐주는 것'에 대해 말하는 것을 자주 들었다. 그러나 복음 전파를 통한 전도나 교회의 울타리를 넘어선 외부 사역에 대해서 들어본 적은 거의 없다.

이것을 통해 우리는 이들이 신약시대의 교회가 오늘날 어떤 모습을 하고 있는지 모르고 있다는 결론을 내렸다. 많은 비교대상 교회가 지향하는 사역의 초점이 교회 안에 머물러 있었다. 울타리를 넘어서지 않는 교회는 느리긴 해도 반드시 침체하기 마련이다.

비교대상 교회 성도가 잘 모르는 또 다른 영역은 교회의 기본적인 통계치에 대한 정보였다. 교회의 평균 예배 출석 성도를 알려달라고 묻자, 성도 대부분은 "그런 것 모릅니다"라고 반응했다. 그리고 숫자를 알려주려는 시도를 했던 사람들조차도 교회가 알려준 숫자보다 평균적으로 30%나 높았다.

교회의 건강도를 측정하는 것이 궁극적으로 성도들의 몫은 아니라고 생각하지만, 교회 출석에 관한 나름대로의 해결책이 없는 것은 아닌지 걱정이 앞서기도 한다. 정기적으로 교회에 출석하는 사람을 파악할 수 없다면, 제자 양육과 친교모임이 제대로 이루어진다고 말할 수 있겠는가? 숫자가 모든 것은 아니지만 중요하지 않다고 말할 수도 없다.

드러나지 않는 침체와 저항하는 리더들

우리가 면담한 몇몇 평신도 중직자는 무지하다기보다는 그저 변화를 싫어할 뿐이었다. 그들은 교회의 목적이 복음 전파라고 분명히 표현했지만 새로운 사람이 들어오면 불편해했다. 그들은 소그룹이나 주일학교 모임에 참여했는데 거기서는 서로 잘 아는 사이라서 기분 좋게 지내고 있었다. 하지만 새로운 그룹이나 성경공부반을 개설하려고 하면 매우 언짢아했다. 이런 유형의 평신도는 자신은 지금처럼 아담한 교회가 마음에 든다고 아무런 거리낌없이 털어놓기까지 했다. 복음 전파나 혹은 다른 형식의 전도활동을 시도하게 되면 강한 반발을 보였는데, 그 이유는 그들이 생각하는 적절한 크기의 교회가 흔들릴 우려가 있다는 것이다.

그렇다면 복음을 전해서 영혼을 구원해야 한다는 신앙의 지식은 있지만 직접 동참하기 싫어하는 자신들의 궁색한 형편을 어떻게 설명했을까? 대체로 이들은 지상명령에 대한 순종의 행위로, 선교를 목적으로 사역하는 기관에 헌금을 했다. 그들은 그리스도의 이름으로 전도하기 위해 먼 곳에 사는 다른 나라 사람들에게 기부하는 것을 즐거워했다. 그들은 현재처럼 편안하게 교회생활을 하고 싶어했으며 그런 분위기가 흐트러지는 것을 원하지 않았다.

나는 목회자나 다른 교역자를 비난하는 것이 조심스럽다. 몇 차례 언급했듯이 그들은 세상에서 가장 힘든 일을 하고 있다. 그들 중에는 마음대로 일이 풀리지 않으면 서슴없이 염려와 비난의 목소리를 높여대는 수백 명의 '상관들'을 두고 있는 경우도 있다. 하지만 급성장하는 교회와 비교대상 교회 목회자 간에 뚜렷한 차이가 있기 때문에 이런 부분을 대충 넘어가서는 안 될 것 같다. 사실 드러나지 않는 침체의 가장 뚜렷한 원인은 목회자에게 있다고 말할 수 있다.

연구팀이 비교대상 교회 목회자와 면담한 것을 비교했을 때, 개혁에 저항하는 목회자들에게 최소한 6가지 항목의 문제점이 있다는 것을 밝혀냈다. 이보다 더 많은 문제가 있는 경우도 있었다. 반면, 급성장하는 교회의 많은 목회자들이 과거에 저지른 자신의 실수에 대해 언급하는 것도 들었다. 그들은 그런 내색을 할 때 표 9-C에 열거되어 있는 요인을 한두 가지씩 인용했는데, 그것은 위대한 교회로 이끌기 이전에 드러나지 않는 침체를 유발했던 자신들의 모습이었다.

탈진한 목회자는 교회의 변화를 적극적으로 추진하기 위해 엄청나게 노력해온 유형이다. 그러나 그들을 향해 쏘아대는 저항과 비난의 화살은 상당한 아픔을 초래했다. 이들은 마음의 상처를 입고 사기가 저하된 상태다. 그는 인간관계에서 더 큰 갈등을 일으킬 것이 두려워서 하나님을 위한 위대한 일을 시도하려는 의지를 상실했다.

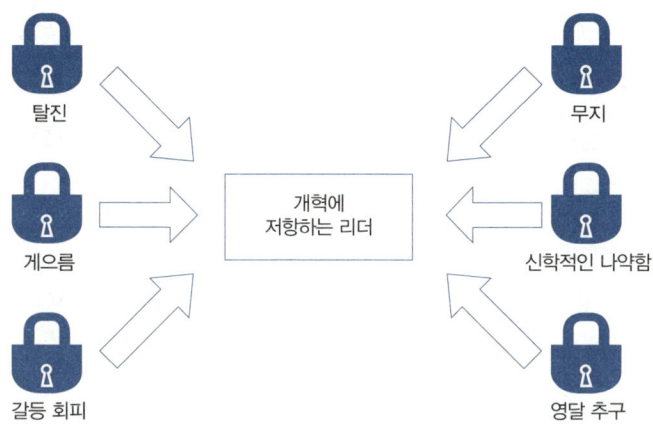

표 9-C 드러나지 않는 침체와 거부하는 지도층

이 프로젝트가 주는 많은 보상 중 한 가지는 급성장하는 교회를 선정한 후 통지했을 때 그쪽 목회자들과 나누게 된 몇 차례의 대화였다. 감사와 겸손으로 나타나는 그들의 반응은 왜 이런 목회자가 무리 중에 우뚝 서게 되었는지를 한 번 더 생각하게 만드는 계기가 되었다.

벧엘템플교회의 담임목사인 스데반 쉬밤바크는 자격도 없는 자신을 인정해준 데 대해 하나님께 무슨 말로 감사를 올려드릴지 모르겠다며 한참 동안 벅찬 감동에 젖어있었다. 자신의 교회가 선정된 데 대해 그는 특별히 감사했는데 그 이유는 한때 그 교회를 떠나는 문제를 두고 진지하게 고민한 경험이 있었기 때문이다.

데이비드 벨 팀원은 쉬밤바크가 담임목사가 되었을 때 그가 직면했던 서너 가지 심각한 장애요인들을 언급한 적이 있다. 쉬밤바크 목사는 상담해줄 멘토를 찾았는데, 그 멘토는 힘든 교회를 붙잡고 부흥시키려고 힘을 빼기보다는 새로 개척하는 것이 더 낫다고 충고했다. 앞에서도 살펴보았듯이, 스데반 쉬밤바크는 담임목사인 아버지의 뒤를 이었다. 그러나 교회를 맡은 지 얼마 되지 않아 성도는 그의 리더십을 못마땅하게 여겼으며 그를 자주 비난했다. 축적되어온 비난은 그에게 깊은 상처로 남아있었다.

심한 상처를 받은 후 다시 자원하는 마음으로 갈등의 현장에 가려는 목회자는 흔치 않다. 많은 비교대상 교회 목회자는 과거에 탈진했던 경험을 가지고 있다. 이전에 갈등으로 인해 쓴맛을 보았지만 다시는 그런 아픔을 당하고 싶지 않다는 이런 목회자의 심정을 이해할 필요가 있다.

무지한 리더는 위대한 교회로 발돋움할 때 어떤 일이 일어나는지를 이해하지 못한다. 인간관계의 기술이 부족할 수도 있고 리더십의 기본자질이 부족할 수도 있다. 신학교 학장으로 지내면서 여러 사람을 경험한 결과, 학생으로서는 훈련이 잘 되어있는데 목회현장에서는 집사나 장로 혹은 강력한 힘을 가진 중직자들과 어떻게 관계를 맺어야 하는지, 전혀 감을 잡지 못하는 이들도 더러 있었다. 하지만 햇병아리 목회자들만 이런 문제가 있는 것은 아니다. 오랫동안 목회를 했더라도 이런 분야의 리더십 기술이 시원치 않은 이들도 있다.

교회를 연구하는 과정에서 게으른 목회자도 많았는데, 이들은 사역 현장에서 책임감이 낮은 것으로 드러났다. 비록 이들에게는 많은 '상관들'(성도들)이 있을 수도 있지만, 날이 갈수록 책임감이 저하되거나 아예 사라질 수도 있다. 교회에는 리더가 많지만 매일의 노력을 감시해줄 사람이 거의 없기 때문에 일 중독자 아니면 게으름뱅이가 될 수 있다. 교회의 구조를 보면 대개 이 두 갈래로 나누어져서 대조적인 현상이 나타나고 있다.

신학적으로 나약한 목회자는 앞서 일부 평신도를 통해 보았듯이 근본 교리에 대한 의심을 품고 있는 경우도 있다. 교회의 신앙고백을 보면 복음의 배타성에 대해 명백하게 밝히고 있지만 이런 유형의 목회자는 거기에 대한 확신이 없다. 아무리 사람이 '좋아 보여도' 신앙이 다르면 천국에 갈 수 없다는 말을 선포하지 못한다.15) 조직적인 관점에서 보면 이 목회자는 그 조직의 핵심 가치를 내동댕이치는 셈이다. 또한 신학적인 관점에서 보면 그는 복음을 유기하는 것이 된다.

갈등 회피자는 논쟁의 여지가 있거나 다루기 힘든 문제에 대해서는 회피하는 쪽으로 방향을 조정한다. 이 목회자는 탈진할 가능성이 거의 없다. 왜냐하면 바람을 맞는 쪽으로 갈 생각이 전혀 없기 때문이다. 아이러니하게도 이런 목회자를 보면 오히려 갈등 속에 주저앉아 있다는 생각이 든다. 갈등을 미루고 있을 뿐이지 해결한 것은 아니기 때문이다. 모든 이를 만족시킬 수 있는 사람은 아무도 없다. 갈등 회피자가 교회에 심각한 갈등이 일어날 조짐만 보여도 떠나는 것은 이상한 일이 아니다.

영달을 추구하는 자는 성도의 인정과 칭찬을 받는 쪽을 지향한다. 이런 목회자는 대부분의 시간을 양들을 보살피고 격려하는 데 사용한다. 성도를 아끼는 따뜻한 마음은 칭찬할 만하지만, 영달을 추구하는 자는 교회 밖의

---

15) 여기에 관한 주제를 짤막하면서도 멋지게 전개한 책이 로널드 내쉬Ronald H. Nash의 『예수님만이 유일한 구세주인가』 Is Jesus the Only Savior?, (Grand Rapids: Zondervan, 1994)이다.

영혼을 전도하여 구원시키는 일에는 전혀 시간을 투자하지 않는다. 그리고 자신과 자신의 사역을 깎아내리는 결정은 피하려 든다.

비교대상 교회 목회자는 저항하는 리더의 속성을 지니고 있었다. 그들은 우리가 살펴보았던 6가지 특징 중에서 최소한 한 가지 정도를 가지고 있었고, 많으면 3가지 정도의 특징을 보여주었다. 그들의 교회가 기울어지고 있는 일차적인 이유는 바로 자신의 리더십을 올바로 발휘하지 못하고 있는 목회자 때문이다. 그리고 대부분의 경우 이런 식으로 교세가 기울어지는 것이 교회 안에서는 잘 보이지 않는다. 이런 유형의 재난을 드러나지 않는 침체라고 부를 수 있는데, 그냥 방치하면 결국에는 치명적인 상황을 초래한다.

정체 상태의 교회에 대한 일반적 통념

정체 상태의 교회란 있을 수 없다. 교회란 성장하거나 기울어지는 쪽으로 분명히 구별된다. 수천 교회를 연구하는 과정에서 2년 연속 혹은 그 이상으로 동일한 통계치를 유지하는 교회를 본 적이 없다. '정체 상태의 교회'라는 용어는 흔히 약간씩 기울거나 아니면 조금씩 성장해나가는 교회를 일컫는 말이다. 사실 나도 여러 번 이런 말을 사용했고, 이 책에서도 2-3번 사용한 적이 있다. 물론 3-4년에 걸쳐 거의 성장이 멈춘 상태로 출석 성도에 변동이 없는 경우도 있을 수 있다. 그러나 사실상 교회란 기울어지든 성장하든 간에 어느 한쪽에 속하기 마련이다.

급성장하는 교회는 모두 정체기를 뚫고 나왔다. 그리고 대부분의 경우 현재는 성장 탄력을 맛보고 있다. 거의 모든 결정이 효과가 있고, 손을 대는 일마다 성공하는 것처럼 보이는 추진력이 생기는 단계다. 13개의 교회에 속해있는 교역자 중 한 사람이 이런 현상을 잘 표현해주었다. "사역을 하다 보니 이런 재미있는 일도 생기네요."

애석하게도, 대부분의 교회가 드러나지 않는 침체를 겪고 있다. 하나님의 교회가 사람을 전도하지 못하는 것은 비극이다. 이런 교회의 성도와 목회자 대부분이 침체 국면을 깨닫지 못하고 있다는 것 역시 서글픈 현실이다.

나는 9장에서 성장 탄력을 경험하고 있는 급성장하는 교회와 드러나지 않는 침체로 힘들어하는 비교대상 교회 간의 중요한 차이를 대조하는 쪽으로 흐름을 이끌었다. 이 두 그룹 사이에 넓게 벌어져있는 간극이, 평범한 상태를 좋은 상태로 한 단계 높이고 그 다음에 위대한 교회로 전환시키려는 목회자에게 하나님이 허락하신 동기부여가 되기를 간절히 기도한다.

이제는 이 책을 마무리할 시점이 되어 급성장하는 교회의 중요한 특징을 요약하고자 한다. 그렇지만 결론을 내리는 10장에는 요약에서 그치지 않고 보다 더 의미있는 내용이 실려있다. 이 책이 목회자를 위한 청사진이 되어 침체 상태에 있는 교회가 놀랍게 성장할 수 있기를 기도한다. 그런 마지막 노력을 위해 이제 다음 차례로 넘어가보자.

핵심 내용 요약
성장 탄력, 아니면 드러나지 않는 침체?

❶ '성장 탄력'이란 급성장하는 교회 안에서 설명할 수 없는 탄력이 생기는 것처럼 보이는 상황을 일컫는다. 이 시기는 하나의 성공이 또 다른 성공을 불러오고 대부분의 결정과 추진하는 일이 적절한 선택으로 판명이 난다. 성장 탄력이 급성장하는 교회권에 진입하는 데 필요한 선별 기준은 아니다. 하지만 13개 교회 중 10개의 교회가 분명히 이런 탄력을 확보해놓고 있다.

❷ 성장 탄력의 작동은 고군분투, 축적, 돌파, 탄력이라는 4단계를 거쳐서 드러나는 것이 통례였다.

❸ 성장 탄력을 작동하게 하는 사항을 따로 구별해내려 했지만 단 한 마디로 구분짓거나 혹은 2-3가지 요인으로 정리할 수 없었다. 거기에는 많은 변수가 작용하고 있었다.

❹ 성장 탄력을 펼치게 된 교회는 목회자의 장기 재직이라는 요인이 톱니바퀴처럼 맞물려있었다. 앞에서 지적했듯이 위대한 교회로 전환하는 과정은 쉽거나 급하게 이루어지지 않는다.

❺ 비록 이 연구가 위대한 단계로 부상하는 데 있어서 방법론적인 사항을 많이 제시하고 있지만 리더십의 중심 자질은 근본을 지키는 것임을 명심해야 한다. 위대한 교회로 발돋움하여 성장 탄력을 유지하려면 성경의 권위와 설교 및 기도에 우선순위를 두는 것이 전제 조건이 된다.

❻ 드러나지 않는 침체는 비교대상 교회가 서서히 기울어지는 상황을 언급하는 말이다. 여기서 드러나지 않는다는 수식어를 사용한 것은 이런 교회의 대다수 성도와 리더가 침체를 인식하지 못하기 때문이다.

❼ 드러나지 않는 침체에서 관찰할 수 있는 중요한 요인에는 나약한 신학, 무지, 평신도 지도층의 저항, 교역자 지도층의 저항이었다. 교역자 지도층에서는 탈진, 무지, 게으름, 신학적인 불확실성, 갈등 회피, 그리고 영달 추구라는 요인들 중 한두 가지의 모습이 문제 요인으로 파악되었다.

Live as though Christ yesterday, rose from the grave today, and is coming back tomorrow

Theodore Epp

10장
급성장하는 교회가 되기까지

> 그리스도가 어제 죽으시고 오늘 무덤에서 일어나셨으며, 내일 다시 오실 것처럼 살라
>
> **테오도르 엡**

나는 짐 콜린스의 저서 『좋은 기업을 넘어 위대한 기업으로』를 차용했다는 사실을 숨기려고 한 적이 없었다. 그의 조사 방법과 결론은 급성장하는 교회에 관한 이 책을 집필할 때 우리가 가장 의존했던 기초석이었다.

이 장을 집필하기 직전에 나는 수십 번도 더 읽고 적용했던 그 책의 한 부분을 다시 한번 들여다보았다. 나는 콜린스의 마지막 글귀에 시선이 갔다. 이 책을 거의 마무리하는 시점에서 팀을 이루어 우리가 실시했던 작업을 생각해보니 그의 말이 이전보다 더욱 새롭게 다가왔다. "이 모든 조각들이 보조를 맞출 때, 당신의 일이 도약을 향해 전진함은 물론 당신의 삶도 크게 향상된다. 결국 의미있는 삶을 살지 못하는 한, 크고 위대한 삶을 살기란 불가능한 것이다. 그리고 의미있는 일 없이 의미있는 삶을 살기는 매우 어렵다. 그런 다음에야 당신은 세상에 기여하는 탁월한 무언가를 만드는 데 일조했다는 인식에서 나오는 소중한 평정심을 얻게 될 것이다." 교회 밖의 사회에

서 필요한 리더십을 다루고 있는 콜린스의 책에서 마지막 이 말은 강력한 파장을 일으킨다. "더 나아가 다른 어떤 것보다도 더 깊은 만족을 얻게 될지도 모른다. 당신이 이 지구상에서의 짧은 시간을 잘 보냈고, 그 시간들이 쓸모 있었다는 깨달음을 말이다."[1] 세상 일에서도 변화를 이루는 것이 의미있는 것인데, 하나님의 일을 하면서 변화를 만들어내는 것은 얼마나 더 뜻깊은 일이 되겠는가?

이 책을 끝내기 2주 전 나는 록The Rock이라는 사역 단체의 초청 강사로 켄터키 대학에서 말씀을 전하게 되었다. 내가 강단에 서게 된 목적은 남녀 대학생을 전도하는 것이다. 이 단체는 학기 중 매주 수요일에 모여 경배와 찬양을 드린다. 그런 다음 재충전된 영성으로 주님을 모르는 학생들을 전도한다.

이 학교에 재학 중인 내 아들 아트는 4학년이 되자 회장을 맡아 사역 단체를 이끌고 있었다. 그리고 으슬으슬 추운 12월의 초저녁, 나는 그의 아버지 자격으로 말씀을 전할 참이었다. 내 인생에서 가장 영광스러웠던 때는 아들의 소개를 받았던 그날이라고 말할 수 있다. 아들이 나를 자신이 본받아야 할 영적 모델이라고 소개하자 주체할 수 없을 정도로 눈물이 흘렀다. 소개를 끝내면서 그는 이런 말을 덧붙였다. "아버지가 주님을 얼마나 사랑하시는지 잘 알고 있으며, 저는 그런 아버지를 사랑합니다. 아버지가 어머니에게 얼마나 잘 하시는지, 저는 아버지의 그런 면이 너무 좋습니다. 제 삶의 영웅이자 아버지인 톰 레이너를 여러분에게 소개합니다."

---

1) 짐 콜린스, 『좋은 기업을 넘어 위대한 기업으로』 Good to Great, (Harper Collins), 210.
2) Ibid., 208-210.

단상 앞에 섰을 때 나는 한동안 입을 뗄 수가 없었다. 강사로 초청받은 적이 수백 번도 넘지만 이렇게 영광스럽고 감동적인 소개를 받는 것은 처음이었다. 지난 25년 동안 끊임없이 되풀이한 나의 기도제목은 정말 단순했다. "주님, 저의 세 아들이 주 예수 그리스도의 이름을 힘입어 구원받게 하소서." 그 기도는 이미 만족할 정도로 응답을 받았다. "주님, 세 아들이 결혼하는 것이 주님의 뜻이라면, 믿음 좋은 그리스도인을 배필로 맞이하게 하소서." 아직 아들 중 아무도 결혼하지 않았지만 그것도 얼마 남지 않았다! 그 다음에 쉬지 않고 항상 올려드리는 세 번째 기도가 있다. "아버지 하나님, 저의 사역 1순위인 아내와 세 아들에게, 당신의 능력 안에서 저를 통해 당신의 사랑과 능력이 드러나게 하소서. 넬리 조, 샘, 아트, 제시에게 그리스도와 같은 영향력을 가지고 그들을 대하게 하소서." 나는 그 12월의 겨울 저녁에 세 번째 기도가 응답되었다는 생각했다. 하나님께 정말 송구스럽고 감사했다. 남편과 아버지로서 많은 약점을 가지고 있고 실수도 있었지만 가족에게 중요한 존재가 될 수 있도록 하나님은 나를 사용하고 계셨다.

위대하게 되는 것, 변화를 이루어내는 것

내가 교회 연구 전문가로 생활한 지 15년이 지났고, 저술가로서 혼자서 또는 공동으로 책을 저술한 것도 13권이나 된다. 그러나 이 분야에서 해놓은 일 중 어느 하나도 급성장하는 교회에 관한 이 프로젝트만큼 나에게 감동을 준 것은 없었다. 짐 콜린스는 의미있는 일을 통해 변화를 이루는 부분에 대해 언급한 적이 있었다.2) 그러나 나는 하나님의 교회 안에서 변화를 만들어내고 있는 성도를 찾아서 그들의 간증을 담았다. 그들이 땀흘려 소중하게 일궈낸 일이 지닌 영향력은 영원하며 가치를 매길 수 없을 정도로 귀하다. 거의 모든 사람들은 마음속 깊은 곳에 자신이 바뀌어 변화를 일으키는 사람이 되고자 하는 간절한 열망을 지니고 있다고 믿는다. 그리고 그리스도인의 마음속에는 하나님과 그분의 영광을 위해 변화를 일으키고자 하는 갈망이 있음을 믿는다. 오늘날 많은 교회가 병들어있다는 사실은 의심할 여지가 없다. 앞에서 내가 인용한 증언은 확실히 침울한 그림을 보여준다. 그러나 우리가 섬기는 하나님은 모든 것을 가능하게 하시는 분이다. 우리는 교회가 직면하고 있는 힘든 현실을 당당하게 대면해야 한다. 천지를 다스리는 전능하신 하나님은 교회가 어떤 어려운 상황에 처해있든지 반드시 해결하실 수 있다는 것을 우리는 인정해야 한다.

> 급성장하는 교회의 조사를 마치고 온 팀원이 자료나 도식으로는 밝힐 수 없었던 연구 결과를 전달하면서 그 흥분이 가라앉지 않았던 적이 있다. 함께 모인 자리에서 우리는 이런 교회를 다니는 성도나 외부 성도가 거기서 예배를 드리거나 사역에 동참할 때 어떤 기분을 느끼게 될지 골똘히 생각해보았다. 우리가 볼 때 급성장하는 교회가 많은 사람을 끌어들이고 추진력이 생기고 있다는 사실은 그다지 이상한 현상이 아니었다.

나는 급성장하는 교회를 통해 특별한 차이점을 보게 되었다. 팀원들은 놀라움을 금치 못했다. 팀원인 로라 크루스는 오하이오 주 콜럼버스에 있는 케노스기독공동체를 탐방하고 돌아왔을 때 이런 말을 했다. "이 교회는 정말 대단하더군요. 리더십 자질을 훈련시키는 것이나 그들이 개설하고 있는 청지기 팀은 수준에 있어서 둘째가라면 서러울 정도로 수준 높은 단체죠. 적어도 향후 3-4년간 그만한 곳은 찾아볼 수 없다고 생각합니다." 로라는 말을 이어갔다. "이들은 지역주민에 대한 민감도가 정말 대단합니다. 케노스기독공동체는 거의 불신자 전도를 통해 성장했어요. 이 교회는 사실 전통적인 교회와는 문화적으로 맞지 않는 분위기 때문에 수평이동으로 사람을 끌어들이는 경우가 많지 않아요."

급성장하는 교회에 소속된 사람들은 변화를 이루어내는 교회 안에서 일하고 있기 때문에 자신이 변화를 만들어내고 있다는 느낌을 받고 있었다. 급성장하는 교회에 속한 대부분의 성도와 비교대상 교회 성도 간에는 명백하게 드러나는 차이점이 있었다. 전자는 목적과 의미를 갖고 살아가는 사람의 특징인 흥분과 기쁨을 보여주었다.

릭 워렌과 그의 사역을 알고 있는 우리들 대부분은 『목적이 이끄는 삶』3)이라는 그의 책이 대단한 호응을 얻었다는 것을 안다. 그러나 나와 내 동료는 그 책이 순식간에 베스트셀러가 되어 수백만 부가 팔릴 것이라고는 예상하지 못했다. 릭은 수백만 명의 가슴속에 담겨있는 열망을 드러냈다. 나는 우리 모두가 목적과 의미를 갖고 살아가는 인생이 되기를 열망한다. 내가 이 프로젝트에 그렇게 열의를 보인 것도 바로 이 때문이다. 이 책은 그저 한 덩어리의 교회를 다루는 것이 아니라 교회 안에 소속된 개개인을 상대하고 있다. 급성장하는 교회는 위대하게 발돋움하여 이제는 변화를 이루어내고 있는 수백 명의 삶에 대한 간증을 담고 있다. 그들 중에는 현재 자신이 다니는 교회생활을

---

3) 릭 워렌, 『목적이 이끄는 삶』*The Purpose Driven Life*.

통해서 처음으로 보람을 느끼게 되었다고 말하는 성도들도 많이 있었다.

위대하다는 것은 무엇일까?

『좋은 기업을 넘어 위대한 기업으로』에서 '왜 위대해져야 하는가?'라는 주제를 다루면서 짐 콜린스는 다음과 같은 이야기를 들려준다.

"내가 예전에 스탠퍼드대학교에서 가르치던 제자 그룹과 세미나를 진행하는 중에 잠시 쉬게 되었다. 이때 한 학생이 나에게로 와 눈살을 찌푸리며 말했다. '아마도 전 별로 야심이 없나 봅니다. 전 정말로 큰 규모의 회사를 만들고 싶지가 않아요. 제 생각이 잘못된 건가요?'라는 질문이었다."[4]

이 글을 쓰는 중에 미시건 주에 있는 한 목회자가 나에게 다음과 같은 메시지를 보냈던 것이 떠올랐다. "레이너 박사님, 당신이 짐 콜린스의 책을 바탕으로 교회에 관한 책을 저술한다는 말을 들었습니다. 저는 그 책을 꼭 읽고 싶습니다. 그러나 전 초대형교회를 이끌고 싶다는 열망이 없습니다. 저와 같은 목회자에게도 그 책이 도움이 되겠습니까?"

우리가 급성장하는 교회들을 선별해내고 거기에 따른 평가를 내릴 때 통계수치가 중요한 역할을 했다는 것은 분명한 사실이다. 짐 콜린스가 제자에게 "크다는 건 규모하고는 상관이 없네"[5]라고 일축했듯이, 수치로 교회의 가치를 표현한 것 때문에 위대한 교회가 항시 거대한 교회를 일컫는다는 편

---

4) Ibid., 204.
5) Ibid.

견을 갖지 않기를 바란다.

도약을 달성했던 13개 교회를 다시 살펴보면 초대형교회뿐만 아니라 그보다 더 작은 교회도 있다는 사실을 알게 될 것이다.[6] 우리는 거대한 교회를 겨냥한 것이 아니라 위대한 교회를 연구하기로 결정했다. 위대한 교회라는 결론을 내리기 위해 우리가 사용했던 기준에 대해 의문을 표하는 사람이 있을지도 모르지만 선별 과정에서 교회의 규모를 기준으로 적용시킨 적은 없었다. 이 연구에서 선별된 위대한 교회는 전도하고 있는 숫자만큼이나 성도들이 떠나는 그런 평범한 상태에서 벗어나 새롭게 도약한 교회를 말한다. 이런 교회는 외부에 초점을 두고 이전보다 더 뜨거운 마음으로 복음 전파에 열정을 쏟으며, 변화 과정에서 동일한 목회자가 성도와 함께 돌파구를 헤쳐 나간 교회였다. 많은 경우에 이런 교회의 목회자는 그들이 시무하는 교회가 도약을 해낸 것처럼 자신도 도약하는 변화를 경험했다. 그런 의미에서 우리는 급성장한 교회와 급성장한 교회의 목회자, 양쪽을 모두 연구한 셈이다.

> 미국에 급성장하는 교회가 얼마나 되는지 우리는 확실히 말할 수 없다. 앞서 설명했듯이 필요한 정보를 입수하려고 할 때 수많은 요인이 우리의 발목을 잡았다. 표본 집단인 13개의 교회를 통해 발견한 것을 기초로, 나는 최소한 100개 정도의 교회가 우리의 기준을 통과했을 것으로 추측한다.

---

[6] 나는 초대형교회를 1년에 걸쳐 매주 예배 출석 인원 1천 명 이상으로 규정지으려고 했지만 어떻게 보면 무익한 듯하다. 내가 이 기준을 좋아하는 이유는 그래봤자 북미 40만 개 교회 중 거기에 해당하는 곳은 1%의 반인 1천 개에도 미치지 못하기 때문이다. 그런데도 대부분의 전문가들은 초대형교회가 되려면 최소한 출석 인원 2천 명은 되어야 한다고 주장한다. 그들 말대로라면 초대형교회는 700개에도 못 미치는 수준이다.

비교대상 교회의 한 목회자와 만나 긴 대화를 나눈 적이 있다. 제임스 James 목사는 급성장한 교회의 조사에 큰 관심을 갖고 있는, 39개 교회 중에서도 보기 드문 목회자였다. 처음에는 우리가 자기 교회를 살피고 있는 이유를 퉁명스럽게 물었다. 연구팀은 그의 교회가 우리가 선정한 비교대상 교회에 속해있으며, 기준을 통과한 교회와 비교하는 과정에서 교회에 대해 언급하는 부분은 익명에 부치겠다고 솔직히 털어놓았다.

우리는 그가 연구를 계속할 수 있도록 허락해줄지에 대해 확신이 없었다. 그런데 제임스 목사는 도약을 달성한 교회에 관해 질문하기 시작했다. 내가 그 절차와 내용을 자세히 설명하자 그는 괴로운 표정으로 나를 빤히 들여다보며 속내를 털어놓기 시작했다.

"제게도 한때는 꿈이 있었어요." 그는 낮은 목소리로 말했다. "뭐라고요?" 나는 얼버무리듯 대답했다. "저도 한때는 우리 교회를 위대한 교회로 이끌겠다는 꿈이 있었단 말입니다." 그는 어렵게 말을 이어갔다. 나는 그가 감정을 억제하지 못하고 있음을 알 수 있었다.

"저는 부푼 꿈을 안고 사역에 임했어요. 그런데 언제부턴가 그 노선에서 이탈하게 되었습니다. 아마 비방꾼들 때문이었을 겁니다. 아니면 제 자신의 뒤섞인 우선순위 때문인지도 모르겠습니다만 어쨌든 무슨 일이 일어났던 겁니다. 어디서부터인지 모르지만 저는 꿈을 잃어버렸습니다." 그는 말을 이어갔다. "27년간의 사역, 이제 와서 제가 변화를 이룰 수 있을지 자신이 없습니다. 우리 교회가 변화를 만들어낼지도 알 수 없습니다. 다시 시작하기엔 너무 늦은 거 아닙니까? 과연 제가 위대한 교회를 세울 수 있다고 생각합니까? 하나님을 위해 큰일 한 번 못해보고 이런 식으로 생을 마감하고 싶진 않습니다."

구구절절 마음을 아프게 만드는 이 대화를 통해 나는 다시 한번 위대한 교회의 의미를 생각해보게 되었다. 그것은 교회의 크기나 예산 운영에 달린 것이 아니다. 위대한 교회는 하나님의 사람들이 하나님의 영광을 위해 놀라운 변화를 이루는 교회를 의미한다.

이전의 주제를 되풀이하는 것으로 마지막을 마무리하고 싶지는 않지만 급성장하는 교회에서 정말 중요한 것이 무엇인지를 다시 한번 짚어주고 싶다. 읽어본 내용 중에서 몇 가지 개념이 떠오를 것이다. 어떤 것은 생소할 수도 있다. 그러나 이 중 어느 한 가지도 소홀히해서는 안 된다. 왜냐하면 이것은 급성장하는 교회 목회자가 우리에게 정말로 중요하다고 알려준 것이기 때문이다. 급성장하는 교회가 되기 위한 청사진을 살펴보기로 하자.

급성장하는 교회들 간에 공통적으로 드러나는 중요 주제들

짐 콜린스는 『좋은 기업을 넘어 위대한 기업으로』와 이전 작품인 『성공하는 기업들의 8가지 습관』에서 밝힌 결론과 비교하면서 이 프로젝트가 서로 어떻게 연결되어 있는가를 말했다. "지속적으로 큰 성과를 내는 회사를 영속하는 위대한 기업으로 전환시키려면, 『성공하는 기업들의 8가지 습관』의 중심 개념을 적용하라. 단순한 돈벌이 차원을 넘어서는 핵심 가치와 목적(핵심 이념)을 발견하고 이것을 '핵심 보존-발전 자극'의 동력과 결합시키라."[7]

---

7) Ibid., 190. 이보다 앞에 나온 책이 콜린스와 제리 포라스 Jerry I. Porras가 공동으로 펴낸 『창업에서 수성까지』 *Built to Last*, (New York: HarperBusiness, 1998)이다.

급성장하는 교회는 기독교 신앙의 중심 교리에서 결코 벗어난 적이 없었다. 이 교리들이 개 교회의 '핵심 가치'다. 반면, 비교대상 교회는 이런 가치를 고수한다는 것을 문서로는 기록해놓은 반면 실천은 부족했다.

우리가 앞에서 살펴보았듯이 콜린스는 좋은 회사를 위대한 회사로 일구어낸 리더를 5단계로 설명하고 있다. "비교대상 기업의 리더가 지극히 자기중심적인 것과는 대조적으로, 도약을 성공시킨 리더가 자신의 이야기를 얼마나 삼가는지를 보고 우리는 충격을 받았다."8) 그 다음 콜린스는 절로 고개를 숙이게 만드는 겸손을 이런 식으로 묘사하고 있다. "좋은 회사를 위대한 회사로 도약시킨 리더는 전설적인 영웅이 되고 싶어하지 않았다. 그들은 존경받는 위치에 올라서거나 가까이 할 수 없는 존재가 되기를 갈망하지도 않았다. 얼핏 보기에 그들은 특별한 성과를 조용히 만들어내는 보통 사람들인 것 같았다."9)

우리 팀은 급성장하는 교회의 목회자를 사도행전 6-7장 리더의 모습으로 표현했다. 확신에 찬 그들의 겸손은 콜린스의 '절로 고개를 숙이게 만드는 겸손'과 대단히 유사한 개념으로 보였다. 하지만 마지막 분석 과정에서 우리는 급성장하는 교회의 목회자란 '그리스도의 마음을 품은' 목회자라는 표현이 가장 적절하다는 결론을 내렸다. 사도 바울은 이를 잘 표현했다. "너희 안에 이 마음을 품으라 곧 그리스도 예수의 마음이니 그는 근본 하나님의 본체시나 하나님과 동등됨을 취할 것으로 여기지 아니하시고 오히려 자

---

8) Ibid., 27.
9) Ibid., 28.

기를 비워 종의 형체를 가지사 사람들과 같이 되셨고"빌 2:5-7.

『좋은 기업을 넘어 위대한 기업으로』는 기독교 서적이 아니다. 그리고 짐 콜린스 역시 이 책에서 자신이 그리스도인이라고 말한 적은 없다. 하지만 좋은 회사를 위대하게 키운 리더에 대한 내용은 우리가 급성장하는 교회의 목회자를 묘사한 것과 대단히 밀접한 관련이 있고, 좋은 회사에서 위대한 회사가 된 기업은 우리가 중점적으로 살펴본 위대한 교회와 대단히 흡사하다. 이러한 유사성에는 분명한 이유가 있다. 조사 과정에서 우리는 특별히 『좋은 기업을 넘어 위대한 기업으로』를 기본 틀로 해서 우리의 연구결과를 입증했기 때문이다. 이를 이해하기 쉽게 시각적으로 표현해보았다.

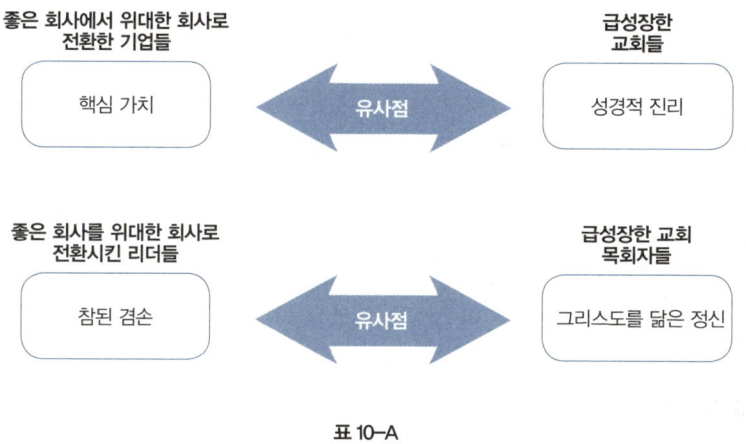

표 10-A

위대한 회사와 위대한 교회가 제도적인 면과 리더, 그리고 핵심가치에 있어서 이렇게 서로 유사하다는 것이 과연 있을 수 있는 일인가? 좋은 회사에서 위대한 회사로 전환한 기업들이 그 과정에서 성경적인 특징을 끌어들였다고 추측하는 것은 지나친 비약일 수도 있다. 하지만 우리 연구팀원들의 의견을 종합해보면, 이타적인 핵심가치와 겸손한 자세를 가진 리더가 있었기 때문에 위대한 회사로 전환되었다고 믿는다. 즉 기업들이 일을 할 때 성경적으로 접근할수록 위대한 기업이 될 확률이 높아진다는 말이다.

최고의 대가를 지불해야 하는 부분은 어디인가?

연구 결과를 통해 반복해서 드러나는 현상은 비교대상 교회가 위대한 교회로 전환하지 못하는 중요한 이유는 변화를 위한 필요한 희생을 치르려는 의지가 없거나 아니면 능력이 없다는 것이다. 이 점에 대해 아직 내가 밝히지 않은 부분은 그렇다면 가장 엄청난 희생을 치러야 하는 부분이 어디인가 하는 문제다.

자신의 교회 문제를 가지고 나와 의논하고자 했던 제임스 목사를 떠올려 보자. 나는 그에게 자신의 교회를 향한 꿈을 잃어버린 때가 언제쯤인지 기억해보라고 재촉했다. "처음으로 꿈을 접어야 했던 기억은 제직회 때가 아닌가 싶습니다. 두 가정이 제가 내는 안건마다 부결시켰습니다.

그날 저녁 저는 무거운 마음으로 모임을 마쳤습니다. 그 조그마한 교회가 어찌 그리 버거워 보이던지…." 그러나 제임스 목사는 그때만 해도 교회를 키워보겠다는 꿈과 비전을 품고 있었다. 교회의 규모가 좀 더 크면 기회도 많고 반대파도 없을 거라는 생각에 그 교회를 떠났다. 하지만 현실은 그렇지 않았다. "제가 생각해도 너무 순진했던 것 같습니다. 더 큰 교회는 형편이 달랐지만 거기에도 여전히 문제는 있었습니다."

큰 교회에서 일어난 중요한 갈등은 제임스 목사가 예배당을 더 크게 지으려고 시도한 일 때문에 일어났다. 그 교회는 주일오전예배를 3부로 나누어서 드릴 정도로 비좁은 상태였고, 공간부족으로 인해 성장이 마비될 형편이었다.

"반대 의견이 나오자 기가 막혀 말이 나오지 않았습니다." 그는 당시 상황을 떠올렸다. "그때를 돌이켜 보니 제가 너무 서둘렀던 것 같습니다. 하지만 당시에는 그 사실을 몰랐습니다. 그 교회의 핵심 중직자의 자리에 있는 몇몇 가정이 본당 건물에 강한 애착을 갖고 있었습니다. 제가 아무리 타당한 이유를 제시해도 소용이 없었습니다."

목사가 이야기를 하면 할수록 싸움만 더 거칠어졌다. 그가 털어놓는 문제마다 모두 자신과 성도들 사이에 얽힌 일이었다. 이런 양상은 우리가 연구했던 다른 교회에서도 흔한 현상이었다. 그때 제임스 목사와 나는 우리의 연구 결과로 시선을 돌려, 비교대상 교회와 급성장하는 교회 양쪽 집단에서 성도들로 인해 야기된 곤란한 문제들을 규명해보았다.

이 프로젝트를 놓고 수개월을 씨름했지만 연구 결과를 보면 지금도 놀랄 때가 많다. 우리는 비교대상 교회와 급성장하는 교회 두 집단에서 모두 172건의 문제와 싸움을 밝혀냈다. 총 문제 중 171건이 성도들과 연관된 사항이었다. 오직 한 교회만 싸움의 원인이 불신자에게 있었고 그런 경우는 단 한 차례뿐이었다.

예수님은 십자가에서 돌아가시기 전에 성도들이 서로 하나 되는 것이 얼마나 중요한지에 대해 말씀하셨다. "내가 비옵는 것은 이 사람들만 위함이 아니요 또 그들의 말로 말미암아 나를 믿는 사람들도 위함이니 아버지여, 아버지께서 내 안에, 내가 아버지 안에 있는 것 같이 그들도 다 하나가 되어 우리 안에 있게 하사 세상으로 아버지께서 나를 보내신 것을 믿게 하옵소서 내게 주신 영광을 내가 그들에게 주었사오니 이는 우리가 하나가 된 것 같이 그들도 하나가 되게 하려 함이니이다 곧 내가 그들 안에 있고 아버지께서 내 안에 계시어 그들로 온전함을 이루어 하나가 되게 하려 함은 아버지께서 나를 보내신 것과 또 나를 사랑하심 같이 그들도 사랑하신 것을 세상으로 알게 하려 함이로소이다"요 17:20-23.

아이러니하게도 급성장하는 교회가 되기 위해서는 성도를 상대로 문제와 갈등을 빚는 대가를 치러야 하는 것이 공식처럼 보인다. 비교대상 교회의 많은 목회자는 성도와의 싸움 때문에 지쳐버렸다. 하지만 급성장하는 교회의 목회자가 겪는 갈등도 만만치 않았다. 그들은 아픔과 고난에도 인내하기로 결단했다.

> 급성장하는 교회의 목회자는 인내하는데 왜 비교대상 교회 목회자는 서너 번의 싸움과 위기를 겪고 나면 포기하는 것일까? 비교대상 교회가 겪는 문제가 더 크다는 증거는 발견할 수 없었다. 또한 비교대상 교회의 문제점이 더 시간을 끌었다는 증거도 찾을 수 없었다. 그렇다고 해서 급성장하는 교회의 목회자가 고통에 더 둔감하다는 느낌도 받지 못했다. 급성장하는 교회의 목회자가 그저 인내하기로 마음을 굳혔다는 것 외에는 별다른 증거가 없다. 그리고 그들이 당하는 시련과 어려움을 낱낱이 보고 계시는 하나님께 그분의 능력을 구했다는 것 외에는 특이한 사항이 없다.

적절한 사람과 급성장 전환의 상관관계

성도와의 갈등이 가장 큰 희생이라는 점을 감안해볼 때, 성장을 위해서는 함께할 적절한 사람을 선택하는 것이 가장 우선적인 일임을 알 수 있다. 앞에서 나는 교회가 전진하는 데 방해 요인이 될 사람들을 처리하는 문제에 있어서 급성장하는 교회의 목회자는 민첩하게 대처하되 매정하지 않았다고 설명한 적이 있었다.

이제 앞뒤가 맞지 않는 것 같은 이야기를 하려고 한다. 급성장하는 교회의 목회자는 인사결정 문제를 대할 때 따스한 마음을 가지되 신속하게 해결했다. 그러면서 일을 진행시킬 때는 신중하되 느림보 걸음을 했다. 이들은 어떻게 경우에 따라서 신속히 그리고 천천히를 조화롭게 해나갈 수 있었던 것인가?

급성장하는 교회 중 한 목회자를 예로 들어보겠다. 그의 요청에 따라 이름을 익명으로 하고 자세한 사항도 각색하겠지만 이야기 자체는 사실이다. 그 담임목회자는 눈부신 교회의 성장을 이루기 이전에 몇 사람과 문제가 있었다. 가장 골칫거리였던 문제는 자신이 기본적으로 해야 할 업무를 할 수도 없었고 하려고도 하지 않았던 부교역자와의 갈등이었다. 문제의 목회자는 자신의 업무가 상담과는 관련이 없었음에도 성도들을 상대로 상담하는 일에만 시간을 보냈다. 또 다른 문제는 어느 장로님과의 일이었다. 그는 무슨 일에든지 최악의 상황을 가정하고 있었다. "그분은 미국이 한 번도 달나라에 착륙한 적이 없다고 우겼습니다." 목사는 웃으면서 말했다. "그것이 모두 꾸며낸 거라고 말입니다. 그런 일은 있을 수 없다고 했습니다. 그는 정말 그렇게 생각했던 것 같았습니다. 왜냐하면 그에게는 엄청난 일이 일어날 수 있다는 가능성을 보는 눈이 결코 없었기 때문입니다."

상당히 큰 교회인데도 이 두 사람이 걸림돌이 되어 교회의 전진을 방해한다는 것이 밝혀졌다. 담임목회자는 팔을 걷어붙였다. "저는 그 2가지 문제를 즉시 처리하기로 결정내렸습니다. 정말이지 본래 저는 사람을 붙들고 씨름하는 성격이 아닙니다. 마음이 불편했지만 힘든 걸음을 뗐습니다."

담임목사가 장로님 한 분을 대동하고 그 교역자를 만났다. 3개월 여유를 줄 테니 그동안에 특별히 자신이 해야 할 일을 감당해서 평가를 받아보라고 했다. 그리고 상담하는 일은 다른 교역자가 하는 일이니만큼 그 일에서는 분명히 손을 떼라고 일렀다. 하지만 그 교역자는 상담을 중단하지 않았고 자신이 해야 할 일은 여전히 하는 둥 마는 둥 했다. 결국 그는 후한 퇴직 수당과 함께 그 교역자를 돌려보내야 했다.

이번에는 2명의 장로를 대동하고 사사건건 싸움을 일으키는 장로를 만났다. 그들은 문제의 장로에게 자신이 교회에 어떤 식으로 영향을 끼치고 있는지를 스스로 돌아보도록 대화를 이끌었다. 그 장로는 자신이 부정적인 영향력을 끼치고 분파를 일으킨다는 말에 불같이 화를 내면서 자기변명을 했다. 결국 그는 목사를 억지로 쫓아내려고 성도들을 선동했지만 일이 실패로 돌아가자 가족과 함께 교회를 떠나고 말았다.

목사의 말을 들어 보면, 그 두 사람에 대한 문제가 사역에서 가장 힘들었다고 한다. "우리는 이 두 사람에 대한 전후사정을 잘 모르고 있던 다른 좋은 성도까지 잃었어요. 그 문제를 완전히 마무리하기까지 꼬박 2년이 걸렸답니다. 정말 힘들었습니다. 하지만 우리 교회가 반드시 처리해야 할 암초였습니다." 그렇다면 인사 문제는 모두 해결되었는지 물었을 때, 그는 웃으면서 이렇게 말했다. "전혀 그렇지 않습니다. 우리 교회가 집안 정리를 다 하려면 아직도 갈 길이 한참 남았습니다. 우리에게 동참하지 않는 무리들이 여전히 많습니다. 하지만 그런 상황은 천천히 바로잡으면 됩니다. 심각한 문제는 재빨리 처리하고 그밖에 사람을 다루는 일에는 인내를 가져야 합니다."

급성장하는 교회의 목회자는 교회 내의 중요한 인사문제는 재빨리 단행하되 냉정하게 대하지는 않았다. 하지만 그다지 중요하지 않은 사안에 대해서는 인내를 가지고 해결책을 찾고자 고심했다. 거듭 말하지만, 13개 교회에 대한 우리의 조사는 급성장하는 교회의 전환이 하룻밤 사이에 이루어지지 않았음을 보여주었다. 인내를 가지고 한 자리를 오랫동안 지키는 것이 위대한 교회로 전환하는 과정의 필수 요인이었다.[10]

사람이라는 중대한 문제와 자유-기대 역설

급성장하는 교회로 전환할 때 인사문제가 중요하다는 것은 아무리 강조해도 지나치지 않다. 그러나 교회를 이끌 때 어떻게 하면 올바른 인사 결정을 내릴 수 있는지 궁금해하는 독자들도 많을 것 같다. 재빨리 움직이되 냉정하게 대해서는 안 된다는 조언은 일부의 교회에만 적용된다. 교회를 이끌 때 사역의 전 영역에 적절한 사람을 앉히려면 어떻게 해야 할까? 수백 명의 사람들이 관련된 상황에서 올바른 평신도 리더와 교역자 리더를 어떻게 찾아낼 수 있을까?

신기하게도 급성장하는 교회의 대부분 목회자는 그들이 적절한 사람을

---

10) 장기 재직으로 인해 교인들이 얻을 수 있는 유익에 대해 더 깊이 알고 싶다면 다시금 척 로리스와 나의 공동 저서인 『Eating the Elephant』를 참고하기 바란다.

찾아냈다고 말하지 않았다. 그와 반대로, 적절한 사람들이 그 교회를 찾아냈다는 것이다. 7장에서 살펴본 자유-기대 역설은 이런 현실을 잘 나타내고 있다. 적절한 사람을 얻는 비결은 그들에게 많은 것을 기대하고, 각 개인이 소명을 받은 일을 할 수 있도록 자유를 주는 분위기를 창출하는 것에 있다.

이 주제는 급성장하는 교회의 평신도와 대담한 내용을 보면 명백히 나타난다. 그들에게는 변화를 이루는 일에 조금이라도 기여하려는 간절한 소원이 있었다. 그렇기 때문에 변화를 이룰 수 있고 급성장하는 교회 안에서 실제로 변화를 만들어내는 사역 장소를 찾아냈다. 그렇다고 해서 목회자가 어느 한 순간 갑자기 높은 기대치를 요구하는 교회라는 구호를 걸거나 성도를 다그쳐서는 안 된다.

급성장하는 교회의 제반 문제와 마찬가지로, 전환 과정에는 시간이 필요하다. 기대수준을 올리는 작업은 세심하고도 고통스러울 정도로 서서히 진행되어야 한다. 그러한 과정의 일환으로 사역의 자리가 비거나 새로이 추가될 때마다 조금씩 기대를 올리는 식으로 진행시킬 수 있다는 의미다.

그것은 새신자나 교회를 찾고 있는 자들로 구성된 예비반을 조직하여 등록하기 전에 교회가 그들에게 무엇을 기대하는가를 알려주는 것이다. 그리고 리더의 사역에 대해서도 신선하면서도 높은 수준을 설정해놓으면 그 때문에 높은 기대치를 가진 리더들을 사역에 끌어들이는 것이 가능해진다.

---

11) 톰 레이너의 『높은 기대치』 *High Expectations* 참조. 이 책의 시작 부분에서 지적했듯이, 급성장하는 교회에 대한 조사와 결론은 총체적 연구보고서이며 이전의 연구에서 발견한 조각조각들을 한데로 모은 총합이다. 이 문제는 단지 여기에 대한 실례를 하나 더 추가한 것이다.

> 이전의 조사에서 우리는 기대수준을 높이는 것이 성도 유치의 첫 번째 우선 조건임을 발견했다.[11] 그리고 현재 교회 성도들 간에 예상되거나 실제로 존재하는 갈등은 대부분의 교회 목회자들이 수준을 높이지 않았기 때문이라는 진술이 1위였다. 우리는 비교대상 교회의 목회자들이 말하는 어투에서 그런 부분을 못내 아쉬워한다는 것을 엿볼 수 있었다.

급성장하는 교회가 되기 위한 청사진은 교회의 기대치를 높여야 한다는 것이 우선 과제다. 그런 조건을 만족시켰을 경우에만 적절한 사람들이 동승하게 되고, 그럴 때에만 동승한 그들이 남아있게 되며, 또한 동승한 것에 대한 흥분이 지속될 것이다.

열정과 선택들

최근에 나는 절친한 직장 동료로부터 다음과 같은 질문을 받았다. "만약 이 세상에서 원하는 것은 무엇이든지 할 수 있고 돈이 문제가 되지 않는다면, 무엇을 하고 싶습니까?" 나는 얼른 이렇게 대답했다. "나는 정확히 지금 내가 하고 있는 일을 계속 할 것입니다." 아침마다 나를 위해 준비된 하루를 생각하며 즐거운 기분으로 잠에서 깨는 것은 이루 말할 수 없이 기쁜 일이다.

얼핏 보면 신학교 학장, 교회 컨설턴트, 설교가, 교사, 강사, 연구팀, 그리고 작가라는 내 직업은 다양해 보일 수도 있다. 그러나 내가 관계하고 있는 다양한 사역들에는 공통 주제가 있다. 내가 열정을 쏟는 분야는 다양하지만 가장 중점을 두는 것은 그리스도인이 교회와 문화를 잘 이해하여 그들이 더욱 효과적으로 지역사회의 문화와 접촉해서 복음을 전파할 수 있도록 도와주는 것이다. 승진할 기회가 보장된 곳에서 손짓한 적도 더러 있었다. 그러나 출세나 명예와 같은 것에는 도무지 흥이 나지 않았다. 내가 만약 다른 직업을 택했다면, 나는 열정을 가질 수 없었을 것이다.

비교대상 교회의 목회자와 면담을 하던 중에 '열정'이라는 단어를 4번 들었다. 그 단어는 과거의 향수에 젖어 그리움에 사무치는 듯한 뉘앙스를 풍기고 있었다. 반면 급성장하는 교회의 목회자에게 있어서 '열정'이라는 단어는 날마다 그들이 하고 있는 사역에 대한 태도였다. 그들의 열정은 전염성이 있고 그들의 비전은 사람을 끌어들이는 힘이 있다.

최근에 나는 맏아들 샘과 함께 대학 졸업 후 진로와 삶의 방향에 대해 이야기 나누는 귀한 시간을 가졌다. 자랑이 아니라, 객관적으로 평가할 때 정말 샘은 탁월한 재능을 가진 청년이다. 그는 대학생활을 잠시 중단하고 몇 년간 직장을 구해서 일을 잘했다. 그러나 아버지인 나에게는 샘이 직장 내에서 승진이나 명예를 추구하는 것 이상으로 그가 표현하는 열정이 대단히 인상적이었다.

부전자전이라는 한자성어를 떠올리게 하는 순간이었다. 샘은 나에게 열정이 무엇인지를 말하면서 "아버지, 하나님이 우리에게 허락하신 이 세상의 삶은 그리 길지 않은 것 같아요. 저는 변화를 이루지 못하는 것에 시간을 소모하고 싶지 않아요"라고 말했다.

그에 따르면 열정은 우리가 눈부신 변화를 이루어낼 수 있는 영역을 선택하는 것을 의미한다. 또한 좋긴 하지만 위대한 것이 아니면 '아니오'라고 말할 수 있는 것을 의미한다. 가장 좋은 길이 언제나 가장 쉬운 길은 아니라는 것을 의미한다.

샘의 말이 옳았다. 또한 급성장하는 교회의 목회자가 한 말이 옳았다. 개인의 삶에서 그리고 교회에서 리더의 직책을 감당할 때 그들은 가장 좋은 길을 선택했다. 그들은 자신이나 자신이 섬기는 교회가 모든 사람을 다 기쁘게 하거나 모든 요구를 다 채워줄 수는 없다는 것을 깨달았다.

그들은 하나님이 그들에게 허락하신 꿈을 따라갔다. 그리고 어떤 대가를 치르더라도 희생에 관계없이 그 일을 해냈다. 그런 것이 열정의 본질이다. 그리고 그런 것이 급성장하는 교회의 목회자와 비교대상 교회의 목회자 사이에 드러난 차이였다.

개혁: 개방은 하되 신중히

급성장하는 교회는 내가 연구해본 교회 중 가장 혁신적인 집단은 아니었다. 그렇다고 해서 "우리는 전에 그런 것을 한 번도 해본 적이 없어요"라는 말로 혁신을 거부하는 것도 아니었다. 개혁에 대한 이런 태도를 가장 잘 표현하기 위해 우리가 고안해낸 것이 '개방은 하되 신중히'라는 문구였다.

가장 중요한 사항은 이런 교회의 목회자는 우선적으로 자신들이 섬기는 교회를 향해 하나님이 허락하신 비전과 열정을 따라간 것이다.

비교대상 교회의 일부 목회자는 개혁을 열정으로 잘못 이해하고 있었다. 그들에게는 자신의 교회를 위한 열정이 전혀 없었다. 그래서 다른 사람의 아이디어를 차용해서 그 구멍을 메우고자 했다. 그러나 급성장하는 교회의 목회자는 조심스럽게 검토하고 난 후에야 개혁을 수용했다. 그들은 자신이 섬기는 교회를 위해 하나님이 허락하신 비전과 그 비전에 이끌려온 적절한 사람을 세우는 것에 더 관심이 있었다. 만약 어떤 개혁이 그러한 일에 도움이 된다면 그제서야 기쁜 마음으로 그것을 받아들였다.

그중의 제일은 사랑

우리 연구팀은 마지막 모임을 주선하게 되었다. 나는 모임을 정리하면서 무언가 빠뜨린 것은 없는지, 교회와 그들의 목회자에 관해 파악하지 못한 부분은 없는지 물었다. 그러자 어디선가 '사랑'이라는 말이 튀어나왔다. 다른 팀원들도 동의한다는 듯 고개를 끄덕였다. 난 이 프로젝트를 수개월간 붙들고 있었기에 그 말에 대한 설명이 따로 필요 없었다. 그들은 정확하게 표현한 것이다.

> 나는 어떤 과제를 갖고 연구할 때마다 세월이 지나고 나서야 무엇이 옳은지를 깨닫는 경향이 있다. 만약 팀을 구성해서 다시 이런 힘든 일을 시도한다면 그때는 목회자와 팀원들 간에 사랑의 관계를 더욱 돈독히 할 수 있는 방향으로 더 많은 시간을 투자해야 한다는 것 또한 이 프로젝트를 마치고 나서야 깨닫게 되었다.

급성장하는 교회의 목회자와 시간을 보내면 보낼수록 우리는 그들이 하는 사역의 핵심 부분이 사랑을 표현하는 것임을 더 확실히 깨닫게 되었다. 그들은 성도에게 목회자로서 줄 수 있는 깊은 사랑을 서슴없이 표현했다. 다른 목회자도 상황은 각기 달랐지만 자신이 섬기는 성도에 대한 사랑을 각자의 방식으로 표현했다. 그들의 사랑은 결코 인위적이거나 입에 발린 소리가 아니었으며, 우리 팀에게도 13개 교회에 소속된 성도들이 목회자의 사랑을 받고 있다는 사실이 역력히 드러났다.

우리가 관찰한 부분에 대해 이런 반응을 보이는 사람도 분명히 있을 것이다. "음, 나도 그들이 이런 급성장하는 교회와 같은 수준의 신앙인이라면 교회의 지체, 목회자, 교역자를 사랑할 수 있습니다." 그러나 13개의 교회 중 6개 교회의 담임목회자는 특별히 사역 기간 중 몇 차례 힘든 시절을 보내는 동안에 사람들을 사랑하기로 결심했다는 이들도 있었다.

우리 연구팀은, 성도 중에 사랑할 수 없는 사람까지도 사랑하고자 하는 목회자의 결단이 도약을 이루어낸 핵심 요인이라고 믿는다.

급성장하는 교회를 위한 청사진

교회들이 도약을 하려면 어떤 단계를 거쳐야 하는지 그 접근법을 제시한다는 것이 사실 썩 내키지는 않는다. 정말로, 나는 이 책 전반을 통해 여러분에게 명백히 강조했다. 교회가 위대해지려면 그 바탕에 신학적인 깊이가 깔려있어야만 한다. 위대한 교회는 위대하신 하나님의 능력으로만 위대하다.

하지만 나는 마지막 결론을 쓰면서 힘겹게 사역하고 있는 목회자나 혹은 자신의 교회가 위대하게 변화하기를 열망하는 지체를 위해 실제적인 지침을 제시할 것이다. 앞에서 예시한 대로 2장부터 9장까지의 과정을 따라가도록 하라.

우리가 급성장하는 교회의 목회자를 통해 얻게 된 결론은 급성장으로 전환하는 각 단계 하나하나를 그대로 따라가는 것이 대단히 중요하다는 것이다. 나는 여러분이 연구 프로젝트의 소산물인 이 책을 읽어주는 것에 대해 감사하게 생각한다. 이 책이 조금이나마 도움이 되고 확신을 주고 용기를 주어서 여러분이 자신의 교회를 도약시킬 뿐만 아니라 여러분의 리더십 또한 성장했으면 하는 것이 연구팀의 바람이자 기도이다. 나의 개인적인 이야기를 담고 있는 다음 내용에는 도약을 달성해낸 리더가 되기까지의 나의 여정이 담겨있다.

마지막으로 결론을 맺으려고 한다. 다음의 표 10-B의 예시는 비교를 위한 것이 아님을 명심하기 바란다. 우리는 리더와의 면담을 통해 더욱 많은 모범 사례를 인용할 수 있었지만 지면상 이 부분만 제시한다.

사도행전 6-7장의 리더십	• 성경의 핵심 가치를 계발한다. • 모든 영역에서 그리스도의 정신을 닮도록 기도한다. • 무슨 일이 있더라도 하나님의 능력으로 성도를 사랑하기로 결심한다. • 하나님의 뜻 안에서 장기간 사역하기로 서약한다.
ABC 모멘트	• 외부인의 관점에서 교회를 평가할 수 있도록 외부의 상담을 구한다. • 수많은 매체를 통해 평생학습자가 된다. • 비난하는 자를 위해 기도하고 그들에 대한 지속적인 사랑을 중단하지 않는다. • 그리스도인들과의 갈등으로 위기가 찾아왔을 때에는 현실적으로 대처한다. • 위기 너머에 있는 하나님의 뜻을 바라볼 수 있도록, 그리고 역경의 순간에 하나님의 역사를 볼 수 있도록, 기도한다.
사람-일 동시 추구	• 중요한 인사 문제에 대해서 즉시 처리하되 매정하게 대하지 않는다. • 적절한 사람을 더 많이 영입할 수 있도록 교회 안에 높은 기대 문화를 조성한다. • 사람을 세우는 사역을 하되 교회 안에 중요한 구조적 필요도 작동시킨다.
VIP 요인	• 목회자로서 사역에 대한 자신의 열정을 파악한다. • 성도들의 열정과 은사를 발견한다. • 지역사회의 필요를 발견한다. • 위의 3가지 요인이 교차하는 지점이 어디인지 찾아서 이 비전 교차점에 많은 자원을 집중시킨다.
탁월성을 추구하는 문화	• 하나님의 능력으로 모든 일을 탁월하게 할 수 있도록 노력한다. • 하지만 탁월하게 할 수 없는 일이라면 노력을 포기하든지 중단할 것을 고려한다. • 개혁을 목적이 아닌 수단으로 바라본다. • 각 개혁의 기회마다 신중하게 평가한다. 개혁에 대해서는 개방적이되 신중을 기한다.
성장 탄력	• 하나님이 허락하시는 각각의 성공이 종종 또 다른 기회가 되고 다음 성공을 위한 계기가 된다는 것을 배운다.

표 10-B

나의 이야기

1984년에 나는 아버지의 시신 곁에 앉아있었다. 아버지는 말기 암에 걸려 2개월간의 투병생활 끝에 하나님 아버지의 품에 안기셨다. 내 마음은 참혹했다. 당시 나는 28세였고 신학교 2학년에 재학 중이었다. 아버지는 나에게 자신의 평생 직업이기도 했던 은행 일을 그만두게 하고 하나님의 소명을 따라 사역의 길로 가도록 축복해주셨다.

62세의 나이로 돌아가시기엔 아버지는 너무 젊어 보였다. 나는 가장 친한 친구이자 나의 영웅이었던 아버지를 잃었다. 아버지 샘 레이너Sam Rainer는 앨라배마 주에 있는 몽고메리 남쪽에 위치한 유니온 스프링스의 시장이었다. 그곳은 생활고로 힘들게 살아가는 소시민들의 도시로, 아버지는 그 마을에 2개뿐인 은행 중 한 곳의 은행장이시기도 했다.

1960-1970년대 사이에 아버지는 힘들고 인기 없는 위치에 서서 흑인계 미국인도 평등하게 대우하고 존엄성을 부여하자는 입장에 섰다. 유니온 스프링스에는 흑인이 대부분이라 해도 그들은 2등 시민으로 천대받고 있었다. 내가 보건대 인종문제가 과격하고 폭발적으로 대두되는 시기에 아버지는 색맹인 듯 보였다.

나는 성장 과정에서 당시 인종문제의 역사적인 취지를 깨닫지 못했다. 하지만 아버지는 그 순간을 인식하신 듯했다. 아버지는 인종분리정책 철폐에 저항하는 조지 월리스George Wallace 앨라배마 주지사에게 나를 소개했다. 그리고는 흑인계 미국인 교회의 뒷자리로 나를 데리고 가셔서 강력한 설교자이자 웅변가인 마틴 루터 킹Martin Luther King의 말씀을 듣게 하셨다.

나는 아버지가 어떤 확신과 능력의 소유자인지 거의 알지 못했다. 할아버지는 알코올 중독자였고 할머니는 아버지가 10세의 소년이었을 때 돌아가셨다고 한다. 아버지와 그의 형제자매들은 사실상 고아로 자라온 것이나 다름없는 어린 시절을 보냈지만 나는 아버지가 불평하는 것을 한 번도 들어본 적이 없다.

아버지는 제2차 세계대전의 영웅이었다. 그는 B-24 리버레이터 4발 프로펠러 중重폭격기 일등 사수로 조국을 위해 복무하던 중 상처를 입었다. 나는 아버지가 돌아가신 후 유품을 정리하기 전까지 그가 메달을 받았다는 사실을 까마득히 모르고 있었다. 아버지는 한 번도 자랑한 적이 없었을 뿐만 아니라 자신을 영웅으로 생각하지도 않았다.

아버지에게는 먹고 살기 힘든 자신의 고향을 떠날 기회가 몇 차례 있었다. 하지만 그의 마음은 유니온 스프링스에 머물러 있었다. 아버지는 흑인이든 백인이든, 부자든 가난하든 고향 사람들을 무척이나 사랑했다. 그는 자신이 살아온 지역에 대한 열정이 강한 분으로 고향 산천만 보아도 그저 감사하는 것 같았다.

그러던 아버지가 1984년 4월에 소천하셨다. 어머니는 장남인 나에게 아버지의 장례 설교를 부탁하셨다. 난 그때까지 한 번도 장례식 설교를 해본 적이 없었다. 처음으로 하는 장례 설교를 내 아버지를 위해 하게 되었다. 나는 내 첫째 아들이 "아빠의 아빠가 돌아가셨어"라고 알려주던 일이 생생히 기억난다. 할아버지의 이름을 딴 샘은 생긋이 웃으면서 앙증맞게 말했다.

"아빠, 하나님이 도와주실 거야."

정말 하나님이 날 도와주셨다. 마을에 있는 어떤 교회도 문상객을 다 수용할 수 없었다. 하관 예배를 드릴 때 먼 거리를 달려온 듯한 사랑하는 이들의 얼굴이 어깨너머로 보였다. 흑인, 백인, 젊은이, 늙은이, 부유한 자, 가난한 자 모두가 다 와주었다. 그리고 장례식을 무사히 마쳤다. 후에 내 설교에 감동을 받았다는 이야기가 간간히 사람들의 입에 오르내렸다는 점을 고려해보건대, 나는 장례식을 통해 하나님께 영광을 돌릴 수 있었다.

왜 내가 이런 개인적인 이야기를 늘어놓는지 궁금할 것이다. 1984년 4월의 따스한 봄날, 나는 하나님께 헌신하기로 결단했다. 아버지의 죽음을 통해 인생이 얼마나 짧은지에 대해 새삼 깨닫게 되었다. 그러나 나는 아버지가 살았던 삶을 통해 우리도 변화를 이룰 수 있다는 사실 역시 인식하게 되었다.

나는 정말 아버지를 사랑했다. 아버지의 구세주가 바로 나의 구세주였고, 아버지의 가치가 곧 나의 가치가 되었다. 그리고 아버지 영향력과 모범을 통해 지금까지 내 인생의 모습이 형성된 것임을 깨달았다. 샘 레이너는 매일매일 하나님의 능력으로 충만한 삶을 살아야 한다고 가르쳤고, 어느 한 순간도 헛되이 보내서는 안 된다고 나를 교훈하셨다.

우리는 하나님의 일에 대한 열정을 가지고 일어나고 그 열정을 가지고 잠자리에 들어야 한다. 인생은 엄청난 선물이다. 그리고 1984년의 바로 그 힘든 날에 나는 하나님의 능력 안에서 내가 가진 은사를 헛되이 소모시키지 않겠다고 다짐했다.

이 책을 샀거나 혹은 빌렸든지 지금 이 책을 읽고 있는 여러분에게는 어떤 이유가 있을 것이다. 나는 그 이유를 모르지만 하나님은 아신다. 혹시 교회와 사역 현장에서 힘든 시간을 보내고 있지는 않은가? 여러분은 담임목회자나 교역자 혹은 평신도 중 어딘가에 속할 것이다. 어쩌면 여러분이 속한 그 자리에서 사라져가는 소망을 붙들기 위해 이 책을 읽으려고 했을지도 모른다.

이 책을 읽는 사람 중에는 위대하다는 말에 마음이 끌린 사람도 있을 것이다. 여러분 앞에 남아있는 인생을 현실에 안주해서 그럭저럭 보내고 싶은 마음은 없을 것이다. 여러분은 위대해지고 싶은 열망을 가슴속에 품고 있다.

무엇 때문에 여러분이 이 책을 손에 넣게 되었는지는 모른다. 하지만 모든 소망이자 모든 위대함의 원천이 되시는 하나님께서 이 책을 들려주신 것임을 나는 믿는다. 나는 연약하고 눈물 많던 28세의 청년을 이끌어 마음 아픈 고통 가운데서 소망을 안겨주셨던 하나님을 기억한다.

이 책은 위대하게 성장한 교회에 관한 내용을 다루고 있다. 이 책은 위대하게 도약한 그리스도인과 교회의 목회자에 관한 내용을 다루었다. 그러나 무엇보다도 이 책은 위대하고도 놀라우신 하나님에 관한 이야기를 싣고 있다. 하나님은 여러분의 힘이시다. 하나님은 여러분의 능력과 소망의 원천이 되셔서 여러분과 여러분의 교회가 좋은 상태에서 위대한 상태로 발돋움할 수 있도록 도와주시는 분이다.

하나님이 여러분을 위대한 자로 부르셨는데도 그저 좋은 상태로 지낸다면 그것은 죄악이다. 그리스도의 능력 가운데서, 여러분 앞에 남아있는 인생과 사역이 오로지 하나님께만 영광을 돌릴 수 있는 위대한 사람이 되기를 기도한다.

부록 A

자주 받는 질문들

Q. 연구팀의 기준을 통과한 13개의 급성장한 교회는 미국에 있는 모든 교회를 완전히 다 파헤치고 난 뒤 걸러낸 것인가?

아니다. 우리는 미국에 있는 40만여 개의 교회 중 5만2천333개의 교회에 대한 자료만 갖고 있다. 이 교회 중에 1천936개가 복음 전파를 기준으로 우리가 설정한 2가지 조건을 통과했다. 다음 순서로 우리는 적합성을 확실히 입증할 만한 정보가 필요해서 선별 교회에 자료를 요청했다. 그 결과 881개의 교회만이 우리의 요구를 들어주었다. 이런 식으로 선별하지 않았더라면 수천 개가 넘는 교회가 급성장하는 교회의 물망에 떠오를 수도 있었을 것이다. 미국에 있는 교회 중 연구팀의 급성장하는 기준을 통과할 수 있는 곳은 대단히 신중을 기해 엄선한다 하더라도 최소한 100곳은 더 될 것이라 믿는다.

Q. 교회에 관한 정보를 받아내기가 왜 그렇게 힘이 들었는가? 『좋은 기업을 넘어 위대한 기업으로』에서 짐 콜린스는 그의 팀이 선정 회사들에 관한 상당량의 정보를 입수했다고 들었다.

콜린스팀의 연구대상은 「포춘」지에 실린 500대 기업이었다. 이런 회사에 관한 정보는 철저하게 조사된 자료를 대중들에게 알리고 있으며 또한 언제든지 참고할 만한 자료가 있다. 그 외에도 이런 대기업들은 운영절차를 상세히 보고해야 하는 의무적인 법적 규제가 있다. 하지만 교회에 그런 것을 요구하는 곳은 아무데도 없다. 도움을 구하고자 몇몇 교단에 자료를 요청했지만 딱 잘라 거절하는 곳도 있었다. 뿐만 아니라 자료를 입수하긴 했지만 허술한 구석이 이따금 눈에 띄었다. 어떤 때는 잘 나가다가 협조를 중단하는 교회도 있었다. 이런저런 일로 인해 우리 팀은 자주 좌절했다. 미국에 있는 대다수 교회에 관한 적절한 정보를 얻을 수 있는 곳은 단 한 군데도 없었다.

Q. 교단적인 배경으로 인해 이 연구에서 제외된 교회도 있는가?

그렇다. 우리는 미국에 있는 중요한 모든 교단에 정보를 요청했다. 하지만 일부 교단은 이 프로젝트에 참여하는 것을 원하지 않았다.

Q. 왜 연구를 미국 교회로 제한시켰는가?

첫째, 우리는 미국 교회들로부터 좋은 자료를 입수하기가 그리 만만치 않으리라는 것을 진작부터 예상하고 있었다. 미국도 이런 상황인데 외국까지 범위를 추가하다 보면 그 문제는 더욱 가중될 것이다. 둘째, 비교 가능한 자료는 국제적인 경계를 넘어서면 여러 가지 잡음이 뒤섞일 가능성이 커진다. 하지만 우리의 연구 결과는 어느 지역에서나 유용할 것으로 생각한다. 나는 우리가 발견한 많은 원리들이 지역이나 국가에 제한 없이 다른 문화권의 사람들에게도 받아들여질 것이라 믿는다.

Q. 교단에 가입되어 있지도 않고 외부적으로 공개된 자료도 없는 독립교회는 어떤 식으로 찾아냈는가?

우리는 교단에 속해있지 않은 독립교회의 평신도 지도자들과 교회 목회자에게 수십 통의 편지를 보냈다. 우리가 당면한 첫 번째 문제는 이런 경우에 해당하는 곳은 거의 다 초대형교회라는 점이었다. 연구에 착수할 때부터 초대형교회를 원했지만 한편으로는 더 작은 교회들도 포함시키고 싶었다. 결국 특별히 규모가 좀 더 작은 대형교회를 겨냥해서 편지와 이메일을 더 추가해야 했다. 마침내 우리는 타당성이 있다고 생각되는 동시에 대형교회의 표본으로 내걸 수 있는 그런 교회를 충분히 확보하게 되었다.

Q. 비교대상 교회는 어떻게 선정했는가?

39개의 비교대상 교회는 우리가 갖고 있던 수천 교회의 자료에서 추려냈다. 이 과정에서 우리는 10년 전에는 급성장하는 교회와 유사했던 곳을 찾아냈다. 비교대상은 교회가 위치해있는 지역의 인구 분포, 지리적 위치, 신앙 교리도 급성장하는 교회와 유사한 쪽으로 선별했다. 총 39개의 비교대상 교회 중에서 3개 교회를 특별히 구별해서 도약을 이루어낸 교회와 하나하나 직접 비교 분석할 수 있도록 장치를 마련했다. 이 절차는 상당히 수월했다. 왜냐하면 우리가 비교해야 할 부분은 단지 교회의 크기, 자리 잡고 있는 지역, 그리고 신봉하는 교리였기 때문이다. 필요하다면 우리가 갖고 있는 자료만으로도 얼마든지 더 찾아낼 수 있었을 것이다.

Q. 이 프로젝트에 구체적인 선별 기준을 활용한 이유는 무엇인가?

이보다 먼저 시작한 프로젝트에서, 우리는 초기의 선별 과정에서 복음 전파를 기준의 1순위로 두었다. 통상적으로 이런 자료는 입수하기가 용이하다. 반면 제자훈련이나 예배 같은 이런 유형의 측정은 양적으로 비교하기가 쉽지 않다. 복음 전파 기준은 선교 사역의 효율성이나 주님의 지상명령에 대한 교회의 순종 지수를 측정할 수 있는 좋은 잣대다. 급성장하는 성장 패턴 이전에 나타나는 침체나 정체에 대한 증거는 이 프로젝트가 입증해야 하는 필수적인 부분이다. 거기에 덧붙여 교회가 일단 도약을 달성했으면 부드럽게 성장하다가 놀라운 성장세를 보이는 그런 교회를 찾고 있었다. 그것을 정의하려면 어느 정도 눈으로 확인할 수 있는 양적인 부분이 필요하다. 조건은 그것으로 끝이 아니다. 전환기에 담임목사가 바뀌지 않아야 한다는 조건도 추가시켰다. 프로젝트를 구상할 때 우리는 전환이 일어나기 이전에 목회자가 해고당하거나 자원해서 떠나는 일이 없이 큰 교회가 된 사례를 찾았다. 다시 말해서, 성장부진에 대한 유일한 해결책으로 목회자를 교체해야 했던 교회는 제외되었다.

Q. 어떻게 13개 교회만이 선별 기준을 통과했는가?

표본 집단의 96%가 복음 전파 기준을 통과하지 못했다. 그리고 통과한 교회 중에서도 1/3 정도는 자체적으로 보유한 자료를 요청할 때에 응답하지 않았다. 기준을 통과한 교회 중 약 1/3이 침체나 정체, 도약성공, 성장으로 나가는 특수한 기본 패턴을 보여주지 못했다. 이러한 기준을 통과한 13개 교회만이 지도자의 교체 없이 동일한 목회자 밑에서 전환 과정이 일어났다.

좀 더 상세한 사항을 원한다면 부록 B를 참고하기 바란다.

Q. 이 연구에서 어떤 편견 같은 것은 없었는가?

우리 연구의 성격상 어느 한쪽으로 치우칠 경향이 있기는 하다. 특히 우리처럼 주관적인 질문사항이 많은 경우에 조사를 실시하는 사람들의 배경과 편견을 모조리 없앨 수는 없다고 본다. 이러한 애로 사항이 있음에도 우리 연구팀은 최대한 자기 생각을 배제하고 객관성을 유지했다고 자부한다. 우리 팀은 모임을 가질 때마다 서로가 발견한 것을 내놓고 상대방의 의견을 통해 검증할 수 있는 시간을 가졌다. 또한 정기적인 모임을 통해 나를 포함한 10명의 다른 팀원으로부터 피드백을 받았다. 따라서 개인의 편견이 연구 결과에 영향을 미친 적은 거의 없다고 본다.

Q. 급성장하는 교회와 이미 성장해버린 교회를 어떻게 비교하는가?

이미 커버린 교회는 우리가 설정해놓은 복음 전파 기준을 모두 충족시키는 반면, 상당 기간의 침체나 정체기를 경험하지 못한 경우에 해당된다. 사실 우리는 목회자의 재직 기간을 선별 기준에 포함시키지 않으려고 했다. 그렇지만 이런 차이점들에 있어서도 급성장하는 교회는 놀라울 정도로 유사하다. 급성장하는 교회와 이미 성장을 넘어선 교회 간의 가장 중요한 차이점을 한마디로 집어낸다면 그건 ABC 모멘트에서 C부분이 될 것이다. 우리가 알고 있는 이미 큰 교회 모두가 급성장하는 교회처럼 중대한 위기를 경험한 것은 아니었다. 급성장하는 교회에서는 반드시 위기를 예상할 수 있는데 이유는 성도가 교회의 전환 과정에서 심각한 변화를 겪어야 하기 때문이다.

Q. 급성장하는 교회가 앞으로도 영원히 위대한 교회로 남으리라는 것을 어떻게 보장할 수 있는가?

사실 확실한 것은 아무 것도 없다. 수천 개의 교회를 상대로 사역을 하면서 위대한 교회들이 몇 차례의 경우에서 집중력을 상실하는 슬픈 사례들을 보았다. 위대한 교회가 평범한 상태로 전락하게 되는 가장 흔한 이유는 목회자의 도덕적 해이, 교회 안에서 흔히 있는 인간관계의 서툰 처리, 과거에 펼쳤던 외부지향적 시각을 내부로 머물게 하는 것 등이다. 이런 부정적인 부분을 배제할 수 없지만 급성장하는 교회가 영속하는 위대한 교회가 되리라 자신한다. 위대한 교회로 발돋움하기 위해 겪었던 몸부림은 쉽게 잊혀지지 않는 법이다. 대부분의 목회자는 하나님의 능력 안에서 하는 일마다 열과 성의를 다 쏟아붓기 때문에 현실에 안주했던 과거로 퇴행하지는 않을 것이다.

Q. 급성장하는 교회에 관해서 당신이 연구한 내용을 교회 목회자가 어떻게 수용하여 적용할 것인지를 생각해본 적이 있는가?

이 책이 미국과 전 세계에 있는 교회 목회자에게 격려와 소망을 주고 하나님의 영광을 위해 사용되는 것이 나의 기도였다. 우리는 어렵고 힘든 상황이라도 하나님이 붙들어주시면 위대한 교회로 전환될 수 있다는 것을 보여주기 위해 수개월 동안 힘들고 고달픈 조사를 끝내 완수할 수 있었다. 단 한 가지 걱정거리가 있다면 이 책에서 제시하는 결론이 교회를 전환시키기 위한 공식처럼 받아들여지면 어쩌나 하는 것이다. 13개의 급성장하는 교회 안에서 일어났던 것은 하나님이 중심이 되어 일어난 일이기 때문에 결코 인간의 재능이나 능력에 더 큰 비중을 둘 수 없다. 이런 교회를 이끄는 목회자는 하나님의 특별한 임재와 그분을 의지하는 것 없이는 한시도 보낼 수 없는 사람들이다.

Q. 연구 과정에서 가장 놀랐던 점은 무엇인가?

서너 가지에 놀랐다. 나는 급성장하는 교회의 목회자가 재직 기간이 길다는 것은 예상하고 있었지만 평균 재직 년수가 20년 이상이 될 줄은 몰랐다. 또한 그 교회들이 개혁을 수용할 때 신중하게 처신했다는 사실도 놀라웠다. 그러나 가장 놀랐던 것은 도약을 달성하기 위해 그들이 치렀던 대가를 들은 후였다. 나의 좁은 생각으로는 이런 요인을 연구에 포함시키고 싶지 않았다. 위대하게 발돋움하려 할 때 교회와 목회자들이 치렀던 엄청난 희생을 나열한다면 사람들이 낙심하여 이 길을 따르지 않을 것을 우려했기 때문이다.

Q. 『좋은 기업을 넘어 위대한 기업으로』는 종교서적이 아니다. 교회에 관한 연구 프로젝트이자 저서로 이 원리를 사용한다는 것에 불편을 느낀 적은 없는가?

이 프로젝트를 처음 시작해서 조사 결과를 놓고 박사 과정에 있는 내 제자들과 이야기를 나눌 때, 한 학생이 걱정스러운 얼굴로 나를 만나자고 했다. 그가 제일 먼저 지적한 사항은 세속적인 원리를 도입해서 교회에 적용한다는 부분이었다. 나는 그의 의견을 들은 후 프로젝트를 계속하는 문제를 두고 하나님의 뜻을 찾았다. 하지만 연구팀을 동원하여 프로젝트를 진행하며 교회 일에 관여하면 할수록 나는 이 프로젝트가 결론을 보아야 한다는 것을 더욱 확신하게 되었다. 이 책에 대해 이런 염려를 표현하는 이들에 대한 나의 입장은 이렇다. 내가 『좋은 기업을 넘어 위대한 기업으로』에서 읽은 대부분의 원리는 비록 표면적으로는 기독교의 원리가 나타나지 않는다 해도 밑바탕에는 성경적인 기초가 깔려있다. 내가 콜린스의 저서에 가장 우선적으로 끌리게 된 것은 그 책이 분명히 갖고 있는 기독교적 색채와 성경적인 원리였다. 5단계 리더의 겸손한 태도로부터 핵심 가치를 준수하는 엄격함에 이르기까지, 나는 미국 및 전 세계에 있는 교회가 성경적으로 즉시 적용할 수 있는 원리들을 그 책을 통해 볼 수 있었고 그래서 읽고 또 읽었던 것이다.

Q. 이 책에서 연구팀이 발견한 개념들이 담임목사가 아닌 사람들에게는 어떻게 적용되겠는가?

이 책의 원리를 그대로 받아들여서 리더 역할을 하는 사역이나 그와 관련된 곳에 적용시킬 수 있기를 바란다. 몇 개만 예를 들자면 청소년 사역, 선교나 특수 활동 같은 준 교회 사역, 그리고 소그룹과 주일학교 성경반을 맡을 때 적용시킬 수 있다. 개개인의 사역에 적절하게 맞추려면 이 책에서 제시한 원리를 약간 수정할 필요가 있을지도 모른다. 그러나 대부분의 사항은 즉시 적용가능하다. 만약 담임목사가 개방적이고 신뢰할 수 있는 분이라면 이 책을 추천해서 반응을 알아보는 것도 좋을 것이다.

Q. 자질 있는 사역자나 평신도가 부족할 때 우리 교회나 사역에 적합한 사람을 어떻게 발견할 수 있는가?

사실은 자질 있는 사람들이 부족한 것이 아닐 수도 있다. 대부분의 사람들은 많은 교회와 사역에 만연해있는 평범한 상태에는 끌리지 않는다. 핵심은 여러분의 교회나 사역을 탁월한 쪽으로 진행시켜 높은 기대 수준을 갖추는 것이 순서인 것 같다. 자질 있는 사람들은 질적인 사역에 끌리는 법이다. 사람들은 자신의 모습보다 더 높은 것에 동참하기를 열망한다. 그들은 자신들에게 많은 것을 기대하는 곳에 관여하기를 원한다. 그들은 변화를 이루어내는 일에 동참하기를 원하며 자신의 삶에서도 변화를 만들어내고 싶어한다.

Q. 도약을 달성하기 위한 교회에 가장 버겁고 힘든 도전이 무엇이라고 보는가?

ABC 모멘트의 A를 다루려는 의지를 가진 교회가 극히 드물다. 그들은 잘못된 방향으로 흘러가는 현실을 인식하려 들지 않는다. 이런 인식이 부족한 데는 많은 이유가 있다. 어떤 교회 목회자는 자신이 섬기는 교회가 부진하게 움직이고 있다는 것을 인정하기 힘들어 한다. 그들은 교회의 열악한 상태를 합리화하려 든다. 아니면 자신의 교회가 건전하지 않은 게 아니라는 변명 아닌 변명을 하면서 나름대로 성공적인 요인들을 내세우기도 한다. 안일한 상태로 현실에 안주하고 있다는 것을 인식하게 되면 반드시 따라와야 하는 변화를 직면하지 않으려는 목회자도 있다. 또 어떤 목회자는 교회가 위대하게 서려면 어쩔 수 없이 직면해야 하는 갈등을 원하지 않는다.

Q. 이전 연구와 비교해서 이 프로젝트에 어느 정도의 노력을 기울였는가?

나는 복음 전파의 효과에 대해 조사한 바 있다. 과거 나의 연구팀들은 높은 기대치와 일치단결하는 교회의 분위기를 눈여겨보았다. 우리는 『우리가 교회에 안 가는 이유: 불신자들에게서 듣는 복음 전도의 열쇠』The Unchurched

Next Door와 『불신자를 교회로 이끄는 신선한 전도혁신』Surprising Insights from the Unchurched이라는 제목으로 교회를 다니지 않는 사람을 대상으로 2가지 중요한 프로젝트를 실시하고 조사결과를 출판했다. 그리고 우리는 교회가 각 세대를 어떻게 전도하고 있는지를 알아보기 위해 4세대에 걸친 문화를 조사해보았다. 이런 면에서 급성장하는 프로젝트는 우리가 지금까지 해온 이런 여러 가지 '조사의 퍼즐 조각들'을 취합하여 그것들을 보다 알기 쉽게 큰 덩어리로 취합한 것이다. 이 책은 나의 이전 연구를 재확인하고 보충해주고 있다. 그러나 한 차원 더 나아가, 이 프로젝트는 지금까지 이루어놓은 나의 작업을 한결 더 깔끔하게 완성시켜주었다. 어떤 면에서 내가 저술한 다른 책은 본 책의 속편에 불과하다고 말할 수 있다. 이 책이 전체를 대변하고 다른 책들은 부분에 속한다 해도 과언이 아니다.

Q. 어디서 어떻게 시작해야 할 것인가?

나는 교회가 위대하게 발돋움하는 데 필요한 몇 가지 명확한 단계를 요약했다. 뿐만 아니라 10장에서 핵심 사항을 제시해보았다. 그래도 개념이 서지 않는다면 나를 용서하기 바란다. 전환은 짜깁기식 방법론으로 되는 것이 아니다. 그것을 설명하기 위해 이 책 한 권이 다 필요했다. 왜냐하면 그것은 간단하지 않으며 고통이 없는 것도 아니기 때문이다. 어디서부터 시작해야 할지 나의 입장에서 굳이 말을 한다면 난 내 자신을 살피는 일부터 하게 될 것이다. 좀 더 정확히 말한다면 위대한 모습을 갖추기 위해 무엇을 해야 할지, 나의 부족한 부분을 볼 수 있게 해달라고 하나님께 기도할 것이다.

급성장하는 교회에는 모두 사도행전 6-7장의 리더십을 가진 목회자가 있었다. 이런 유형의 목회자는 오늘날의 교회에서는 극소수에 지나지 않는다. 여러분이 담임목사나 청년 사역자 아니면 주일학교 교사이든지 간에, 하나님은 여러분을 사용하셔서 영적 유산을 남기는 유형의 리더가 되게 하실 것이다. 내가 하고 싶은 말은 끝까지 버티라는 것이다. 위대하게 일어서는 것은 우리의 시각으로 보면 무척이나 힘이 들고 시간도 많이 필요하다. 하나님은 여러분을 감찰하고 계신다. 하나님은 여러분의 힘이 되신다. 하나님은 모든 소망이 다 사라져버린 것 같은 상황에서도 소망을 품을 수 있는 원천이 되신다.

나는 이 책을 읽고 있는 독자의 얼굴도, 이름도 아무것도 모른다. 하지만 여러분이 이 책을 들여다보기 전에 내가 여러분을 위해 기도했다는 것을 알아주었으면 한다. 나는 하나님께 이 글을 읽는 사람을 축복하시고 그들에게 소망을 주시기를 간구했다. 그것은 내 영광을 구하는 것이 아니라 오로지 하나님의 영광을 위해서다. 이 책을 읽어준 데 대해 다시 한번 감사드린다. 그리고 하나님을 위해 뭔가 위대한 일을 해보고자 열망하는 여러분의 진심 어린 마음에 대해 감사한다. 여러분의 생애 가운데 주님을 섬기는 위대한 세월이 곧 오리라는 구체적인 소망을 가지라. 여러분은 진정 내 기도 속에 함께하는 사람이다.

부록 B

선별 과정과 연구 단계

심사 1_ 선별 과정에 필요한 기준 설정

1. 우리는 먼저 복음 전파를 선별 기준으로 삼아 교회를 선정하기로 결정했다. 복음 전파가 교회의 건강도를 결정짓는 것이 아니라 해도 만약 그리스도의 지상명령에 순종하지 않는다면 건강한 교회라고 말할 수 없을 것이다. 자료를 입수할 수만 있다면 전도 사역에 관한 자료는 쉽게 구할 수 있는 것이 보통이다. 전도의 열매는 흔히 세례, 개종, 혹은 신앙고백을 통해 통계치가 명백히 드러난다.

2. 복음 전파에 대해 우리가 사용했던 가장 첫 번째 선별 기준은 지난 5년 간 최소한 26명의 개종자를 냈다는 증거를 확보하는 것이었다. 적어도 어떤 규모의 교회든 간에 2주에 1명은 전도하는 게 합당하다고 생각했기 때문이다.

3. 복음을 통한 전도 사역에 대해 우리가 사용했던 두 번째 선별 기준은 평균 예배 출석 성도들이나 혹은 등록 성도들에 대한 개종자의 비율이었다. 이 비율은 다음과 같은 질문에 대한 답변이 된다. 불신자 1명을 전도하여 예수님을 영접시키기 위해 몇 명의 출석 성도가 동원되는가? 물론 비율이 낮을수록 더욱 건강한 교회가 될 것이다. 선별 과정에서 비교대상 교회는 지난 5년 간 최소한 1명을 위해 최대한 20:1의 비율을

확보하고 있어야 한다.
4. 우리는 위대한 교회로 전환한 사례를 연구하고 있기 때문에 선별 기준에는 교회가 전환 시점을 기준으로 그 이전에는 침체기의 패턴을 보이다가, 그 이후에는 지속적인 성장을 보여주는 증거가 있어야 한다. 지속적인 성장이란, 전환점 이후 최소한 5년간 그것도 우리가 연구를 하고 있는 시점에서 그 정도 기간 동안 상승세를 보여야 한다는 조건이다.
5. 침체, 도약, 그리고 성장 이 모든 것은 동일한 목회자 밑에서 발생해야 한다. 우리는 이 기준이 절대적으로 필요한 것이라고 본다. 흔히 쇠락해가는 교회에 대해 쓰는 처방책은 목회자를 갈아치우는 것이다. 불행히도 10명의 목회자 중 2명만이 성장을 일구어낸다. 그렇다면 '전환점'을 마련하는 목회자들은 미국의 40만여 개의 교회 중에 1/3도 미치지 못한다는 결론이 나온다. 따라서 우리는 목회자를 바꾼 교회보다 목회자가 변화된 교회를 찾았다.

심사 2_ 비교대상 교회의 자료 확보하기

선별 과정에서 이 부분은 정말 난감했다. 5만 2천 333개의 교회에 관한 자료를 확보했지만, 일부 교단에서 협조적으로 나왔더라면 더 많은 자료를 구할 수 있었을 것인데 그러지 못한 점이 아쉬웠다. 이 시점에서 우리 손에 들어온 자료는 전국에 있는 교단과 핵심 교회 및 교계의 목회자에게 117개 항목의 질문지를 보냈을 때 거기에 협조해준 사람들로부터 얻게 된 것이다. 이런 자료를 기초로 해서 우리는 복음 전파를 선별 기준으로 적용할 수 있었다.

심사 3_ 복음 전파의 2가지 기준 적용

복음 전파의 2가지 선별 기준을 적용하고 보니 5만 2천 333개의 교회 중 1천 936개의 교회가 기준에 통과하여 연구 프로젝트의 모델로 선별되었다.

심사 4_ 다른 자료를 찾아 남아있는 교회를 선별해내기

우리는 1천 936개의 교회들로부터 적어도 10년간의 통계 자료를 요청했다. 여기에 응한 교회는 881개의 교회뿐이었다.

심사 5_ 급성장을 선별 기준으로 적용

881개의 교회로부터 우리는 교회의 기록을 통해 출석 성도 감소, 도약 성장, 5년 v동안 평균 예배 출석 성도 증가라는 패턴을 순서대로 보여주는 그런 교회를 선별했다. 자료가 충분하지 못해 탈락된 교회도 몇 군데 있었다. 〈심사 4〉까지는 통과했지만 급성장하는 기준에 미치지 못하는 교회를 제외하니 211개의 교회만 남게 되었다.

심사 6_ 목회자가 갈리지 않는 조건을 선별 기준에 적용

그 다음 우리는 도약 성장을 촉진시킨 담임목사를 대상으로 사역지에 대한 변화가 있는지를 살펴보기 위해 211개의 교회를 조사해보았다. 194개의 교회가 거기에서 탈락했다. 그래서 남은 건 17개의 교회뿐이었다.

심사 7_ 선별된 교회에 관한 심도 있는 조사 시작

우리는 17개 교회로부터 기록 장부를 모으고 평신도와 교역자를 면담하

는가 하면 여러 차례에 걸쳐 현지를 직접 탐방도 하는 등 심층조사에 돌입했다. 이런 과정에서 우리는 4개의 교회가 〈심사 6〉까지의 선별 기준에 미치지 못한다는 사실을 발견했다. 우리가 넘겨받았던 자료에 문제가 있었던 것이다. 이런 예상치 못한 일 때문에 기준에 맞는 도약을 달성해낸 교회는 13곳이 남았다.

심사 8_ 급성장하는 교회에 관한 조사

이 시점에서 우리는 아래에 나오는 항목을 조사한 것은 물론 그 외에도 다각도로 조사에 들어갔다.

1. 선별 교회에 관한 내적·외적인 장부 및 기록물 확보하기
2. 입수할 수 있는 한에서 선별 교회에 관한 간행물 확보하기
3. 교역자들과 평신도 면담하기
4. 선별 교회 현지 탐방하기

    『좋은 기업을 넘어 위대한 기업으로』에 등장하는 「포춘」지에 실린 500대 기업에 관한 콜린스 연구팀의 핵심 원리들을 적용하여 13개 교회를 테스트하기

5. 여기서 얻은 결과들을 39개의 비교대상 교회에 관해서도 비슷한 절차를 따라 비교하기

급성장한 교회를 선별하는 과정을 다음과 같이 표시할 수 있다.

자료를 가지고 시작한 교회 수: 5만 2천333개 교회

복음 전파를 기준으로 적용한 교회 수: 1천936개 교회

통계 자료 요구에 응한 교회 수: 881개 교회

침체-급성장-성장 패턴을 보고한 교회 수: 211개 교회

동일 목회자 밑에서 급성장을 이루어낸 교회 수: 17개 교회

기준을 통과한 검증된 자료: 13개 교회

부록 C

비교대상 교회의 선택 과정

비교대상 교회를 선정하는 과정은 생각했던 것보다 쉬웠다. 비교대상 교회를 분석하는 목적은 사실에 근거한 통제 집단을 만들어내는 것이다. 즉 급성장하는 교회와 비교할 수 있는 가장 비슷한 교회를 찾아내 직접 비교 분석을 함으로써, 위대한 교회로의 전환을 설명해주는 변수를 찾아낼 수 있도록 하기 위해서다. 우리의 목표는 위대한 교회로 도약을 이룬 교회와 동일한 기회를 갖고 있었지만 전환을 시도하는 과정에서 그러지 못한 교회를 발견하는 것이었다. 그 다음 우리는 그 교회를 정렬해놓고 대체 '무엇이 달랐는가?'라고 물었다.

선정 과정에 필요한 기준선을 통과하지 못한 교회로부터 자료를 입수하고

있었기 때문에 비교 가능한 교회가 많이 있었다. 또한 급성장하는 교회를 대상으로 실시했던 것처럼 광범위한 면담절차를 밟지는 않았지만 비교할 수 있는 기본 정보는 충분히 가지고 있었다. 선정된 비교대상 교회의 담임목사에 한해서는 모두 면담을 해서 프로젝트에 필요한 자료를 모으고 있다는 것을 사전에 알렸다. 그리고 그들이 제공하는 정보는 익명으로 사용될 것임을 밝혔다. 궁극적으로 우리는 도약을 달성한 교회 하나하나와 직접 비교할 수 있는 교회 3개를 선정하여 다음과 같은 기준을 적용시키기로 결정했다.

- 크기 적합성– 비교대상 교회는 급성장하는 교회가 도약을 이루어내서 성장추세를 보이기 직전, 즉 전환시점에서 급성장하는 교회의 평균 예배 출석 성도의 10% 이내의 크기여야 했다.
- 지리 적합성– 비교대상 교회는 급성장하는 교회와 동일한 주나 인접한 주에 위치해야 했다.
- 인구 적합성– 양측 교회가 위치한 지역의 인구 수가 비슷해야 했다. 지정된 비교대상 교회 지역의 인구 수는 급성장하는 교회의 전환점 직전과 직후의 인구 수에 비추어, 즉 전환하는 그 시점을 기준으로 해서 급성장하는 교회가 위치하고 있는 지역 인구 수의 20% 이내에 들어있어야 했다.
- 교리 적합성– 비교대상 교회와 급성장하는 교회는 서로 유사한 교리를 갖고 있어야 했다. 급성장하는 교회가 어느 교파에 속해있으면 통상적으로 우리는 같은 교파 내에서 비교대상 교회를 찾았다. 이유는 같은 총회에 속해있으면 교리가 서로 일치할 수밖에 없기 때문이다. 독립교

단이거나 교단에 소속되지 않았을 경우에는 교회의 정통성을 확인하기 위해 문서로 작성된 교리들을 살펴보았다.

부록 D

선별 교회에 대한 개요

이 책을 다 읽어보았다면 급성장하는 교회에 대해 친근감을 갖게 되었을 것이다. 하지만 각 교회에 대한 이야기를 요약 정리하는 것이 좋을 듯해서 부록에 실었다. 선별 교회는 알파벳 순서로 나열되어 있다.

① 벧엘템플교회/ 인디애나 주, 에번즈빌

이전에는 벧엘성막교회라고 불리던 벧엘템플교회는 1933년에 인디애나 주 에번즈빌에 있는 전도자이자 라디오 성경교사인 앨버트 바넬Albert F. Varnell에 의해 시작되었다. 1936년에 바넬은 5개의 벧엘교회를 모아서 벧엘 사역 단체를 조직했다. 벧엘템플교회는 1983년이 될 때까지 이 단체에 소속되어 있었다. 하지만 얼마 지나지 않아 서로 교리적인 입장 차이를 이유로 독립했다. 벧엘템플교회는 아직까지도 독립교회로 존재하지만 에번즈빌에 있는 다른 복음적인 교회와 좋은 관계를 유지하고 있다.

1946년 바넬은 쉬밤바크 목사를 벧엘템플교회의 협동 목사로 초빙했다.

쉬밤바크는 연합감리교회에서 굉장히 많은 활동을 하고 있었다. 그러나 교단의 감독을 받지 않고 자기 마음대로 행동한다는 눈총을 받으면서 점점 문제 있는 목사로 낙인찍히고 있었다. 쉬밤바크 목사는 성경의 무오성無誤性을 고수하고 기독교 신앙의 근본진리에 헌신하는 바넬의 권면을 따라 초빙을 받아들였다.

벤엘템플교회는 바넬이 은퇴한 후, 1951년에 쉬밤바크를 담임목사로 지명했다. 그리고 새로운 목회자 밑에서 엄청나게 성장했다. 예를 들어, 주일학교 출석률이 1951년 135명이었으나 1979년에는 1천 명을 넘어섰고, 1967년에는 새 성전을 건축하여 이전도 했다.

하지만 교회 이전 후 3년 동안 정체현상을 보였다. 이런 성장 부진과 교회 건축 과정에서 드러난 부정적인 에너지가 쉬밤바크 목사에 대한 신임투표로 이어졌다. 55세의 나이에 은퇴하기는 너무 젊다고 느낀 그가 1981년에 아들인 스티브와 자리를 '맞바꾸게' 해달라고 요청했다. 스티브는 1970년부터 이 교회의 협동 목사로 지내고 있던 터였다.

스티브 쉬밤바크는 아버지의 자리로 들어가서 대단히 힘든 시기를 보냈다. 아버지가 목회자로서 함께 사역하고 있었기 때문에, 성도는 목회 지도층에 실질적인 변화가 일어났다고 여기지 않았다. 그런 와중에 불신자를 전도하기 위한 아들 쉬밤바크 목사의 전략은 점점 더 많은 논쟁을 일으켰다.

스티브 쉬밤바크가 취임한 초창기에는 출석 성도가 1천 명에서 800명 이하까지 떨어졌고, 하락세는 1989년까지 지속되었다. 그러다가 1990년에는 900명 선까지 올라갔고, 그 다음 해에는 1천 명을 넘어섰다. 그러나 2000년대에 들어서면서 900명으로 또다시 추락했다. 바로 그 시점에서 참된 의미에서의 전환이 시작되었다.

　쉬밤바크 목사의 삶 속에는 이미 변화가 일어나고 있었다. 그는 목회 초년시절을 이렇게 회상한다. "저는 저의 사명이 지극히 옳다고 확신하고 있었습니다. 이런저런 모습을 보면 제가 아주 교만했다는 것이 보이지 않습니까? 저는 우리 벧엘템플교회가 하나님이 원하시는 방향으로 가고 있다고, 저 역시 그런 방향으로 교회를 이끌고 있다고 확신하고 있었습니다. 그래서 다른 사람들이 왜 이런 저의 목회 방향에 동의하지 않는지 이해할 수 없었습니다. 화를 내고 있는 성도들의 가정에 앉아서 저의 목회 방향에 협조해 달라고 눈물로 간청하곤 했습니다. 하지만 쓸데없는 짓이었습니다."

　자신의 모든 것을 다 불태워도 현상 유지만 하게 되자, 그는 자신감을 잃게 되었다. "저의 능력으로는 하나님의 뜻이라고 느꼈던 방향으로 교회를 이끌 수 없고, 저는 정말 부족한 인간이라는 것을 절실히 깨달았습니다." 그가 우리에게 들려준 말이다. "계속적으로 하나님은 죄 많은 저의 자만심과 완고한 고집을 깨뜨리기 위해 방망이로 두들기셨습니다." 동역자 한 사람이 그에 대해 이런 말을 했다. "쉬밤바크 목사님은 사람이 완전히 달라졌습니다. 겸손한 자세로 언제나 자신을 성찰하시는 분입니다."

　1990년대 초에 기도와 금식기간을 많이 가진 후 쉬밤바크 목사는 마침내 하나님이 그에게 허락하신 과제를 거머쥘 수 있게 되었다. 그는 파도가 거칠게 몰려온다 할지라도 그것을 넘어서서 벧엘템플교회의 체질을 바꾸어야 한다는 책임을 통감하게 되었다. 그것은 아무리 오랜 기간이 걸린다 해도 반드시 이뤄야 할 부분이었다. 1993년 6월 2일 쉬밤바크 목사는 성도들에게 '뜨겁게 헌신하는 교회'가 되자고 촉구했다. 직감적으로 그는 성도들의 가슴에 불을 지피는 것이 벧엘템플교회가 '불신자를 감화시켜 예수님이 창조하신 본래의 모습으로 회복시키는' 유일한 길임을 알았다.

2000년대에 들어서면서 벧엘템플교회의 지도층은 '더 이상 물러설 수 없는 지경에 이르렀다는 것'을 깨달았다. 실제로 바뀐 것은 아무것도 없었다. 그러나 이제 그들은 어떻게든 교회를 꿈틀거리게 해야 한다는 것을 예리하게 인식하고 있었다. ABC 모멘트가 실제로 모습을 드러낸 것이다. 그러나 목회자와 지도층은 어디로 방향을 틀어야 할지 확신이 없었다.

그러던 중 2001년, 새들백교회의 교육담당 목사였던 브래드 존슨이 벧엘템플교회 교역자에게 짐 콜린스가 쓴 『좋은 기업을 넘어 위대한 기업으로』를 추천했다. 존슨 목사는 아들 쉬밤바크 목사가 벧엘템플교회의 청년부를 맡고 있을 때 가르쳤던 학생이었다. 이 교회는 이미 릭 워렌과 새들백교회가 지향하는 '목적이 이끄는 삶'의 영향을 받고 있었다. 그러나 『좋은 기업을 넘어 위대한 기업으로』를 읽은 후 전환의 여지를 발견하게 되었다. 한 목회자는 콜린스의 저서를 "최고의 변화를 일구어내는 책"이라고 불렀다. 또 다른 사람은 이렇게 말했다. "우리는 분명히 규명해낼 수 없었던 문제에 대한 해결책을 찾기에 고심하고 있었습니다. 그때 이 책을 만났습니다." 이제 『좋은 기업을 넘어 위대한 기업으로』의 원리가 이 교회 지도층의 상용 문구가 되었다. 그들은 의식적으로 이런 원리를 도입하고자 부단한 노력을 기울였다.

드디어 2003년에 1천 명의 장벽이 무너졌다. 그리고 이런 성장세는 쇠락할 조짐이 전혀 보이지 않고 있다. 2004년에 성장률은 이전 해의 2배가 되었다. 벧엘템플교회는 단 한 가지 상황만 제쳐놓는다면 급성장하는 교회의 전형적인 표본이 된다. 우리는 벧엘템플교회가 도약 달성 목표를 넘어서서 지속적인 성장과 회복이 잇따르는 것을 보기 원한다. 지금까지 관찰한 것으로 미루어 우리는 이 성장이 탄력을 받을 것이라고 자신있게 말할 수 있다.

② 갈보리기념교회/ 일리노이 주, 오크파크

일리노이 주, 오크파크에 있는 갈보리기념교회는 1915년에 시작되었다. 창립 목적은 오로지 성경의 원칙에 기초한 교회를 이루겠다는 것으로 교파와는 별개의 교회를 세우는 것이었다. 교회는 창립할 때부터 시카고라는 대도시 외곽지대의 성장세에 힘입어 꾸준히 성장했다.

오크파크 타운은 아마도 미국에서 가장 자유분방한 지역에 속할 것이다. 이곳 주민들은 게이와 레즈비언이 가장 많은 곳이라고 당당하게 외치고 있으며, 실제로 샌프란시스코를 제외하고는 게이의 인구비율이 가장 높은 곳이다. 오크파크에 있는 55개 교회 중 2-3개만 정통 보수교리를 고수하고 있다고 볼 수 있다.

우리 팀원인 마이클 맥다니엘이 갈보리기념교회에 관한 자료를 제시했을 때, 나는 이곳을 급성장하는 교회로 인정하기가 몹시 거북했다. 교회는 급성장의 고전적인 양상을 그대로 나타내긴 했지만 출석 성도가 감소한 해는 최근 들어 딱 한 번뿐이었다. 그렇게 짧은 시기를 고난이라고까지 말할 수 있는 건지 확신이 서지 않았다. 침체나 정체라기보다는 지속적인 성장세를 보여주는 패턴 속의 순간 일탈처럼 보였다.

마이크는 갈보리기념교회에 색다른 종류의 침체기가 있었다는 것을 보여주는 증거자료를 제시했다. 1994-1999년까지 갈보리기념교회는 해마다 계속해서 성장률이 떨어지는 시기가 있었다. 이때는 올바른 하부구조를 찾느라 고심하던 시기였다. 특별히 교역자를 세우는 문제로 성장이 약간 주춤했던 것으로 보인다. 하지만 1999년 이후로는 계속 성장해서 엄청난 부흥을 맛보고 있다. 평균 예배 출석 성도가 1999년에 900명을 약간 웃돌다가 2003년에는 거의 1천 500명이 되었다.

또한 갈보리기념교회는 레이 프리처드 목사의 초창기 사역기간 중, 특히 1989-1992년까지 힘든 길을 걸어가야 했다. 프리처드 목사는 교회 내부의 의견 대립으로 인해 골머리를 앓은 적이 서너 차례 있었다. 특히 남자 성도들에게만 국한시켰던 장로직을 여성 성도들에게도 허용해야 할 것인지를 두고 여론이 나뉘었다. 그 외에도 예배 방식 때문에 시끄러운 적이 있었는데, 토요일 저녁에 현대식 예배를 신설한 것이 문제가 되었다.

1992년에 그 문제가 일단락되자 조금씩 성장세를 보였다. 그러나 진정한 의미에서의 도약과 급성장은 1999년 이후에 일어났다. 수년 동안 갈보리기념교회는 자유로운 지역에서 보수파를 위한 피난처로 자리매김하고 있었다. 그러나 1999년에 접어들어 지도층에서 먼저 오크파크 지역을 의도적으로 공략하여 전도 열매를 맺기 시작했다. 갈보리교회의 입장에서는 지역에 초점을 맞추어야 한다는 소원을 안고 계획적으로 침투한 것이 애벌레 요인으로 작용했다. 성도는 자유주의의 물결이 범람하는 지역에서 보수 기독교인들을 위한 고립된 섬으로 만족하려 들지 않았다.

현재의 갈보리기념교회는 매우 힘든 환경에서 빛을 비추는 등불이 되고자 고심하는 성경적인 교회이다. 레이 프리처드 목사는 갈보리기념교회가 이제는 더 이상 '백합처럼 순결한' 모습으로 단장하고 있는 것이 아니라 오크파크의 인종과 종족을 다양하게 반영하고 있는 점에 대해 하나님께 감사한다. 이 교회 성도의 1/3 이상이 백인이 아니다. 갈보리기념교회는 돌봄과 사랑의 손길을 가지고 자유분방한 지역에 전도의 손길을 내밀고 있다. 갈보리기념교회의 한 성도는 이 교회에서 벌어지는 대규모의 상담 사역을 언급하면서, 교회는 지역사회의 많은 필요를 충족시키고자 노력하지만 특별히 동성애자들이 살고 있는 지역을 적극적으로 겨냥한다고 말했다.

갈보리기념교회가 한 번 후퇴하게 된 데에는 오랜 역사를 지닌 낡은 시설도 한 요인으로 작용했다. 그래서 1979년에는 옛 건물 크기의 2배가 되는 제일장로교회의 건물을 매입했다. 이렇게 공간을 확보했지만 늘어나는 성도를 수용하기에는 충분하지 않았다. 사실 시설 면에서 상당한 문제가 있지만, 이 교회는 도약을 달성해낸 훌륭한 사례에 해당하며 앞으로도 무궁한 발전을 할 것이다.

③ 기독중앙교회/ 위스콘신 주, 벨로이트

기독중앙교회의 역사는 1911년으로 거슬러 올라간다. 하지만 1989년까지도 이 교회는 도약을 이루지 못했다. 1960년에 출석 성도가 200명 가까이 되었지만 그 다음 28년 동안은 특별한 성장 없이 그 수준을 유지하고 있었다.

1981년에 데이비드 클라크가 담임목사로 초빙을 받았다. 200명 선을 뚫지 못하고 제자리걸음을 하던 초창기 7년간의 목회는 무척 고달팠다. 1989년에 접어들자 도약이 일어났는데 교회를 이전한 것이 일조를 한 셈이었다. 이 교회는 오랫동안 200명 선에서 맴돌다가 1991년에는 성도 수가 거의 2배인 500명 이상이 되었다. 2003년에는 평균 예배 출석 성도가 1천 600명을 넘어섰다.

이런 성장 추세는 다른 교회에서 온 그리스도인의 수평 이동으로만 이루어진 것은 아니다. 사실 개종한 경우가 수평 이동 성장률보다 더 높다. 예를 들어, 2002년 이 교회는 172명이 세례를 받았고 그중 32명이 수평이동 인원이었다.

데이비드 클라크 목사가 기독중앙교회에서 사역한 이야기는 대단히 흥미롭다. 처음 이 교회로 왔을 때 그는 겨우 20대였다. 당시를 회상하면서 클라크는 갑작스럽게 많은 변화를 진행시키고자 했던 자신의 행동을 인정했다. 이 교회의 터줏대감격인 한 성도를 면담했는데 클라크 목사가 한꺼번에 너무 많은 계획을 빠른 속도로 해치우려는 바람에 일부 중직자가 거세게 반발했다는 말을 했다. 결국 기독중앙교회에서 사역한 지 6개월 만에 당회로부터 해고당했다. 그 후 지긋한 연세의 권사 한 분이 성도들의 마음을 움직여 클라크 목사가 재임하도록 청원했다. 그 청원이 받아들여져 그는 계속 사역하게 되었고 그 다음 4년간 치유와 화해의 시간이 흘렀다.

하지만 치유 기간에도 교회는 여전히 성장의 기미가 보이지 않았다. 데이비드 클라크 목사는 점점 좌절하게 되고 교회를 사임하는 문제를 놓고 진지하게 고민하게 되었다. 그런 중에 데이비드는 더 좋은 날들이 기다리고 있다는 것을 확신시켜 준 ABC 모멘트를 생생하게 경험했다. 1911-1988년까지 기독중앙교회의 예배 출석 성도의 평균치는 대략 200명이었다. 그러나 1989-2003년 사이에 출석 성도가 극적으로 증가하여 200명에서 1천 600명으로 껑충 뛰어올랐다. 이런 엄청난 성장을 설명할 수 있는 요인은 무엇인가? 1980년대 중반에 데이비드 클라크 목사는 교회가 평소처럼 안일하게 흘러가서는 안 된다는 단호한 결정을 내렸다. 그와 목회팀은 교회가 어떤 식으로 세워질 수 있으며 할 수 있는 일이 무엇인가를 꿈꾸기 시작했다. 그런 면에서 1986년은 획기적인 한 해가 되었다. 그는 교역자와 평신도 양쪽 모두 기독중앙교회가 이웃의 문턱을 넘어서서 더 넓은 지역에서 더 많은 사람들이 몰려오는 것을 꿈꾸기 시작했다. 중요한 결정을 내릴 때마다 장차 교회에 어떤 영향을 미칠지를 계산했고, 유익이 된다 싶으면 적극적으로 밀어붙였다.

교회는 교회 이전 문제, 교회의 목적에서 한 치의 흔들림이 없도록 하는 엄격한 훈련, 모든 성도가 사역에 다 동참하도록 격려하는 분위기 조성, 핵심 교역자 3-4명 더 세우기 등의 중요한 결정을 내렸다. 이 외에도 교회는 자신이 몸담고 있는 지역사회를 예리하게 인식하게 되었다. 현재 지역사회의 많은 사람들이 기독중앙교회를 그 지역사회의 청지기이자 친구로 인정한다.

독립교단에 소속되어 있는 기독중앙교회는 도약을 달성해낸 전형적인 교회이다. 침체, 정체 그리고 도약 성장은 동일한 목회자의 지도하에 일어난 일이기에 우리의 기준을 잘 통과했다.

④ 페어필드새생명교회/ 캘리포니아 주, 페어필드

페어필드새생명교회는 나사렛 교단에 속한 교회로 1956년에 출발했다. 1992년 존 해리스 목사가 부임했을 때 평균 주일예배 출석 성도는 겨우 94명이었다. 페어필드에서 1년간 사역한 후, 해리스는 출석 성도가 90명으로 감소되는 것을 보았다. 그가 5년간 사역하는 동안 교회가 실질적으로 성장한 것은 아무것도 없었다.

페어필드새생명교회는 연구팀이 제시한 기준을 통과하고 도약을 달성해 낸 교회이다. 존 해리스 목사가 1992년 이 교회로 부임할 당시에는 성장에 대한 비전이나 혹은 지역사회에 대한 의미 깊은 사역에 대한 비전이 없었다. 오히려 정반대로 그는 페어필드새생명교회가 아담한 규모의 교회라서 마음에 끌렸다고 한다. 그는 박사 과정을 마쳐야 할 자신의 계획에 방해가 되지 않을 그런 교회를 물색하고 있었던 것이다. 해리스 목사가 위대한 교회의 성장을 주도해 나갈 계획을 갖고 있었던 것이 아니었는데도 하나님은 해리스 목사와 페어필드새생명교회를 위한 새로운 계획을 품고 계셨다.

이 책의 앞부분에서 살펴보았듯이, 새들백교회의 릭 워렌과 그가 제시한 목적이 이끄는 교회의 모델이 해리스에게 미친 영향력은 이루 말할 수 없다. 목회자가 교회의 존재 이유에 대한 기본적인 질문을 되뇌기 시작하면서 머리가 깨어나기 시작하는 경우가 더러 있다. 1996년에 해리스 목사가 워렌의 『목적이 이끄는 교회』에 관한 테이프를 들은 것이 결국 ABC 모멘트를 이룬 계기였다. 임원진들도 이 세미나에서 제공하는 테이프를 듣도록 권유를 받았다. 그리하여 비전이 탄생되었다. 이듬해에 바로 교회의 중진들이 릭 워렌의 세미나에 직접 참여했다.

페어필드새생명교회 역시 도약을 달성해낸 타 교회와 유사한 경로를 거쳐 ABC 모멘트를 경험했다. 목회자는 실제로 그들이 하나님이 불러주신 소명대로 잘하고 있는지를 알아보기 위해 사역의 모든 현황과 구조를 평가하기 시작했다. 결국 재출발해야 할 부분이 많다는 진단이 내려졌다. 분위기 쇄신에서 가장 두드러지게 나타난 부분은 교회를 이전해서 명칭을 바꾸는 것이었다. 그래서 페어필드나사렛제일교회가 페어필드새생명교회로 개칭되었다. 페어필드새생명교회는 또한 점점 늘어나고 있는 다양한 지역의 주민을 전도하기 위해 앵글로 계통의 성도에서 다문화교회로 전환하는 데 초점을 두었다. 현재의 페어필드새생명교회는 인종이 다양하게 섞여있으며 전문 교역자를 통해서도 이 다양성이 잘 반영되고 있다.

하지만 출발에서부터 목회자는 새로운 통찰력을 얻었다는 것 자체로 만족하지 않았다. 교회란 순식간에 평소처럼 돌아갈 수 있다는 사실을 잘 알고 있었기 때문이다. 이전하기 전 6개월간 모든 성도가 주일 아침 대예배 시간에 지상명령을 복창했다. 이 시기 동안 해리스 목사 역시 하나님이 교회를 허락하신 목적에 집중해서 특별히 설교했다. 또한 그들은 조지 바나 George Barna의 책 『전환점을 이룬 교회』The Turn Around Church에서 얻은 통찰력을 함께 나누었다. 비록 새로운 출발을 감행한 교회들이 성공한 경우는 10%에도 미치지 못한다 해도 그런 시도를 한 교회에는 공통점이 있다. 이런 교회 성도는 기도와 더불어 그들이 죽기 전에 예수님의 오심을 볼 자들도 있다는 이 도전적인 글을 암송하면서 복음을 전해야겠다는 열정을 불태웠다.

도약을 달성한 많은 교회들처럼 페어필드새생명교회 역시 중직자 일부가 빠져나가는 일도 있었다. 엄청난 숫자가 떠나간 것은 아니지만 그들은 교회에서 영향력을 행사하던 이들이었다.

1996년, 평균 예배 출석 성도는 115명이었다. 하지만 그 수가 58% 증가하여 1997년에는 182명이 되었다. 1년 후 그 교회는 역사상 처음으로 200명 장벽을 넘게 되었다. 2003년에 접어들어 평균 출석 성도는 712명으로 늘었다.

현재 이 교회가 직면하고 있는 더 큰 과제는 교회 명의로 된 부동산과 건물이 필요하다는 것이다. 그들은 현재 주일마다 근처 고등학교에서 모임을 갖고 있으며 교역자를 위한 사무실 공간을 마련했다. 해리스 목사는 새로운 비전을 제시하며 성장을 거듭하고 있는 이 중요한 시점에서 볼 때 이전에 '부지를 얼른 손에 넣지 않은 것'이 자신들이 범한 최고의 실수라며 안타까워한다.

⑤ 겟세마네제일침례교회/ 켄터키 주, 루이스빌

본 워커 목사가 1984년에 겟세마네제일침례교회의 담임목사가 되었을 때, 그는 애초부터 이 교회의 사역에 무수한 고난이 따를 것을 알고 단단히 각오를 하고 있었다. 많은 성도가 루이스빌에서 또 다른 교회를 개척하기 위해 떠난 후였고 그가 부임했을 당시 평균 예배인원은 135명이었다. 사역을 시작한 후 7년 동안은 성도들과 뜻이 잘 맞고 성장도 순조로워 목회가 재미있었다. 하지만 성도들의 상태를 보면 주님을 위해 뭔가 위대한 일을 해낼 것 같지가 않았다. 현실에 안주하여 세월 따라 흘러가는 이들로서는 도약이나 성장이 가능할 것 같지 않다는 생각에 실망한 워커 목사는 흑인계 미국인의 영향력이 우세한 이 교회를 떠날 것을 생각했다. 그 무렵 교세가 큰 어느 대형교회에서 워커 목사와 진지한 이야기를 나눈 후 겟세마네제일침례교회를 사임하고 자신의 교회를 맡아달라는 간곡한 부탁을 해왔다. 절차상 그 교회 안수집사들을 먼저 만났다. 쌍방의 의견이 오간 후, 그쪽에서는 당회를 통해 워커 목사의 청빙 건을 즉시 결정했다. 하지만 몇 가지 이유 때문에 워커는 그 자리에서 결정적인 답변을 줄 수 없었다.

집으로 돌아오는 중에 그는 응답을 구하기 위해 몸부림쳤다. 휴게소에 내려 한적한 곳에 차를 세우고 저녁 내내 기도를 했다. 그 다음 날도 종일 기도하면서 하나님의 뜻을 구했다. 마침내 교회를 바꾸는 문제에 대해 마음에 평안이 없다는 것을 깨달았다. 그는 편지를 보내서 겟세마네제일침례교회에 남겠다는 의사를 알렸다. 집사 대표가 편지를 받았으나 성도들에게 알리지는 않았다. 그쪽에서 계속 연락이 왔지만 워커 목사는 남아있기로 다짐했다. 겟세마네제일침례교회를 떠나서는 안 될 것 같았다. 워커 목사가 우리에게 들려준 말이다. "마침내 하나님의 뜻에 순종한 후 겟세마네제일침례교회에 남아있기로 결단을 내렸습니다. 그러자 놀라운 일이 일어나기 시작했습니다. 교회는 점점 더 부흥하게 되었고 분위기는 뜨겁게 달아올랐습니다." 이 교회에 있어서 ABC 모멘트는 남아있기로 결단한 목회자의 헌신이었다. 2003년에 접어들어 출석 성도가 200명에서 1천 300명 이상으로 늘어났다.

본 워커 목사가 겟세마네제일침례교회에 남아있기로 결단을 내리자 바꾸어야 할 부분들이 눈에 띄기 시작했다. 지도층을 더 늘리고 새로운 교역자를 세우는 것이 시급한 문제였다. 처음에는 목회자와 파트 타임의 비서를 제외하고 사례비를 지불하는 교역자는 한 사람도 없었다. 재정부장과 집사들의 결정을 하나하나 거치지 않고 재정 운용의 폭을 넓혀 필요한 사역을 우선적으로 실천해나간 것도 중요한 변화였다. 물론 이 변화는 점진적이어서 이런 접근을 충분히 이식하기까지 거의 9년이 걸렸다. 현재 이런 식의 재정 집행은 별다른 마찰이 없이 책임 한도 내에서 잘 진행되고 있다.

겟세마네제일침례교회는 남침례교단과 통합침례교단 양쪽에 다 가입되어 있고, 이 두 교단의 총회에서 제일가는 교회로 급속히 재조직되고 있다. 그러나 워커 목사는 지금까지 이루어온 부흥에 만족하지 않는다. 그의 목회 방향은 언제나 현재의 상태를 넘어서서 장차 하나님이 이루어가실 비전을 바라보도록 성도들에게 도전을 주는 것이다. 그는 1년에 두 차례씩 제직회를 열어 교회의 모든 사역을 새로이 정비하고, 성도들이 교회의 제반 문제를 평가할 수 있는 기회를 준다. 거기에는 교역자, 설비문제, 사역, 그리고 프로그램 등이 있다.

우리 팀원인 조지 리가 겟세마네제일침례교회를 찾아낸 것이 내게는 여간 고마운 일이 아닐 수 없다. 그곳은 내가 학장으로 있는 신학교에서 불과 몇 마일 떨어져 있었지만 나는 최근에 드러난 이 교회의 흥미진진한 역사에 대해 전혀 모르고 있었다. 이 교회는 모든 영역에서 우리가 선정한 급성장하는 교회의 기준을 통과한다. 또한 위대한 교회로 성장하기 위한 촉매제가 되는 비전을 가진 리더십이, 끈기와 인내를 겸비해 서로 짝을 이루는 모습을 생생하게 그리고 있다.

⑥ 은혜교회, 기독교선교연맹/ 오하이오 주, 미들버그 하이츠

기독교선교연맹에 소속되어 있는 은혜교회는 대도시 클리블랜드 지역에서 복음 전파를 잘하기로 소문난 교회다. 이 교회는 특히 클리블랜드의 외곽 지대인 미들버그 하이츠에서 잘 알려져있고 영향력이 있다. 이 교회는 1979년에 조금씩 성장세를 보이다가 곧 침체 상태에 들어갔다.

그 당시 담임목사는 도널드 쉐퍼였다. 그는 창립부터 현재까지 총 41년간을 이 교회에서 시무하고 있다. 1985년에 쉐퍼 목사와 몇몇 핵심 중직자는 빌 오르Bill orr가 주관하는 교회성장세미나에 참석했다. 세미나에서 그들은 교회는 정체 상태에 머무는 것이 아니라 다시 성장하거나 아니면 사멸한다는 충격적인 말을 들었다. 그 세미나가 담임목사에게는 경고음이 된 셈이

었다. 그는 복음을 가지고 인구 수가 훨씬 많은 클리블랜드를 공략하겠다는 새로운 다짐과 비전을 가지고 교회로 돌아왔다.

은혜교회의 출석 성도는 500명이었다. 그리고 쉐퍼 목사가 생각하기에 그 정도가 자신이 목양할 수 있는 성도의 최대 수라고 생각했다. 설교 준비와 심방을 하다 보면 육체적으로 남아도는 에너지가 없었다. 자녀도 9명이나 되어 집에서도 쉴 틈이 없을 정도였다.

그러나 세미나를 통해 젊은 목사는 자신감 넘치던 리더십이 흔들린다는 것을 느꼈다. 우리 팀원과의 인터뷰에서 그는 이렇게 말했다. "세미나에 참여했던 당시, 저의 목회 생활은 순탄했습니다. 그때까지 이루어놓은 일에 대해 어느 정도 자기만족에 도취되어 있었다고 할 수 있습니다. 하지만 세미나에 참석한 후 무척 심란했습니다. 하나님께서 저를 깨뜨리기 위해 그 세미나를 사용하셨습니다. 그 후 저는 복음을 선포하고 길 잃은 자를 주님께로 인도하는 교회의 사명을 재인식하게 되었습니다. 사실 그때 엄청난 변화가 일어난 것입니다."

그 이후 은혜교회는 1990년대에 도약을 달성해서 성장을 이끌게 될 몇 가지 변화를 서서히 인식하기 시작했다. 새로운 수준으로 나아가기 위해서는 그에 따르는 사역의 방법과 기술도 많이 익혀야 했다. 우선 평신도를 사역에 투입시키는 방법과 리더로 세우는 방안을 다각도로 모색했다. 예산을 책정할 때도 해외선교에 더 큰 비중을 두었다. 하부조직의 획기적인 변화와 재배치도 들 수 있다. 그리고 교회를 떠났지만 십자가에서 구원받은 강도처럼 주님 품에 안길 수 있도록 해주는 15분 동안의 임종예배도 채택했다. 은혜교회는 2003년에 접어들어 출석 성도가 2천 명이 되었다. 그리고 현재도 해마다 거의 100명 가까이 전도하여 그리스도를 영접하도록 한다. 그러나 은혜교회의 도약과 급성장은 하루 아침에 이루어진 것이 아니다. 처음부터 수없이 언급하였듯이 목회자의 헌신, 끈기, 그리고 긴 재직 기간은 도약을 달성하기 위한 결정적인 사항이다. 우리가 선정한 교회마다 이런 것들이 애벌레 요인으로 자리 잡고 있다는 것을 발견했다. 물론 은혜교회 안에서도 이런 부분이 선명하게 드러났다. 지도층이 변화에 대한 필요를 느끼게 되었지만 각성 기간 후 8년이 지나도 도약은 일어나지 않았다. 1985년 당시까지 쉐퍼 목사는 이미 그 교회에 25년간 시무하고 있었다. 정말 뜻 깊은 변화가 일어나기까지 다시 8년이라는 세월이 더 흘러야 했다.

정체 상태에 머물렀던 어려운 시기에 사역지를 옮길 기회가 수차례 있었다. 하지만 쉐퍼 목사는 하나님이 자신을 은혜교회로 불러주셨다는 분명한 확신을 갖고 있었다. 그가 들려준 말이다. "여러 차례 청빙 요청이 들어왔었습니다. 하지만 하나님은 저를 여기로 불러주셨다는 것을 확신합니다. 저는 이 자리를 지키며 끝장을 보고 싶었습니다."

은혜교회는 분명히 급성장하는 교회다. 사실 우리가 선정한 많은 기준을 처음으로 통과한 곳이 바로 이 교회다. 1988년 도널드 쉐퍼는 은퇴하여 담임목사직을 사임하고 아들 조나단 목사가 후임으로 임명됐다. 아들이 교회를 맡은 후에 성장률은 계속 증가하여 1998년에 대략 800명이었던 성도의 수가 2003년에는 2천 명 선을 넘었다.

⑦ 은혜복음해방교회/ 텍사스 주, 앨런

은혜복음해방교회는 위치상으로 볼 때 미국에서 가장 유명한 몇몇 대형

교회의 그늘에 가려져 있다. 앨런 지역은 댈러스와 포트워스 복합 대도시 단지의 북쪽 외곽에 있다. 대략 300명이 출석하는 이 교회는 은혜교회가 10마일도 채 떨어지지 않은 곳에 있고 프레스톤우드침례교회와 같은 초대형 교회가 근처에 있어 이로 인해 무척이나 왜소해보인다.

그러나 은혜복음해방교회의 간증은 우리가 선정한 급성장하는 교회의 기준을 통과하고 있다. 조사하는 입장에서 볼 때 그만한 규모는 더없이 좋은 조건이 되기도 했다. 왜냐하면 미국에 있는 40만 개의 교회가 규모 면에서는 그 정도이기 때문이다.

담임목사인 조엘 월터스는 1992년에 은혜복음해방교회로 부임했다. 당시 출석 성도는 150명을 밑도는 수준이었다. 하지만 2003년에 접어들어 273명까지 늘어났다. 그래도 1998년이 되기까지 도약을 하지 못했다. 월터스가 은혜복음해방교회를 맡아 사역한 지 1년 만에 출석 수가 200명으로 33% 이상 성장했다. 하지만 그 다음 4년간은 사실상 196명으로 감소되었다. 그 후, 1998-2003년 사이에는 감소된 적이 없이 출석 성도가 증가되었다.

은혜복음해방교회의 역사는 오늘날 미국의 많은 교회와 별 차이가 없다. 이 교회는 댈러스의 주변 지역인 앨런의 플라노에서 출발했다. 1977년 3월에 그 지역에 살고 있는 다섯 쌍의 부부가 집에서 함께 모여 성경공부를 시작했고, 바로 그해 11월에 앨런 고등학교에서 교회로 발을 내딛는 첫 개회예배를 드렸다.

이 교회의 본 명칭은 앨런복음해방교회였는데 1982년에 현재의 이름으로 바꾸게 되었다. 형편이 힘든 많은 교회처럼 은혜복음해방교회도 목회자들이 오랫동안 머물지 못했다. 이 교회의 역사를 보면 초창기 10년 동안 목회자는 10명이나 바뀌었다. 마침내 조엘 월터스가 담임목회를 맡아 12년 이상 한 교회를 지켜낸 것이 교회가 안정을 찾고 성장하는 기반이 되었다.

급성장하는 교회의 애벌레 요인에는 교회나 목회자 혹은 이 양쪽에 불어 닥치는 몇 가지 유형의 위기가 포함되어 있다. 위기가 분명하게 드러나는 분기점은 13개 교회마다 각기 다양했다. 은혜복음해방교회의 입장에서 그 위기는 비교적 소소한 문제인 것처럼 보였다.

은혜복음해방교회가 출석 성도 200명 선에 도달한 뒤 그 선을 넘지 못한다는 것을 목회자가 깨닫게 되자, 그것을 계기로 ABC 모멘트가 발생했다. 성장이 멈춘 것은 많은 성도도 알 수 있는 이유 때문이었는데, 당시 교회에 필요한 모든 사역을 담임목사 혼자서 다 감당하고 있었고 이것을 출석 성도 대다수가 문제로 인식하고 있었다. 하지만 그것은 교회가 출발할 때부터 조성되어 있었던 이 교회의 분위기였다. 일련의 변화가 일어나지 않으면 이 교회는 이전과 마찬가지로 되어버린다는 것이 월터스 목사의 고민이었다.

담임목사는 평신도가 사역의 상당 부분을 감당해야 한다고 인식했다. 월터스 목사가 보기에 이런 방향으로 움직이려면 시급히 처리해야 할 2가지 사항이 있었다. 첫째, 새로운 교역자를 빠른 시일 내에 영입해야 했다. 이 교회는 목회자 단독으로 목양하는 방식에 익숙해져 있었고, 많은 성도는 목회자와 성도 사이에 외관상 긴밀해 보이는 듯한 관계를 좋아하는 눈치였다. 그러나 가장 큰 변화는 목회자가 도맡아서 책임을 지던 일을 소그룹으로 나누어 분담시키는 작업이었다. 교회는 이미 소그룹 사역을 부분적으로 이행하고 있지만 그룹에 소속된 성도들이 사역을 거의 하지 않거나 아예 손을 놓고 있는 형편이었다. 그들은 교제를 나누는 것과 성경공부 하는 것을 즐겼다. 하지만 속내를 들여다보면 사실 사역에는 관심이 없었다.

사역에 적합한 소그룹 성도를 세워나가는 과정은 상당히 잘 진척되었고, 월터스 목사가 보기에 그 변화는 별다른 충격이 없었다. 그는 그 이유를 이렇게 말했다. "우리는 기존의 틀을 가져다가 그 안에 의미를 새로이 부여하는 식으로 변화를 유도했기 때문입니다. 그 외에도 소그룹 리더와 장로들의 의견을 많이 받아들인 편이었습니다."

하지만 변화를 좋게 받아들이지 않는 무리들도 있었다. 몇 사람이 교회를 떠났는데 월터스 목사가 보기에 그것은 구조의 변화 때문이 아니라, 교회의 분위기가 전반적으로 예전과 같지 않았기 때문이었다. 월터스 목사는 교회를 더 크게 짓지 못한 것을 못내 아쉬워했다. 왜냐하면 지금도 이보다 훨씬 더 성장할 수 있는데도 공간 부족으로 인해 발목이 묶여있기 때문이다. 이 교회는 출석 성도 500명의 목표를 달성하면 새로운 교회를 개척하기로 되어있다. 이 비전은 장로들과 전 성도들에게 정기적으로 전달되고 있다.

⑧ 나사렛그로브시티교회/ 오하이오 주, 그로브시티

나사렛그로브시티교회는 3명의 목회자에 대한 이야기를 담고 있다. 현재 교회를 담임하고 있는 밥 후페이커 목사는 이전에 경험하지 못했던 새로운 단계의 성장을 달성했다. 그의 선임자 허버트 로저스Herbert Rogers 목사는 교회를 도약 시점으로 이끌었다. 그러나 그 교회의 많은 성도는 교회를 옮기기 위해 부지를 샀던 핵심 인물로서 로저스의 선임자였던 커티스 루이스 목사를 지목한다. 로저스가 교회를 맡아서 현재의 교회로 이전할 수 있었던 것은 선임자가 사 놓은 부지를 바탕으로 해서 지금의 교회 부지를 매입할 수 있었던 것이다.

2004년에 나사렛그로브시티교회는 평균 예배 출석 성도가 3천 126명이라는 높은 수준에 달하여 미국과 캐나다에 있는 나사렛교단 교회들 중 가장 큰 교세를 자랑하게 되었다. 하지만 이 교회가 오하이오 주, 콜럼버스 지역에서 이런 강력한 힘을 지닌 사역 단체가 될 것이라고 생각한 성도는 거의 없었다.

1980-1985년 사이에 실제로 출석 성도가 445명에서 440명으로 감소되었다. 그로부터 6년 동안 전혀 성장이 이루어지지 않았다. 평신도와 인터뷰를 할 때 우리는 이 교회가 전형적인 ABC 모멘트를 겪었다는 이야기를 들었다. 지도층에서는 앞으로 계속 성장하려면 설비 면에서 부족한 점이 있다는 것과 교회를 이전해야 한다는 사실을 계산에 넣고 있었다. 협동 목사 중 한 사람의 말을 들어보면 그들은 아직 교회에 오지 않은 사람들의 관점에서 교회를 바라보기 시작했던 것이다. 그 목회자는 이런 말을 덧붙였다. "열정적인 리더들이 나사렛그로브시티교회의 사역을 움직이고 있답니다. 그리고 그들 대부분이 길 잃은 자들을 전도하는 데 온 힘을 쏟고 있습니다."

후페이커 목사는 자신의 삶 속에서 일어난 중요한 변화의 시작은 바로 제임스 로빈슨James Robinson 세미나에 참석한 것이었다고 회상했다. 그런 다음 이 교회는 예배를 새신자 중심의 축제 방식으로 전환하게 되었는데, 그 때문에 성도 중 몇몇은 당황하기도 했다.

성도 중 이탈자가 생기기도 했다. 지난 3-4년간 부단한 노력으로 변화가 이루어졌다. 교회도 다시 이전하고 예배 방식도 바뀌었다. 교역자들도 더 추가되었다. 그 교회의 비전과 목적에 적합하지 않던 사역들은 치워버렸다. 일부 성도는 우려를 표했고, 대놓고 불평을 터뜨리는 사람들도 있었다. 그러하여 몇몇이 교회를 떠났다. 그러나 나사렛그로브시티교회는 계속적으로 교회의 비전과 열정을 지속시켜 그 교회가 콜럼버스 전 지역을 향한 전도 사역의 전초기지가 되도록 전진했다.

면담을 하는 중에 우리는 이 교회가 부흥하게 된 핵심적인 요인이 무엇인지 물었다. 그들이 제시한 답변 속에는 공통된 하나의 주제가 있었다. 성도 몇몇과 교역자들은 특별히 어린이와 청소년 사역에 강세를 보이는 다양한 사역을 열거했다. 어린이 보호센터를 포함하여 기독교 학교 설립과 어린이 목회 전담 사역자 2명을 영입한 것도 성공 요인이었다. 이 교회에는 새 신자를 끌어들이는 대규모 이벤트도 있었다. 그중 몇 가지만 예를 들자면 부활절 드라마Easter drama(2만 명), 할렐루야 파티Hallelujah Party(할로윈 대체행사, 3-4천 명), 폭주족 사역a biker ministry, 그리고 라이어트RIOT(불신자 청소년들을 전도하여 매주 500명을 데려오는 것)가 있다. 또한 다양한 형식의 예배들, 소그룹 사역, 가정이 없는 사람들을 돌보는 위로 사역Compassionate Ministry, 그리고 팸잼Famjam(1천 500명 이상의 어린이들을 끌어들이는 가족 방학 성경학교)도 중요한 사역들이다. 대단히 특이한 사역들도 있는데 토요일 밤 교회Saturday Night Church(첫 해에 평균 550명 이상이 참여)와 여행 예배Journey(젊은 성인들을 위한 포스트모던 예배, 첫 해에 평균 150명 출석) 등이 대표적인 사역이다.

이 모든 사역을 관통하는 주제는 바로 외부지향적 시각에 접근한 사역이었다. 나사렛그로브시티교회의 지도계층이 약 20년 전에 자신의 필요를 넘어서서 더 먼 곳을 바라보게 되자, 엄청난 일들이 일어나기 시작했다. 지속적으로 외부에 초점을 두는 것이 현재 엄청난 도전으로 남아있다. 해가 갈

수록 심해지는 이 교회를 향한 비난이 있다. 그 비난은 교회 내부와 외부로부터 수년 동안 끊이지 않고 있다. 이 교회의 성공은 비방꾼들을 달래려고 고심하기보다는 하나님이 무엇을 바라시는지에 대한 해답을 찾고자 하는 소망에서 비롯된다.

나사렛그로브시티교회는 도약의 성취를 중시하는 우리의 기준과 잘 맞아떨어진다. 성도들도 훌륭한 한 명의 담임목사만이 아니라 더 많은 목회자를 모시는 축복을 받게 되었다. 그러나 후페이커 목사를 만나보면 사도행전 6-7장에서 볼 수 있는 리더십의 특징이 뚜렷이 드러나기에 이 교회는 앞으로도 더 놀라운 부흥을 누릴 것이라고 충분히 예상할 수 있다.

⑨ 한인중앙장로교회/ 버지니아 주, 비엔나

이원상 목사는 1977-2003년까지 한인중앙장로교회에서 시무했다. 이 교회는 1977년 이 목사가 오기 바로 직전에 두 교회로 나뉘어 있었다. 평균 예배 출석 성도가 약 30명에 불과했다. 하지만 1979년에 이르러서는 130명으로 불어나 4배 이상 성장세를 보였다.

1979년에 출석 성도 130명을 기록할 즈음 이 교회의 장로 몇 명은 이원상 목사의 리더십과 신학, 그리고 그가 선호하는 예배 방식에 의문을 갖기 시작했다. 그들은 찬송을 부르는 중에 성도들에게 박수를 치도록 하는 것 등 사소한 것들을 문제 삼았다. 2년간 양자 간에 팽팽한 힘 대결이 있었고, 이 갈등 때문에 그는 너무 지쳤다. 그래서 교회를 옮기는 문제를 진지하게 고민할 정도였다. 하지만 많은 집사들이 그를 지지했고, 그 때문에 남아있어야겠다는 자신감을 얻게 되었다. 지지파는 결심하고 매일같이 목회자를 위해 뜨겁게 기도했다.

그렇다고 문제가 종결된 것은 아니었다. 1981년에 반대파 장로들과 성도를 중심으로 1/3이 교회를 떠났다. 그동안 여러 면에서 불어나고 있던 통계자료도 이 때문에 많은 부분을 잃어버리고, 출석 성도 역시 100명으로 줄었다. 김중식 팀원은 이런 평가를 내렸다. "교회에서 말을 만들어내던 사람들이 떠나고 위기가 일단락된 후, 한인중앙장로교회의 출석 성도가 늘어나기 시작했다."

1982년에 출석 성도는 207명까지 올라갔다. 그 이후로 성도의 감소 없이 성장은 계속되어 1985년에 접어들어서는 출석 성도가 539명에 달했다. 2003년에 평균 예배 출석 성도는 4천 명에 육박하고 있었다. 이원상 목사는 2003년 9월에 은퇴하고 후임으로 노창수 목사가 왔다.

교회가 이렇게 성장하자 더 넓은 공간이 필요하게 되었다. 이 교회는 수년간 끊임없이 부지를 사들였다. 그리고 예배당을 신설하여 공간도 충분히 확보했다. 1986년에는 영어예배를 시작했다. 2003년에 들어서 이 교회는 주일 대예배를 7부로 나누어 드리고 있다. 오전 7시 45분에 시작하여 오후 3시 30분이면 끝이 나도록 시간대를 조정했다. 2001년에는 새로운 건물과 학교를 세우기 위해 8만8천여 평(약 30만 제곱미터)의 부지를 매입했다.

1990년에는 센트럴 선교단체를 설립하여 바로 그해에 처음으로 선교사를 파송했다. 현재 이 교회는 12명의 선교사 가족이 8개국에서 사역하고 있는데 모든 가족이 이 교회로부터 충분한 재정지원을 받고 있다. 또 다른 41가지의 협동 사역들도 이 교회가 부분적으로 후원하고 있다.

한인중앙장로교회는 자신의 지역에서도 선교적 사명에 대단한 열의를 쏟고 있다. 2000년에는 워싱턴에 있는 지역 서비스센터를 매입하여 알코올 중독자, 약물 중독자, 그리고 다운타운 지역의 가난한 자들을 보살피고 있다. 또한 도심지 내의 빈곤층인 가난한 흑인계 미국인들이 많이 살고 있는 지역에 초점을 두고 특수 선교와 사역을 실시하고 있다.

이원상 목사의 본래 계획은 미국의 장로교단과 연합하는 것이었다. 하지만 연합이 진행되는 과정에서 그 교단이 좌경으로 치우친다는 생각 때문에 근심이 되기 시작했다. 결과적으로 연합은 이루어지지 않았다. 하지만 1985년에 마침내 이 교회는 미국의 보수적인 장로교단에 공식적으로 가입하게 되었다.

한인중앙장로교회는 우리가 선정한 급성장하는 교회의 기준에 적합하다고 믿는다. 이 책에서 소개된 교회에 흔히 나타나듯이 이 교회도 급성장 시점에 앞서 위기가 있었다. 또한 이 교회의 이야기 속에는 목회자가 심각한 갈등에 직면하여 교회를 사임할 지경까지 가는 공통적인 패턴이 분명히 드러났다. 한인중앙장로교회가 불신자 개종을 통해 달성한 성장에 관해 좀 더 구체적인 자료를 갖고 싶었지만 그러지 못했다. 하지만 이 교회에서 일어나는 여러 가지 일을 보면 많은 사람들이 전도되어 주께로 나아오고 있다는 것을 확신할 수 있다. 이처럼 다양한 사역을 통한 불신자의 개종은 급성장하는 교회에 대한 분명한 연구 사례가 되기에 충분하다고 본다.

⑩ 레넥사침례교회/ 캔자스 주, 레넥사

레넥사침례교회는 캔자스 주에서 가장 큰 행정구역에 위치하고 있다. 이 교회는 전도를 통해 급속히 성장하는 교회로 많은 지역 주민에게 입소문이나 있다. 레녹사침례교회의 평균 예배 출석 성도는 이제 1천 200명을 능가한다. 그리고 예배당을 신축할 계획도 꾸준히 진행되고 있는 듯이 보인다. 그러나 레녹사침례교회 역사를 보면 언제나 긍정적인 이야기만 담고 있었던 것은 아니었다.

레녹사침례교회는 1988년에 임마누엘침례교회에서 후원하는 선교 사역의 일환으로 시작되었다. 2년 후 이 교회는 스티브 다이턴을 목회자로 초빙했다. 다이턴 목사가 1990년에 이 교회에 왔을 때, 평균 출석 성도는 150명이었다. 그는 자타가 공인하는 전도 왕으로 '무대포 전도자'라는 별명이 있었다. 다이턴 목사가 사역을 시작한 후 2년간은 꾸준한 성장세를 보였다. 예배 출석 성도가 대략 200명으로 올라갔고, 교회 재정도 15만 달러에서 23만7천달러로 올라갔다. 모든 것이 잘 풀리는 것 같았지만 1994년에 이르러 다이턴 목사가 레녹사침례교회에서 사역한 지 4년 만에 성도 수가 반으로 줄었다. 출석 성도가 111명이나 감소한 것이다.

이 교회의 창립 멤버 몇몇은 1990-1992년 사이에 일어난 교회의 새로운 성장에 대해 예민한 반응을 보였다. 기존 멤버들은 새로운 성도들이 불어나면 전통적으로 내려오던 교회 분위기가 깨질 우려가 있다고 판단했다. 곳곳에서 밀실회의가 진행되었고 목사를 지지하는 편과 반대하는 편이 똑같은 비율로 나눠진 듯 보였다. 그런 일을 당하자 다이턴 목사는 교회에 상처를 주기보다는 자신이 사임하겠다는 결정을 내렸다.

하지만 많은 성도들이 가지 말라고 권유하는 바람에 발이 묶였다. 그들은 담임목사를 레녹사침례교회로 부르신 하나님의 소명을 떠올리게 하고 이 교회를 향한 그의 비전을 상기하게 만들었다. 그러자 초창기 구성원들이 하나둘 떠나기 시작하면서 결국 교회가 두 쪽으로 갈라진 것과 마찬가지의 상태까지 갔다. 목사를 지지하던 편만 교회에 남게 되었고 교세는 절반으로 줄었다.

실제로 교회의 어려움과 아픔이 어떤 면에서는 상당한 유익이 되었다고 말하는 이들이 많았다. 한 평신도가 자신의 마음을 이야기했다. "시련을 극복하고, 교회가 갈라지는 비극을 극복하고 나니 우리가 훨씬 더 강해진 것 같습니다. 그 싸움을 통해 우리는 하나님이 우리와 함께 계신다는 강한 믿음을 갖게 되었습니다."

교회가 갈라져서 생긴 여파를 충분히 느낄 수 있게 될 때쯤, 남아있는 성도들은 모두가 힘을 합해 사역을 감당하지 않으면 교회가 살아남을 수 없다는 것을 깨닫게 되었다. 다이턴 목사가 먼저 모범을 보였다. 성도들의 손길이 미치지 못할 때는 목사 부부가 교회 청소를 감당하기도 했다.

교회가 나뉜 이유가 목사의 열정적인 전도 때문이라면, 교회를 건강하게 움직였던 요인 역시 열정적인 전도였다. 남아있던 대부분의 성도는 다이턴 목사의 사역에 동참했다. 그들은 자신의 담임목사가 전도에 불타는 목회자라는 것을 알고 있었기 때문에, 그가 이끄는 대로 따라가리라고 마음을 굳혔다. 그리하여 레넥사침례교회에는 '무대포 전도자'가 한 명에서 여러 명으로 늘어났다.

비록 힘든 시기를 거치면서 교회에 남아있었다 할지라도 다이턴 목사는 어려움을 겪는 과정 속에서 다른 교회로 갈 궁리를 했다고 고백했다. 기회가 왔더라면 떠나고 싶었던 심정이었다고 말했다. 어쨌든 그는 떠나지 않았고 그때 이후로 레넥사침례교회는 '성장 탄력'을 경험하고 있다.

레넥사침례교회는 하나님께는 잃어버린 사람이 중요하다고 믿고 있다. 그들은 끊임없이 길 잃은 자들을 찾아 전도하고 지역사회를 섬길 방법을 모색한다. 레넥사침례교회 성도는 스스로를 '둔한 기술, 높은 터치'라고 별명을 붙인 채 교회에 대해서는 '친구처럼 따뜻하다'라고 여긴다. 성도는 이 교회가 속해있는 남침례 교단에서 고안해낸 전도 프로그램인 '페이스'$_{FAITH}$ 같은 전통적인 전도 방식을 활용하고 있다. 그들은 의도적으로 주일학교와 성경공부를 통해 전도의식을 고취시키고 교회에 첫발을 디딘 사람들을 정착시키는 데 온 힘을 기울이고 있다.

많은 성도들이 교회가 살아남을 수 있을 것인지를 걱정하던 시기가 있었다. 그러나 1990년에 이르러서는 출석 성도가 400명에 육박했고 2003년 말에는 출석 성도가 1천 400명이라는 엄청난 성장세를 보였다. 이 교회는 좋은 상태를 거치지 않고 바로 위대한 상태로 돌입한 경우이다.

⑪ 남서침례교회/ 텍사스 주, 아마릴로

남서침례교회는 1973년에 독립침례교회로 시작되었다가, 2003년에 들어서 남침례교단에 가입함으로써 사실상 침례 교단에 이중으로 소속되어 있다. 처음에 이 교회는 어느 건물의 회의실에서 대예배를 드렸다. 주일학교 성경공부는 성도들의 차 안에서 이루어졌다. 그러다가 1년을 마무리할 즈음, 철물상 건물을 임대해서 모임을 가졌다. 1975년에 이르러 비로소 오래된 크라이스트 교회 건물을 매입했다. 그 건물은 1천 명을 수용할 수 있는 대예배실을 갖추고 있어서 200여 명의 성도들이 들어가면 텅 빈 것처럼 보였다. 그래서 처음에는 줄을 쳐놓은 경계선 안에서 예배를 드리기도 했다.

앨런 포드는 1974년에 협동목사 및 예배 인도자로 부름받아서 1976년에 담임목사로 청빙을 받았다. 당시에는 28세의 젊은 목사가 회중을 이끌 수 있을지 걱정하는 성도들이 많이 있었다.

포드 목사가 부임한 초창기에 남서침례교회는 전혀 성장이 없었다. 교회 안의 권력 다툼 여파로 영향력 있고 부유한 일부 가정이 떠나게 되었다. 게다가 그 지역의 경제 불황으로 인해 성장은 쉽지 않았다. 포드 목사가 영향을 받은 3가지 사건 중에서 첫 번째 일이 일어난 것도 바로 이 시점이었다.

우리는 이 책에서 세미나, 서적, 혹은 다른 외부의 영향력이 목회자를 비롯한 리더의 삶에 영향을 미친다는 사실을 지적한 바 있다. 이 책에서 보았듯이 ABC 모멘트에 외부의 자원이 개입되면 목회자는 그것을 통해 교회를 색다르게 이끌어갈 수 있는 동력을 얻게 된다. 포드 목사는 3가지 영향력을 통해 자신을 추스르게 되었다고 말한다.

처음으로 도움을 받게 된 것이 존 맥스웰John Maxwell의 세미나였다. 강의의 요점은 평신도의 자질을 계발하기 위해 시간을 투자하는 목회자가 많지 않다는 것이었다. 포드 목사는 독립침례교회에서 신앙생활을 했기 때문에 목회자가 대부분의 사역을 혼자 감당해야 한다고 믿고 있었다. 세미나에서 배운 대로 그는 영향력이 있는 핵심팀원을 모아놓고 교회에 대한 주인의식을 가지고 중요한 사역을 주도적으로 이끌어가 달라고 부탁했다. 그것이 평신도에게 사역을 맡기게 된 첫 번째 시도였다.

두 번째는 내가 쓴 책인 『높은 기대치』를 통해 도전을 받게 되었다. 그는 나머지 사역도 평신도에게 맡길 필요가 있다는 것을 알았다. 그리고 평신도를 사역에 투입시켰다면 그들이 하는 일에 대해 높은 기대치를 가져야 한다는 사실 또한 잊지 않았다. 포드는 자신을 가리켜 '너그러운 군주'라고 말했다. 성도들에게 교회에 대한 주인의식이 고취되자 교회가 성장하기 시작했다. 뿐만 아니라 주인의식으로 무장된 그들을 통해 대단한 능력이 나타나기 시작했다.

이런 분위기가 교회를 압도하자 부흥의 바람이 일기 시작했다. 1980년대 후반에 마침내 출석 성도 300명 장벽을 돌파했다. 1993년에 접어들어 예배 출석 성도 평균치는 650명을 능가했다. 2003년에는 더 높은 성장률을 보여 약 1천 300명으로 발전했다.

성장에 탄력이 붙기 시작한 이 시기를 회상하면서 포드 목사는 릭 워렌 목사가 자신의 사역에 있어서 세 번째로 중요한 영향을 끼쳤다고 말했다. 워렌의 세미나를 통해 포드 목사는 지역사회의 문화에 대한 인식이 새로워지고 주민들에 대한 이해 또한 한층 더 깊어졌다. 그 결과, 이전에도 지역사회를 도외시한 것은 아니지만 보살핌과 전도의 손길을 더 한층 업그레이드시켰다.

우리가 살펴본 급성장하는 교회와 마찬가지로 여기서도 교회의 구조를 개편시키자 성장이 가속화되었다. 남서침례교회의 경우에는 성전 건축을 단행하여 다른 곳으로 교회를 이전한 것이 성장의 열쇠가 되었다. 최근에는 급속한 성장에 부응하여 사역자를 늘린 것도 분위기 쇄신의 한 요인이 되었다.

남서침례교회는 급성장하는 교회의 분명한 표본이다. 초창기의 몸부림이 중요한 결단을 단행하게 만들어 마침내 도약을 달성하고 성장을 이룬 돌파점이 되었다. 또한 교회 창립 2년 차에 부임하여 힘든 시기에도 성도들과 함께하기로 결단을 내린 포드 목사의 헌신도 성장의 중요한 밑거름이었음을 잊지 말아야 할 것이다. 다시 한번, 우리는 장기간의 목회와 비전을 가진 사역이 서로 조화를 이룰 때 교회 성장에 어떤 여파를 몰고 오는지 그 영향력을 실감하게 되었다.

⑫ 템플교회/ 테네시 주, 내쉬빌

마이클 그레이브스 목사가 테네시 주 내쉬빌에 있는 침례교단에 소속되어 있는 템플교회 목회자로 부임했을 때 그는 다인종·다민족을 대상으로 복음 전파 영역을 넓혀 교회를 급속히 성장시키겠다는 포부를 안고 있었다. 하지만 흑인들로만 이루어진 이 교회에서 엄청난 희생을 치르지 않고는 그 비전이 결코 이루어질 수 없다는 것이 얼마 지나지 않아 현실로 다가왔다.

그레이브스는 템플교회의 초대 목사이자 그 교회에 시무하는 단 한 명의 목회자였다. 이 교회는 창립연도인 1977년부터 처음으로 시설을 갖춘 1980년에 이르기까지 3년간 예배 처소를 찾아 이곳저곳으로 이동해야 했다. 다행히도 이제는 초대형교회라는 이름에 걸맞게 9만 4천 200여 평이나 되는 넓은 공간에서 예배를 드린다.

템플교회는 처음부터 자신이 몸담고 있는 지역사회에 손길을 뻗치려는 열정을 갖고 있었다. 빈민구제 사역은 내쉬빌 북쪽의 도심지 빈곤층에 초점을 둔 교회의 최우선적인 지역 섬김이 사역이다. 날마다 이 사역센터에서는 손길이 필요한 대상들에게 따끈한 음식을 대접하며 일정한 절차를 거쳐 의료지원을 해준다. 그리고 상담 사역도 지속적으로 진행 하고 있다. 사실 상담 사역은 영적 심리상담 및 직업 상담을 전문으로 하는 전임 사역자 11명이 맡아서 이끌고 있다.

템플교회의 또 다른 중요한 사역은 컴블랜드 저개발지역에 사는 빈곤층 청소년을 겨냥하는 'SEE 프로젝트'이다. 이 사역은 지역사회의 청소년을 지원해서 자격증을 딸 수 있도록 교육한다는 의미를 갖고 있는 지원Support, 교육Education, 자격Empowerment의 첫 글자를 따서 붙인 이름이다. 1990년에 시작된 이후로 이 사역은 약물중독과 조직 폭력배로 전락하는 청소년들에게 엄청난 영향력을 미치고 있다.

또한 이 교회에서는 베데스다 사역Bethesda Ministry을 진행 중이다. 이 사역은 질병이나 슬픔으로 고통당하고 있는 이들, 재택 환자나 장기간 보호 시설에 수용된 사람들에게 도움의 손길을 뻗치는 일을 하고 있다. 템플교회의 교도소 사역은 대단히 성공을 거두어서 감금된 사람을 사회로 복귀시켜 많은 죄수를 그리스도께로 인도하고 있다.

이런 사역은 이 교회가 하고 있는 50개 이상의 사역 중 몇 가지 예증에 지나지 않는다. 이 외에도 템플교회는 대규모의 교육 사역, 내쉬빌 복합대도시 지역의 모든 사람들을 대상으로 하는 텔레비전을 통한 방송 선교 사역, 그리고 직접 나가서 전도하는 노방전도 사역도 실시하고 있다.

평균 출석 성도는 2003년에 2천 명을 넘었다. 하지만 이 교회라고 해서 언제나 극적인 성장만 계속된 것은 아니었다. 또한 이 교회가 하는 엄청난 사역들이 언제나 성공을 거둔 것도 아니었다. 그레이브스 목사의 입장에서 보면 템플교회의 상황만이 아니라 다른 곳으로 교회를 옮긴다 할지라도 목회 사역을 이어갈 수 있을지 회의를 느끼게 하는 위기의 순간도 있었다.

그레이브스 목사와 템플교회가 겪게 되는 위기는 1985년에 분명히 드러나기 시작했다. 이 교회는 꾸준히 성장했다. 그리고 그레이브스 목사는 다

인종·다민족으로 이루어진 지역 주민들을 전도할 수 있는 가능성을 명확하게 간파하고 있었다. 그러나 예배 장소가 협소하다 보니 그것이 성장을 가로막는 요인이 되었다. 다양한 예배 형태를 시도했지만 성공을 거두지 못했다. 그때 목회자는 2천 500석 정도의 규모로 예배당을 건축하자고 제안했다. 하지만 교회 부대시설을 건축해보자는 이전의 시도들처럼 그 의견 역시 부결되었다.

그레이브스 목사는 반대여론이 건물 신축 공사나 혹은 예배를 더 늘려가는 데서 오는 부담감 때문에 일어난 것이 아님을 직감했다. 문제의 발단은 지도층의 유력한 인사들이었다. 그들은 템플교회가 더 성장하면 현재의 성도들이 누리고 있는 기득권을 내려놓을 수밖에 없을 것이라고 소문을 퍼뜨리고 다녔던 것이다. 목회자의 비전대로 교회가 탈바꿈할 경우 새신자들이 계속해서 들어올 것이고, 그러면 더 이상 중산층이나 중상류층 흑인계 미국인들의 교회가 될 수 없을 것이라는 기존 성도들의 텃세가 작용하고 있었다.

반대의 목소리가 더욱 거세게 일어났다. 그레이브스 목사가 타인종의 사람들을 전도할 계획을 바꾸지 않는다면 재정 지원을 묶어버리겠다고 300명 이상의 성도들이 뭉쳐서 으름장을 놓았다. 그들 대부분은 마침내 교회를 떠났다. 그 여파로 인해 템플교회가 회복해서 다시 성장할 수 있는 동력을 얻기까지 2-3년이 족히 걸렸다. 1985년 전성기에는 1천여 명에 이르렀던 성도 수가 1989년에 접어들어 30%나 감소했다.

그레이브스 목사는 이 시기를 돌이켜보면서 목회 기간 중 가장 힘든 시기였다고 했다. 마음의 고통이 커지자 육신에도 질병이 찾아와 몇 주간 병원신세를 겨야 할 형편이었다. 그의 주치의가 사역을 모두 접어야 한다고 말할 정도로 상태가 좋지 않았다. 그러나 그에게 교회를 떠난다는 것은 있을 수 없는 일이었다.

마침내 교회는 회복세를 보였다. 현재는 미국에서 가장 교세가 큰 교회에 속한다. 이곳은 동일한 목회자 밑에서 위대한 교회로 탈바꿈했다. 하지만 목회자의 입장에서 보면 개인적으로 엄청난 대가를 치러야 했던 가슴 저린 성공이었다. 이 책에서 누차 언급했듯이 도약에 성공한 교회는 상당한 갈등과 고통의 시기를 감내하기도 한다.

⑬ 케노스기독공동체/ 오하이오 주, 콜럼버스

1970년에 오하이오 주립대학 학생들이 몇 명 모여서 피쉬The Fish라는 지하신문을 발행하기 시작했다. 1960년대 말이나 1970년대 초에 지하신문이 대학생들에게 유행하긴 했지만 기독교적 색채를 분명하게 드러내는 것은 흔한 일이 아니었다. 신문을 시작한 학생들 중에는 현재 케노스기독공동체를 이끄는 지도 목회자인 데니스 맥컬럼도 끼어있었다.

신문은 하숙집의 지하실에서 발행되었는데 그곳이 나중에는 규칙적으로 만나 성경을 공부하는 모임 장소가 되었다. 그 모임이 곧 피쉬하우스펠로우십이란 명칭으로 불렸고 소란한 시대의 해답을 구하는 학생을 끌어들였다. 그런 학생 중에 게리 들래쉬무트도 있었는데 그가 나중에 케노스기독공동체의 주도급 목회자가 된 인물이다.

수년 동안 이 교회는 자원자들로 운영되었으며 사례를 받는 교역자나 예산 집행도 전혀 없고 모임을 위한 장소도 임대료를 지불하지 않는 곳을 물색했다. 1982년에 동아리 형태의 이 모임은 케노스기독공동체로 명칭을 바꾼 다음 처음으로 사례비를 지불하는 조건으로 교역자를 모시게 되었다.

이 교회의 명칭은 그리스어 케노스xenos에서 따온 것으로 그것은 이방 땅에서 나그네 된 자들을 가리킨다.

현재 케노스기독공동체는 전도가 왕성하게 일어나 출석 성도가 무려 4천 200명에 이르고 있다. 예산 규모도 5백만 달러이며, 교역자도 전임 사역자와 파트타임 간사를 포함해서 160명이다. 사역의 종류와 선교의 기회는 셀 수 없을 정도로 많은 것 같다. 표면상으로 케노스기독공동체는 시작은 물론 현재의 사역도 승승장구해서 그 사이에 별다른 어려움이 없었던 것처럼 보이지만 이야기를 들어보면 그렇지 않다.

지도급 목회자 중 그 누구도 케노스공동체가 교회로 서게 될 것이라고 예상하지 못했다. 하지만 동아리에 참석한 사람들의 숫자가 1970년대 말과 1980년대 초에 극적으로 불어났다. 그러자 양떼를 돌보아야 하는 리더가 필요했는데 실제로 그것을 감당하고 있던 사람들은 리더로서의 경험이 전혀 없었다. 교회 역시 누구의 지도를 받는다는 것에 대해서는 거부감이 있었고 그것을 케노스기독공동체와는 상반되는 문화라고 해석했다. 사실상 이런 생각들 때문에 1991년에 갈등이 빚어지기도 했다.

그러던 중 케노스기독공동체에 적을 두고 있으면서도 참석하지 않는 성도들 간에 책임소재가 분명하지 않은 일들이 발생했고 이것이 지도층에서 볼 때는 여간 심각한 문제가 아니었다. 성도 중 일부는 빈야드 운동이나 토론토 블레싱과 유사한 신비주의 은사 운동에 끌리고 있었다. 이 교회의 상담 사역 역시 성경적인 바탕에서 이탈할 조짐을 보였다. 그들은 1980년대에 늘어나고 있던 팝, 재즈, 락을 가지고 치료하는 세속적인 팝 심리학 운동에 엄청난 영향을 받게 되었다.

이 교회 리더는 교회 내에서 일어나고 있는 이런 일탈의 조짐에 직접 맞서기로 결정을 내렸다. 바로 그 무렵에, 리더들이 헌금 문제를 독려하면서 재정적인 면에서도 성경적인 청지기가 되어야 한다고 강조했다. 그러자 많은 성도들이 거부감을 보이면서 지도층이 세속적이며 세상적인 정신에 물들어가고 있다고 비난했다.

이 3가지 문제가 3년 동안 지속된 갈등의 중요한 원인이 되어 결국 1천 400명이 교회를 떠나고 출석 성도가 3천 800명에서 2천 400명으로 줄었다. 장로들이 지도 목회자인 데니스 맥컬럼에게 케노스기독공동체의 비전을 신문에 게재해서 교회의 방향을 분명히 밝히라고 요청했다. 이런 식으로 교회의 분위기를 쇄신하는 차원에서 책임감을 부여하는 구조 개편의 일환으로 청지기 팀이 생겨났다.

청지기 팀의 설립 역시 반대에 부딪쳤다. 왜냐하면 많은 성도가 보기에 그 개념이 너무나 구조적이라는 것이었다. 하지만 현재 청지기 팀의 리더 수는 가정 모임의 리더까지 포함하여 총 850명이나 된다. 청지기 팀에 소속된 평신도 지도자들은 디모데전서 3:1에서 설명하고 있는 성숙한 성품을 구비하고 있어야 한다. 그리고 시간을 정해놓고 규칙적인 기도와 성경공부에 매진해야 한다. 물론 믿음으로 드리는 헌금생활도 회원의 수칙에 포함되어 있다.

케노스기독공동체는 몇 년간 계속된 위기의 순간들을 헤쳐나왔기에 더 강한 교회로 세워질 수 있었다. 지도층은 일탈자들과의 마찰로 인해 빚어진 아픔을 털어놓으면서 비록 서로 갈등은 있었지만 당시에는 그런 결정이 반드시 필요했다고 말한다. 케노스기독공동체의 전도 사역은 강력한 힘을 지니고 있다. 지역사회에 대한 사역, 특별히 도심지 안의 빈곤층 사역 역시 어디에도 뒤지지 않는다. 다양한 영역의 선교활동이 곳곳에서 행해지고 있다. 케노스기독공동체는 흔히 볼 수 있는 전통교회의 모습과는 다른 데가 많다. 하지만 리더들이 내린 결정과 위대한 교회로 성장하기 위해 그들이 겪은 시련을 보면 어떤 교회라도 배울 만한 점이 있다고 본다.

부록 E

교회 테스트를 위한 설문지

아래 항목들은 교회가 위대하게 세워질 수 있는 준비 수준을 알아보거나 그렇게 기운차고 용기있게 활동할 수 있도록 지도하기 위해 고안한 것이다. 교회를 상담할 때, 우리는 이 도구를 사용한다. 중요한 것은 솔직하고 정직하게 반응하는 것이 가장 훌륭한 답변이라는 것이다. 리더나 성도를 대상으로 테스트를 실시하면 교회 분위기가 어떤 식으로 돌아가는지 파악할 수 있다. 그런 면에서 많은 교회가 테스트를 원할 수도 있다. 준비가 되었으면 각각의 질문에 성실히 답변하기 바란다.

지시사항: 준비한 질문에 응답하고, 5개의 항목 중 자신에게 가장 적합하다고 생각하는 번호에 표를 하시오.

전혀 그렇지 않다 _____ 1
그렇지 않다 _____ 2
잘 모르겠다 _____ 3
그렇다 _____ 4
정말 그렇다 _____ 5

자신의 교회를 가장 잘 설명하고 있다고 생각되는 번호에 동그라미를 하시오.

1. 우리 교회는 성도들의 출석이 양호한 편이다.   1 2 3 4 5
2. 우리 목사님은 말씀을 강력하게 전달하며 성경에
   충실하다. 그리고 성경에 관한 지식이 해박하다.   1 2 3 4 5
3. 우리 교회는 기도를 우선시한다.   1 2 3 4 5
4. 통계가 필요한 부분에서는 분명하고도 정확하게
   결산해서 규칙적으로 보고를 한다.   1 2 3 4 5
5. 대부분의 성도들이 교회가 고수하는 교리적인
   입장을 잘 알고 있다.   1 2 3 4 5
6. 전도 전략이나 모임을 결성할 때 자원하는 성도가
   많다.   1 2 3 4 5
7. 변화를 시도하면 상당한 반대에 부딪친다 할지
   라도, 목회자가 필요하다고 생각될 경우에는 성
   도를 이끌어서라도 변화를 일으킬 용의가 있다.   1 2 3 4 5

8. 우리 교회는 가장 최근에 나타난 최신의 방법론을 채택할 때 미리 신중하게 조사한다. 1 2 3 4 5

9. 우리 목사님은 겸손하고 은혜로우며 온유한 사람이다. 1 2 3 4 5

10. 우리 목사님은 하나님이 자신을 불러주셨다는 소명에 대한 확신을 갖고 있다. 1 2 3 4 5

11. 우리 교회는 미약한 부분이나 도전해야 할 것 그리고 필요한 사항을 예리하게 인식하고 있다. 1 2 3 4 5

12. 우리 교회는 어려운 문제가 생겼을 때 이를 직시해서 해결책을 강구하려는 의지가 있다. 1 2 3 4 5

13. 우리 목사님은 성도들의 시선을 외부로 돌리게 한다. 즉 교회에 다니지 않는 사람을 찾아다니면서 섬기고 보살피는 일을 하도록 이끈다. 1 2 3 4 5

14. 우리 교회 지도층은 자질을 개선하고 더 발전시키기 위해 부단히 몸부림치고 있다. 1 2 3 4 5

15. 우리 교회는 믿음을 가지고 중요한 결단을 내리기도 한다. 1 2 3 4 5

16. 우리 교회 목회자는 사역할 때나 교회와 하나님을 섬기는 일에 열정적이다. 1 2 3 4 5

17. 우리 교회 지도층은 세미나에 참여하거나 독서를 하며 때로는 외부 자문위원의 도움을 구하기도 한다. 1 2 3 4 5

18. 우리 교회는 어떤 역경을 통해서도 하나님이 우리를 감찰하신다는 대단한 믿음을 가지고 교회가 직면하고 있는 부정적인 사항을 다루려고 하는 의지가 있다.   1 2 3 4 5

19. 우리 교회의 목회자는 자신이 주님 품에 안긴 후에도 다음 세대에 우리 교회가 어떤 모습으로 세워져야 하는지를 종종 이야기하거나 생각한다.   1 2 3 4 5

20. 우리 교회의 지도층은 일을 진행시키는 과정에서 절차를 밟아야 하는 일이라면 조급하게 서두르지 않는다.   1 2 3 4 5

21. 우리 목사님의 언행과 태도를 보면 교회를 향한 사랑이 분명히 드러난다.   1 2 3 4 5

22. 우리 목사님의 지도 방식은 독재형이 아니다.   1 2 3 4 5

23. 우리 목사님은 장기간 우리 교회에 머물 각오를 하고 사역에 임한다.   1 2 3 4 5

24. 우리 목사님이 교회를 이끄는 것을 보면 대단히 끈기가 있으신 분이라 생각된다.   1 2 3 4 5

25. 우리 교회는 목회자나 교역자를 모실 때 은사가 있고 대단히 유능한 인물들을 영입하는 경향이 있다.   1 2 3 4 5

26. 필요한 경우라면 우리 교회는 한 번에 여러 가지 중요한 프로젝트를 감당해낼 용의가 있다.   1 2 3 4 5

27. 우리 교회의 조직 구조는 잘 짜여져있다.   1 2 3 4 5

28. 시설물과 공간 부지는 매우 양호한 상태로, 교회에서 잘 관리하고 있다.   1 2 3 4 5

29. 만약 새로운 교역자가 필요하다면, 우리 교회는 적절한 사람을 앉히거나 부르기 위해 장시간을 기다릴 용의가 있다.   1 2 3 4 5

30. 우리 교회는 교역자 중에 인사 문제가 있을 경우 해고를 하는 결과가 생기더라도 그 사람을 상대할 의지가 있다.   1 2 3 4 5

31. 인사 관련 문제를 다룰 때 우리 교회는 따스한 마음을 품되 단호하게 처리한다.   1 2 3 4 5

32. 우리 교회 지도부는 교회 안에 무슨 문제가 생기면 잘 전달해준다. 특히 인사 관련 문제를 명확하게 알린다.   1 2 3 4 5

33. 교역자와 평신도 리더의 뜻이 서로 잘 맞는다.   1 2 3 4 5

34. 우리 교회의 지도부는 교역자를 세세하게 간섭하려 들지 않는다.   1 2 3 4 5

35. 우리 교회 교역자나 평신도 리더는 대단히 자유로운 분위기 속에서 각자 자신의 일을 감당한다.   1 2 3 4 5

36. 우리 교회는 신뢰하는 분위기가 확실히 조성되어 있다.   1 2 3 4 5

37. 우리 교회 성도는 교회의 목적을 분명히 인식하고 있다. 1 2 3 4 5
38. 우리 교회는 건물을 지혜롭게 잘 활용하고 있다. 1 2 3 4 5
39. 우리 교회는 소그룹과 주일학교 성경공부반을 대단히 중요시한다. 1 2 3 4 5
40. 우리 교회는 사역을 하거나 봉사하기에 대단히 즐거운 곳이다. 1 2 3 4 5
41. 우리는 하나님이 우리 교회에 허락하신 특별한 계획이나 비전을 분명하게 이해하고 있다. 1 2 3 4 5
42. 대부분의 성도는 자신의 영적 은사를 알아서 사역에 잘 활용하고 있다. 1 2 3 4 5
43. 우리 교회는 지역사회의 필요를 해결하기 위해 총체적인 노력을 기울인다. 1 2 3 4 5
44. 우리 교회는 뛰어나게 잘할 수 있는 몇 가지 영역을 선택한다. 1 2 3 4 5
45. 우리 교회는 하는 일마다 탁월하게 잘 해보겠다는 각오가 대단하다. 1 2 3 4 5
46. 우리 교회는 성도들에게 많은 것을 기대한다. 1 2 3 4 5
47. 우리 교회는 탁월하게 수행할 자신이 없는 사역이나 활동은 가차 없이 제거하려는 의지가 있다. 1 2 3 4 5
48. 우리 교회는 사역을 할 때나 성장 과정에서 건축이 필요할 경우, 즉시 실행할 준비가 되어있다. 1 2 3 4 5

49. 우리 교회의 입장에서 개혁은 수단이지 목적이
    아니다.   1 2 3 4 5
50. 우리 교회의 리더는 하나님이 일을 성취시켜 주실
    때마다 그것을 기반으로 해서 다음 기회가 오면
    또다시 성공을 만들어나갈 수 있도록 활용한다.   1 2 3 4 5

동그라미 친 숫자를 모두 합산하여 총계를 다음 칸에 기록하시오. _____

아래 설명 중 여러분의 점수는 어디에 해당하는지 찾아보기 바란다.

- 240-250: 이 교회는 위대한 모습으로 전환하고 있는 조짐이 분명히 나타난다. 미국의 교회들 가운데 1% 미만이 이런 높은 점수를 기록한다고 평가한다. 이 범주에 속한 교회는 현재 하고 있는 일을 지속해야 한다.

- 200-239: 이 교회는 도약을 달성할 수 있는 시점으로 이동할 중요한 잠재력을 갖고 있다. 지도층은 5점을 받지 못한 항목들을 눈여겨보고, 더 높은 단계로 상향 이동하려면 어떤 대책이 필요한지를 살펴보아야 한다.

- 175-199: 이 수준의 교회는 급성장의 범주에 들기 위해 상당한 작업이 필요하다. 비록 교회가 항목마다 5점을 받을 수 있는 길을 모색해야겠지만, 특별히 3점이나 그보다 하위 점수를 받은 항목에 각별히 신경을 써야 한다.

- 50-174: 이런 낮은 점수는 교회의 규모에 관계없이 교회가 병들어있다는 증거가 된다. 외부의 기적적인 간섭이 없이는 위대한 교회로 발돋움할 가능성이 희박하다. 우선 4점 미만의 항목들에 집중할 필요가 있다. 비록 하나님으로서는 불가능한 것이 없지만 이 범주에 속한 교회가 어떤 중요한 성장이나 의미있는 사역을 하는 것은 보기 힘들다.

좋은 교회에서
위대한 교회로

지은이	톰 레이너
옮긴이	최예자

초판 1쇄	2013년 2월 1일
초판 2쇄	2022년 11월 8일

발행인	김경섭
국제총무	최복순
총무	김현욱
협동총무	김상현
편집부	고유영(편집실장), 허윤희, 박은실, 김성경
인쇄	영진문원

발행처	묵상하는사람들
등록번호	20-333
일부총판	생명의말씀사 Tel. (02) 3159-7979 Fax. 080-022-8585

주소	서울특별시 서초구 청룡마을길 8-1(신원동) (우) 06802
전화	(02) 588-2218 팩스 (02) 588-2268
홈페이지	www.precept.or.kr

국민은행 772-21-0310-382(김경섭)
2013 ⓒ 묵상하는사람들

값 19,000원
ISBN 978-89-8475-569-7 03230

독자 여러분의 의견을 기다립니다.
독자 전화 (02) 588-2218 / pmbook77@naver.com